घर की व्यवस्था कैसे करें?

डॉ. राम कृष्ण

राधाकृष्ण पेपरबैक्स

राधाकृष्ण पेपरबैक्स में
पहला संस्करण : 2008
This book is printed on **Print on Demand** Technology : 2024

राधाकृष्ण पेपरबैक्स : उत्कृष्ट साहित्य के जनसुलभ संस्करण

राधाकृष्ण प्रकाशन प्राइवेट लिमिटेड
जी-17, जगतपुरी, दिल्ली-110 051
द्वारा प्रकाशित

शाखाएँ : अशोक राजपथ, साइंस कॉलेज के सामने, पटना-800 006
पहली मंजिल, दरबारी बिल्डिंग, महात्मा गांधी मार्ग, प्रयागराज-211 001
1, अनमोल सोराबजी संतुक लेन, धोबी तलाव, मरीन लाइंस, मुम्बई-400 002
वेबसाइट : www.radhakrishnaprakashan.com
ई-मेल : info@radhakrishnaprakashan.com

मूल्य : ₹250

GHAR KI VYAWASTHA KAISE KAREN
by Dr. Ram Krishna

ISBN : 978-81-8361-193-0

डॉ. राम कृष्ण

7 जून, 1919 में ग्राम भदस्याना, जिला गाजियाबाद, उत्तरप्रदेश में जन्मे डॉ. राम कृष्ण ने इलाहाबाद विश्वविद्यालय से कृषि में स्नातक की डिग्री तथा वाराणसी से वनस्पति शास्त्र से स्नातकोत्तर डिग्री प्राप्त करने के पश्चात् आगरा विश्वविद्यालय से एग्रोनोमी में पी-एच.डी. की उपाधि अर्जित की और उत्तरप्रदेश सरकार में कृषि निदेशक के पद पर आसीन हुए। उसके बाद तीन वर्षों तक रामगंगा कमांड एरिया अथोरिटी, उ.प्र. के अध्यक्ष एवं प्रशासक रहे। उन्होंने एशिया, यूरोप, उत्तरी और दक्षिणी अमेरिका महाद्वीप के लगभग 25 देशों का भ्रमण अध्ययन एवं प्रशिक्षण के लिए किया। उन्होंने कृषि के विषय पर दो पुस्तकें अंग्रेजी में लिखी हैं और उनमें से एक का हिन्दी में अनुवाद छप चुका है। 1970 में नौकरी से अवकाश प्राप्त करने के बाद वह निरंतर समाजसेवी कार्यों में जुटे रहे और देश के कई समाजसेवी संस्थाओं के सक्रिय सदस्य हैं।

क्रम

लेखकीय कथन

जीवन धारा-प्रवाह की भाँति निरन्तर गतिशील रहता है। यह धारा प्रवाह कभी तेज, कभी मन्द चलता है, क्योंकि इसकी गति हमेशा एक सी नहीं रहती। इसी की वजह से बहुत से देश अमीर हैं और बहुत से गरीब। आजकल नई-नई खोजें हो रही हैं। इन खोजों से कुछ देश आगे हैं, कुछ पीछे। इन नई-नई खोजों का ज्ञान बढ़ाने का काम सूचना-प्रसारण स्त्रोतों का है, जो लोगों को अपने प्रसारण में जानकारी देते हैं, परन्तु वह पूरी तरह व्यावहारिक जानकारी नहीं दे पाते हैं। नए-नए ज्ञान को आम लोगों तक पहुँचाकर देश के लोगों का जीवन स्तर आगे बढ़ाया जा सकता है। इस पुस्तक 'घर की व्यवस्था कैसे करें?' का मुख्य उद्देश्य आधुनिक एवं प्राचीन ज्ञान को बटोरकर पाठकों तक पहुँचाना है। नई-नई खोजें जो हमारे देश में होती रहती हैं। कहीं न कहीं वह हमारे पुराने भौतिक सिद्धान्तों पर ही आधारित होती हैं, जैसे कि स्वामी रामदेव जी द्वारा प्रचारित किया गया योग जो आज विश्व के अनेक देशों में प्रसारित हो चुका है, वह हमारी प्राचीन संस्कृति से ही लिया गया है, जैसे पहले एक शिशु के लिए माँ के दूध को ही सर्वोत्तम माना गया था किन्तु धीरे-धीरे बहुराष्ट्रीय कम्पनियाँ आईं और उन्होंने यह प्रचार किया कि माँ के दूध से शिशु को पूरा पोषण नहीं मिलता है। इस भ्राँति के कारण माताओं ने अपने बच्चों को इन कम्पनियों द्वारा तैयार डिब्बाबन्द दूध या अन्य खाद्य पदार्थ खिलाने शुरू कर दिए, किन्तु अब जब विश्व स्वास्थ्य संगठन ने इस तथ्य को निराधार बताया तो पूरी दुनिया इस बात को मान गई कि माँ का दूध ही सर्वोत्तम होता है। इसी प्रकार इस पुस्तक में दिए गए सुझाव हमारी प्राचीन ऋषियों, मुनियों व मनीषियों की बातों को मानने से इनकार करते हैं। यहाँ तक कि आजकल के एलोपैथिक डॉक्टर्स भी पुरानी आयुर्वेदिक पद्धतियों की दवाइयों पर यकीन नहीं करते। हमारे वैद्य-हकीम मात्र नब्ज को देखकर ही मर्ज बताकर उसका इलाज करते थे। आजकल डॉक्टर्स नब्ज को देखते ही नहीं और न ही उन्हें इतना ज्ञान ही है जबकि आज आवश्यकता है कि नई पीढ़ी पुरानी

पद्धतियों पर अनुसंधान करें। कहा जाता है कि रुद्राक्ष को रात में पानी में डालकर रखें और सुबह उस पानी का सेवन करने से रक्तचाप सामान्य रहता है। इसको साबित करने के लिए हमें रुद्राक्ष के भी औषधीय गुणों पर अनुसंधान करना होगा, जिसका हमारे स्वास्थ्य पर सीधा प्रभाव पड़ता है। हम अगर रत्नों के बारे में सोचें तो वह मात्र शृंगार के लिए ही नहीं हैं। यह हमारी प्राचीन आस्था का प्रतीक है। आज सभी यह मानते हैं कि रत्न औषधीय गुणों से युक्त होते हैं। इस पर अनुसंधान की आवश्यकता है, जिससे इनके औषधीय गुणों को अगर वैज्ञानिक आधार मिल सके तो इससे औषधि विज्ञान में नया मोड़ आएगा, जिससे देश को व्यापारिक दृष्टि से बड़ा लाभ होगा।

यह पुस्तक घरेलू समस्याओं से निजात दिलाने के साथ-साथ घर की सभी सदस्यों के स्वास्थ्य, समृद्धि, शिष्टाचार के अलावा खान-पान तथा खाद्य मिलावट के बारे में जानकारी देती है।

इस पुस्तक को लिखने में मुझे जिन लोगों ने मदद की है, मैं उनका हृदय से बहुत आभारी हूँ। इस सम्बन्ध में डॉक्टर अनु सिंह का, जिन्होंने अपने बहुमूल्य समय में इस पुस्तक को बड़ी लगन और बारीकी से पढ़कर अपने सुझाव दिए, उनके दिए बहुमूल्य सुझावों से पुस्तक की उपयोगिता बढ़ी है। साथ ही मैं श्रीमती अंजलि दीक्षित के प्रति बहुत अनुग्रहीत हूँ, जिन्होंने विकलांग होते हुए भी पुस्तक को संकलित करने एवं टंकण करने में मुझे पूरा सहयोग प्रदान किया। पुस्तक की टाइपिंग में मदद हेतु मैं श्री अम्बरीश कुमार पटेल तथा श्री सुमित कुमार साहू का भी आभारी हूँ। परिवार में मेरी पत्नी श्रीमती शीला देवी तथा अपनी पुत्रवधू श्रीमती ममता कुमार ने मुझे समय-समय पर सलाह देने तथा लेखन में संशोधन करने में महत्त्वपूर्ण योगदान दिया है।

मुझे उम्मीद है कि यह पुस्तक पाठकों को पसन्द आएगी और इसमें जो जानकारियाँ दी गई हैं। उनसे उनके परिवारों का जीवन सुखमय बनेगा। पुस्तक को लिखने का मात्र भाव यही है कि हम अपनी जड़ों से जुड़कर अर्थात् प्राचीन पद्धतियों को आधुनिक विचारों के साथ सामंजस्य बिठाकर, जीवन में उतारकर अपने आपको तथा अपने परिवार को सुखमय बनाएँ जिससे जीवन प्रवाह में कार्य गतिशील हो सके।

डॉ. राम कृष्ण

डॉ. राम कृष्ण

7 जून, 1919 में ग्राम भदस्याना, जिला गाजियाबाद, उत्तरप्रदेश में जन्मे डॉ. राम कृष्ण ने इलाहाबाद विश्वविद्यालय से कृषि में स्नातक की डिग्री तथा वाराणसी से वनस्पति शास्त्र से स्नातकोत्तर डिग्री प्राप्त करने के पश्चात् आगरा विश्वविद्यालय से एग्रोनोमी में पी-एच.डी. की उपाधि अर्जित की और उत्तरप्रदेश सरकार में कृषि निदेशक के पद पर आसीन हुए। उसके बाद तीन वर्षों तक रामगंगा कमांड एरिया अथोरिटी, उ.प्र. के अध्यक्ष एवं प्रशासक रहे। उन्होंने एशिया, यूरोप, उत्तरी और दक्षिणी अमेरिका महाद्वीप के लगभग 25 देशों का भ्रमण अध्ययन एवं प्रशिक्षण के लिए किया। उन्होंने कृषि के विषय पर दो पुस्तकें अंग्रेजी में लिखी हैं और उनमें से एक का हिन्दी में अनुवाद छप चुका है। 1970 में नौकरी से अवकाश प्राप्त करने के बाद वह निरंतर समाजसेवी कार्यों में जुटे रहे और देश के कई समाजसेवी संस्थाओं के सक्रिय सदस्य हैं।

घर की व्यवस्था कैसे करें?

डॉ. राम कृष्ण

राधाकृष्ण पेपरबैक्स

राधाकृष्ण पेपरबैक्स में
पहला संस्करण : 2008
This book is printed on **Print on Demand** Technology : 2024

राधाकृष्ण पेपरबैक्स : उत्कृष्ट साहित्य के जनसुलभ संस्करण

राधाकृष्ण प्रकाशन प्राइवेट लिमिटेड
जी-17, जगतपुरी, दिल्ली-110 051
द्वारा प्रकाशित

शाखाएँ : अशोक राजपथ, साइंस कॉलेज के सामने, पटना-800 006
पहली मंजिल, दरबारी बिल्डिंग, महात्मा गांधी मार्ग, प्रयागराज-211 001
1, अनमोल सोराबजी संतुक लेन, धोबी तलाव, मरीन लाइंस, मुम्बई-400 002
वेबसाइट : www.radhakrishnaprakashan.com
ई-मेल : info@radhakrishnaprakashan.com

मूल्य : ₹250

GHAR KI VYAWASTHA KAISE KAREN
by Dr. Ram Krishna

ISBN : 978-81-8361-193-0

लेखकीय कथन

जीवन धारा-प्रवाह की भाँति निरन्तर गतिशील रहता है। यह धारा प्रवाह कभी तेज, कभी मन्द चलता है, क्योंकि इसकी गति हमेशा एक सी नहीं रहती। इसी की वजह से बहुत से देश अमीर हैं और बहुत से गरीब। आजकल नई-नई खोजें हो रही हैं। इन खोजों से कुछ देश आगे हैं, कुछ पीछे। इन नई-नई खोजों का ज्ञान बढ़ाने का काम सूचना-प्रसारण स्त्रोतों का है, जो लोगों को अपने प्रसारण में जानकारी देते हैं, परन्तु वह पूरी तरह व्यावहारिक जानकारी नहीं दे पाते हैं। नए-नए ज्ञान को आम लोगों तक पहुँचाकर देश के लोगों का जीवन स्तर आगे बढ़ाया जा सकता है। इस पुस्तक 'घर की व्यवस्था कैसे करें?' का मुख्य उद्देश्य आधुनिक एवं प्राचीन ज्ञान को बटोरकर पाठकों तक पहुँचाना है। नई-नई खोजें जो हमारे देश में होती रहती हैं। कहीं न कहीं वह हमारे पुराने भौतिक सिद्धान्तों पर ही आधारित होती हैं, जैसे कि स्वामी रामदेव जी द्वारा प्रचारित किया गया योग जो आज विश्व के अनेक देशों में प्रसारित हो चुका है, वह हमारी प्राचीन संस्कृति से ही लिया गया है, जैसे पहले एक शिशु के लिए माँ के दूध को ही सर्वोत्तम माना गया था किन्तु धीरे-धीरे बहुराष्ट्रीय कम्पनियाँ आईं और उन्होंने यह प्रचार किया कि माँ के दूध से शिशु को पूरा पोषण नहीं मिलता है। इस भ्राँति के कारण माताओं ने अपने बच्चों को इन कम्पनियों द्वारा तैयार डिब्बाबन्द दूध या अन्य खाद्य पदार्थ खिलाने शुरू कर दिए, किन्तु अब जब विश्व स्वास्थ्य संगठन ने इस तथ्य को निराधार बताया तो पूरी दुनिया इस बात को मान गई कि माँ का दूध ही सर्वोत्तम होता है। इसी प्रकार इस पुस्तक में दिए गए सुझाव हमारी प्राचीन ऋषियों, मुनियों व मनीषियों की बातों को मानने से इनकार करते हैं। यहाँ तक कि आजकल के एलोपैथिक डॉक्टर्स भी पुरानी आयुर्वेदिक पद्धतियों की दवाइयों पर यकीन नहीं करते। हमारे वैद्य-हकीम मात्र नब्ज को देखकर ही मर्ज बताकर उसका इलाज करते थे। आजकल डॉक्टर्स नब्ज को देखते ही नहीं और न ही उन्हें इतना ज्ञान ही है जबकि आज आवश्यकता है कि नई पीढ़ी पुरानी

पद्धतियों पर अनुसंधान करें। कहा जाता है कि रुद्राक्ष को रात में पानी में डालकर रखें और सुबह उस पानी का सेवन करने से रक्तचाप सामान्य रहता है। इसको साबित करने के लिए हमें रुद्राक्ष के भी औषधीय गुणों पर अनुसंधान करना होगा, जिसका हमारे स्वास्थ्य पर सीधा प्रभाव पड़ता है। हम अगर रत्नों के बारे में सोचें तो वह मात्र शृंगार के लिए ही नहीं हैं। यह हमारी प्राचीन आस्था का प्रतीक है। आज सभी यह मानते हैं कि रत्न औषधीय गुणों से युक्त होते हैं। इस पर अनुसंधान की आवश्यकता है, जिससे इनके औषधीय गुणों को अगर वैज्ञानिक आधार मिल सके तो इससे औषधि विज्ञान में नया मोड़ आएगा, जिससे देश को व्यापारिक दृष्टि से बड़ा लाभ होगा।

यह पुस्तक घरेलू समस्याओं से निजात दिलाने के साथ-साथ घर की सभी सदस्यों के स्वास्थ्य, समृद्धि, शिष्टाचार के अलावा खान-पान तथा खाद्य मिलावट के बारे में जानकारी देती है।

इस पुस्तक को लिखने में मुझे जिन लोगों ने मदद की है, मैं उनका हृदय से बहुत आभारी हूँ। इस सम्बन्ध में डॉक्टर अनु सिंह का, जिन्होंने अपने बहुमूल्य समय में इस पुस्तक को बड़ी लगन और बारीकी से पढ़कर अपने सुझाव दिए, उनके दिए बहुमूल्य सुझावों से पुस्तक की उपयोगिता बढ़ी है। साथ ही मैं श्रीमती अंजलि दीक्षित के प्रति बहुत अनुग्रहीत हूँ, जिन्होंने विकलांग होते हुए भी पुस्तक को संकलित करने एवं टंकण करने में मुझे पूरा सहयोग प्रदान किया। पुस्तक की टाइपिंग में मदद हेतु मैं श्री अम्बरीश कुमार पटेल तथा श्री सुमित कुमार साहू का भी आभारी हूँ। परिवार में मेरी पत्नी श्रीमती शीला देवी तथा अपनी पुत्रवधू श्रीमती ममता कुमार ने मुझे समय-समय पर सलाह देने तथा लेखन में संशोधन करने में महत्त्वपूर्ण योगदान दिया है।

मुझे उम्मीद है कि यह पुस्तक पाठकों को पसन्द आएगी और इसमें जो जानकारियाँ दी गई हैं। उनसे उनके परिवारों का जीवन सुखमय बनेगा। पुस्तक को लिखने का मात्र भाव यही है कि हम अपनी जड़ों से जुड़कर अर्थात् प्राचीन पद्धतियों को आधुनिक विचारों के साथ सामंजस्य बिठाकर, जीवन में उतारकर अपने आपको तथा अपने परिवार को सुखमय बनाएँ जिससे जीवन प्रवाह में कार्य गतिशील हो सके।

डॉ. राम कृष्ण

क्रम

घर की व्यवस्था

व्यक्ति को अपनी जीवनचर्या एवं घर की व्यवस्था चलाने के लिए कुछ ऐसी सूचनाएँ एकत्र करके रखनी चाहिए जो समय पर काम आ सके ताकि जरूरत के समय व्यर्थ में परेशान न होना पड़े। विभिन्न सूचनाएँ अलग-अलग फाइलों में एकत्र करके उन्हें एक स्थान पर रख लेना चाहिए जिससे उसे जरूरत पड़ने पर तुरन्त उसका समाधान किया जा सके। इस तरह घर एक छोटा सा दफ्तर बन जाता है जो हमारे लिए बहुत उपयोगी सिद्ध होता है।

1.1 प्रपत्र (फॉर्म)

- रेलवे रिजर्वेशन सम्बन्धी प्रपत्र,
- मनीऑर्डर सम्बन्धी प्रपत्र,
- बैंक से पैसा निकालने और जमा करनेवाली स्लिपें,
- आय कर एवं बिक्री कर सम्बन्धी प्रपत्र,
- अन्य प्रपत्र जिनकी आपको समय-समय पर आवश्यकता पड़ सकती है।

1.2 पोस्टल, ई-मेल एवं वेबसाइट के पते तथा टेलीफोन नम्बर

फैक्स, मोबाइल के नम्बर अपने सभी दोस्तों, रिश्तेदारों एवं सम्बन्धित व्यक्तियों के घर तथा उनसे सम्बन्धित कार्यालयों के

- अपने कार्यालय में कार्य करनेवाले अधिकारियों एवं प्रमुख कर्मचारियों के,
- उनके दफ्तरों के जहाँ पर आपको बार-बार सम्पर्क करना पड़ता है,
- आवश्यकता के अनुरूप संस्थाओं एवं प्रमुख विभागों के,
- बच्चों के स्कूल तथा उसके प्रधानाचार्य और शिक्षकों के,
- बच्चे यदि बाल संरक्षण केन्द्र में जाते हैं तो उसका भी।

1.3 रेलवे स्टेशन/बस स्टैंड के फोन नम्बर

- आरक्षण सम्बन्धी जानकारी,
- बस या ट्रेन के आवागमन सम्बन्धी जानकारी हेतु।

1.4 आपातकाल हेतु फोन, मोबाइल नम्बर, फैक्स, ई-मेल और पते

- अपने निकटतम पुलिस स्टेशन,
- पुलिस कंट्रोल रूम,
- जिलाधिकारी, जिलाधीश, सिटी मजिस्ट्रेट, पुलिस अधीक्षक,
- पावर स्टेशन,
- एम्बुलेन्स,
- ब्लड बैंक,
- फैमिली डॉक्टर,
- दाँतों के डॉक्टर,
- आँखों के डॉक्टर,
- अस्पताल/निकटवर्ती नर्सिंग होम,
- 24 घंटे कैमिस्ट (दवाई की दुकान),
- बिजली मिस्त्री,
- अखबारवाला,
- केबिलवाला,
- रेस्टोरेंट,
- फोन एक्सचेंज,
- इन्श्योरेंस कम्पनी एवं बीमा ऐजेंट,
- शेयर ब्रोकर एवं वकील,
- कोरियर सेवा,
- नजदीकी फायर स्टेशन,
- आयकर और बिक्री कर सम्बन्धी वकील,
- बैंक मैनेजर,
- मोटर गैरेज,
- टैक्सी स्टैंड,
- प्लम्बर,
- कम्प्यूटर ऑपरेटर अथवा कम्प्यूटर इन्सटाल करनेवाला तथा,
- अन्य के नम्बर जो आपको आवश्यक लगते हों।

1.5 एयरपोर्ट के फोन, ई-मेल एवं फैक्स नम्बर

- आरक्षण हेतु,
- महत्त्वपूर्ण विमान सेवाओं की समय-सारिणी,
- स्थानीय सभी विमान सेवाओं के टेलीफोन, ई-मेल और फैक्स नम्बर।

1.6 पोस्ट ऑफिस का फोन नम्बर

- इंटरनेशनल बुकिंग,
- शिकायत हेतु,
- सुपरवाइजर,
- अन्य नम्बर जिनसे आपको काम पड़ सकते हैं।

1.7 लाइसेंस, रजिस्ट्रेशन नम्बर और कागजात

- गाड़ी के लाइसेंस और रजिस्ट्रेशन की असली प्रति एवं फोटोकॉपी,
- कार के इन्श्योरेंस की तिथि और नवीनीकरण की तिथियाँ,
- गैस का रजिस्ट्रेशन नम्बर, कूपन, स्लिप और बुक आदि,
- ड्राइविंग लाइसेंस का नम्बर उसकी फोटो कॉपी तथा नवीनीकरण,
- इन्कम टैक्स का परमानेंट नम्बर एवं उसकी फोटोकॉपी,
- पासपोर्ट नम्बर तथा उसकी फोटोकॉपी,
- इन्श्योरेंस पालसियाँ, अपनी तथा परिवार के सभी सदस्यों की, कार, घर और घर के सामान इत्यादि की,
- प्रीमियम भुगतान की तिथि, एवं नम्बर,
- बच्चे के जन्म प्रमाण पत्र,
- बिक्री कर रजिस्ट्रेशन नम्बर एवं उसकी फोटोकॉपी,
- मकान, दुकान, जमीन इत्यादि के खरीदने और बेचने के कागजात,
- अपने राशनकार्ड एवं उसकी फोटोकॉपी; और
- अन्य वह कागजात जो आपकी जरूरत के हों।

1.8 जन्म तथा विवाह की तिथियाँ

परिवार के सभी सदस्यों, रिश्तेदारों, दोस्तों तथा मुख्य लोगों के जन्मदिन एवं शादी की सालगिरह आदि की तिथियों का उनका महीने वार ब्यौरा, जिससे उन्हें समय से उपहार और मुबारकबाद दे सकें।

1.9 पिनकोड, एस.टी.डी. तथा आई.एस.डी. कोड

- पत्राचार हेतु पिनकोड नम्बरों की सूची जिनकी आपको आवश्यकता हो,
- विभिन्न शहरों के एस.टी.डी. कोड नम्बर,
- विदेशों में रहनेवाले मित्रों, सम्बन्धियों तथा व्यापार सम्बन्धी महत्त्वपूर्ण फर्मों के नम्बर।

1.10 बिल इत्यादि

अपनी जरूरत वाले सभी बिलों और रसीदों की अलग-अलग फाइल बनाकर उनमें क्रमानुसार लगाते रहें, जैसेः

- बिजली,
- पानी,
- गृह कर(हाउस टैक्स),
- फोन/मोबाइल,
- किराये आदि,
- यदि कोई वस्तु किश्तों पर ले रखी हो तो उसके बिल एवं रसीद,
- इसके अतिरिक्त सभी बिल एवं रसीदें जो आपके लिए जरूरी हो।

1.11 पास बुक एवं बैंक एकाउंटों का नम्बर

- घर के सभी लोगों के बैंकों के एकाउंट नम्बर, वहाँ की पास बुक या बैंक कम्प्यूटर सम्बन्धी कागजातों की एक फाइल,
- जमा और निकाली हुई रकमों की क्रमवार फाइल,
- क्रेडिट कार्ड समाप्त होने की तारीख,
- ए.टी.एम. कार्ड।

1.12 रक्त समूह की जानकारी

- घर के सभी सदस्यों के रक्त समूह (ब्लड ग्रुप) की जानकारी।

1.13 कुछ आवश्यक सूचनाएँ

- कीमती जेवरातों की सूची एवं उनके फोटो ताकि चोरी होने पर वह काम आ सकें,
- अन्य सूचनाएँ जो आवश्यक हों।

1.14 कुछ आवश्यक सामान

- अपने सामानों की वारंटी और गारंटी कार्ड,
- जो उपकरण आदि खरीदे हों उनकी रसीद फाइल में सुरक्षित कर लें,
- कुछ खाली लिफाफे, डाक टिकट, अंतर्देशीय पत्र, पोस्टकार्ड, रसीदी टिकट, गोंद, सेलोटेप आदि,
- कुछ बर्थ-डे और शादी की सालगिरह की शुभकामना कार्ड ताकि जरूरत पड़ने पर आप उन्हें भेज सकें,
- बटन, हुक, सूई-धागा का एक अलग डिब्बा,
- शादी और जन्मदिन पर देनेवाले लिफाफे एवं गिफ्ट पैक करने के रंगीन कागज,
- एक दर्जन पासपोर्ट साइज के फोटो, चुनाव पहचानपत्र या अन्य पहचान पत्र,
- यदि आप वरिष्ठ नागरिक हैं और रेल या हवाई-जहाज से सफ़र करते हैं तो आयु प्रमाण-पत्र,
- यदि विकलांग हैं तो उसका प्रमाण-पत्र।

1.15 स्टेशनरी

टाइप पेपर, कार्बन, स्टैप्लर, पिन एवं क्लिप, पैमाना (स्कैल),रबड़, पेंसिल, लिखने के लिए कलम, फाइल कवर, लिफाफे, फाइल पैड, पेपर वेट, सेलोटेप, स्टैम्प पैड, आपके नाम एवं पद की रबड़ मोहर, ताला, गोंददानी, कैंची, अपनी जरूरत के मुताबिक नाम के पैड, बाल प्वॉइंट, पेन की रिफिल इसके अतिरिक्त कुछ नोट बुक और ड्राइंग सीट आदि।

ध्यान रहे कि स्टेशनरी की बहुत सारी चीजें स्कूल एवं कॉलेज जानेवाले बच्चों की आवश्यकता होती है। अतः वे कभी-कभी आपके स्टॉक में से ले सकते हैं। इस पर आपको परेशानी हो सकती है। अतः आप उनकी आदत डालें कि चीज को उठाने के बाद उसे उसी स्थान पर वापस रख दें।

1.16 फर्नीचर

अपने इस घरेलू दफ्तर के लिए यदि आपके पास अलग कमरा न हो तो भी आप एक मेज, आवश्यक कुर्सी, रैक और आलमारी इत्यादि कहीं पर रख सकते हैं।

इसी प्रकार उपर्युक्त सूची के अतिरिक्त भी आपको जिन-जिन वस्तुओं और सूचनाओं की समय पर आवश्यकता हो उन्हें आप सँभालकर फाइल या कम्प्यूटर में रखें। मालूम नहीं कि कब इनकी आवश्यकता पड़ जाए। इससे समय की बचत के साथ आपको सुविधा भी रहेगी।

घर की सुरक्षा

प्रातःकाल जैसे ही हम अखबार उठाते हैं, कहीं न कहीं चोरी एवं डाके की खबर अवश्य छपी होती है। चोरी और डकैती का कोई समय नहीं होता है। जब भी चोर एवं डाकू मौका देखते हैं, हमला कर देते हैं। आजकल बहुत से घर ऐसे होते हैं जहाँ पति-पत्नी दोनों ही नौकरी करते हैं तथा बच्चे स्कूल जाते हैं, जिससे घर बिल्कुल खाली रहता है। यह समय चोरी करने के लिए सबसे उपयुक्त रहता है। अधिकतर चोरियाँ रात बारह बजे से सुबह चार बजे अथवा दिन में ग्यारह बजे से दो बजे के बीच होती हैं।

अमेरिका में 36 प्रतिशत चोरियाँ दिन में होती हैं। अधिकतर चोरियाँ वहीं होती हैं जहाँ चोरी करके भागना आसान होता है। चोरी से होनेवाले नुकसान पर पछताने से अच्छा है, चोरी से बचने के उपाय करें।

2.1 कॉलोनी की सुरक्षा

अगर आप किसी कॉलोनी में रहते हैं तो सब मिलकर दिन और रात के लिए अलग-अलग चौकीदार रखें। बड़े-बड़े शहरों में बहुत-सी कॉलोनियों में कई रास्ते होते हैं। अधिकतर कॉलोनियों में रात को एक ही फाटक खोलकर रखते हैं तथा एक ही फाटक से आदमी घुस सकता है। चौकीदार के पास मोबाइल या टेलीफोन रहता है। अगर कोई रात को किसी से मिलने आता है तो चौकीदार पहले टेलीफोन से पूछ लेता है तब अन्दर जाने देता है।

आप अपने नजदीकी पुलिस चौकी और पड़ोसियों के टेलीफोन या मोबाइल नम्बर अवश्य अपने पास रखें। ताकि आप मुसीबत के समय उन्हें फोन कर सकें। वैसे अक्सर चोर टेलीफोन का तार काट देते हैं लेकिन मोबाइल की सुविधा हो तो आप अपने पड़ोसी को सूचित कर सकते हैं। अगर यह सुविधा न हो तो अपने निकट के पड़ोसी के यहाँ से अपने घर के बीच एक ऐसा अलार्म लगवा लें, जिससे जरूरत पड़ने पर आप बजाकर अपने पड़ोसी को या पड़ोसी आपको खतरे की सूचना दे सकें। घर में अलार्म बेल रखें।

जिससे घर में जिस सदस्य को मौका मिले तो वह अलार्म बेल बजा सके और शोर मच जाए।

2.2 घर का नौकर

अगर आपके घर में नौकर रहता है या बाहर से आता-जाता है तो आप उसकी फोटो पुलिस थाने में ले जाकर जमा करवा दें, उसके पते आदि की जाँच कराकर उसका रजिस्ट्रेशन भी करवा दें क्योंकि आजकल अधिकतर चोरियाँ नौकरों द्वारा भेद देकर कराई जाती हैं। अपने पड़ोसियों से भी ऐसा करने को कहें। जब मकान की पुताई वगैरह होती है तब गैंग या समूह में ऐसे व्यक्ति घुस आते हैं, जो मकान के बारे में अन्दरुनी जानकारी प्राप्त कर लेते हैं। ऐसे लोगों से सतर्क रहें। आजकल चोरों के पास हथियार होते हैं। अतः बिना किसी की मदद लिए उनका मुकाबला न करें, अन्यथा नुकसान हो सकता है।

2.3 घर के समान का बीमा

आप अपने घर के कीमती सामानों का बीमा अवश्य कराएँ, जिससे चोरी होने पर उचित मुआवजा मिल सके। अपने सभी कीमती सामानों की सूची तथा फोटो अवश्य रखें। कीमती चीजों पर कहीं न कहीं नाम लिखवा दें। साथ ही अपने गहनों को बैंक के लॉकर में रखें। घर पर अधिक नकदी न रखें, क्योंकि आजकल ए.टी.एम. द्वारा पैसा कुछ ही देर में निकाला जा सकता है। यह 24 घंटे खुले रहते हैं। इस प्रकार अधिक नकदी घर पर नहीं रखें।

2.4 वाहनों की चोरी

आजकल कारों एवं स्कूटरों आदि की भी बहुत चोरियाँ हो रही हैं। आप कार और स्कूटर में चोर ताला अवश्य लगवाएँ। शीशे पर नाम और पहचान खुदवा लें। कार की बीमा अवश्य करवाएँ। वाहन चोरी होने पर तुरन्त पुलिस को सूचना दें।

कई बार चोर कार में फिट रेडियो, टी.वी., टेपरिकार्डर आदि निकाल लेते हैं। ऐसी चोरियों से होशियार रहें। पासपोर्ट जैसी चीजें कभी कार में छोड़कर न जाएँ। इससे बचने के लिए कार में सेंटर लॉक लगवाएँ।

2.5 फिरौती

चोरियों के अलावा आजकल बच्चों एवं अन्य व्यक्तियों को फिरौती के लिए जबरदस्ती

उठा ले जाते हैं। इससे सावधान रहें। घरवालों को बताकर रखें कि आपका किन-किन लोगों से तनाव चल रहा है, जिससे पूछताछ करने पर पुलिस को कुछ सुराग मिल सके। छोटे बच्चों को घर का पता एवं टेलीफोन नम्बर जरूर याद करा दें।

2.6 पॉकेट या बटुआ कटना

आजकल पॉकेटों से बटुआ या पर्स और अन्य मूल्यवान चीजें जेबकतरों द्वारा आसानी से चोरी की जा रही हैं। इधर पैंट के पीछे की जेब में बटुआ या पर्स रखने का कुछ फैशन-सा हो गया है। ऐसी जेबों से बस एवं रेल में चढ़ते समय जेबकतरे ताक लगाकर बटुआ निकाल लेते हैं। अतः बटुआ पीछे न रखें।

महिलाओं के पर्स से भी मौका देखकर ऐसे लोग समान चुरा लेते हैं, या ब्लैड से काटकर निकाल लेते हैं।

2.7 गले की चेन खींचने सम्बन्धी चोरी

आमतौर पर घर की महिलाओं को गले में सोने की चेन एवं कानों में कुंडल पहनने का बहुत शौक होता है। अक्सर वे अपने सोने की चेनों को बाजार में जाते समय साड़ी के ऊपर दर्शाती हैं। चेन खींचनेवाले चोर अक्सर स्कूटर या मोटर साइकिल पर आते हैं। प्रायः यह दो की संख्या में होते हैं। एक आदमी चेन खींचता है तथा दूसरा आदमी उसे चलते हुए अपने वाहन पर बिठा कर भाग जाता है। अतः सावधानी बरतनी आवश्यक है।

2.8 रेलगाड़ी और बसों में चोरियाँ

रेलगाड़ी और बसों में होशियारी से सफ़र करें। अपने सामान की चौकसी करें। वैसे हर ट्रेन में सामान को ताला लगाकर जंजीर से बाँधने की सुविधा रहती है। अतः यात्रा में हमेशा ताला और लोहे की जंजीर साथ लेकर चलें जिससे आप सामान में जंजीर डालकर ताला लगा सकें।

अक्सर गाड़ी में चढ़ते समय चोर आपके पीछे रहता है। जैसे ही आपने अपना सामान रखा और अपने लोगों से बाहर मिलने चले गए, चोर मौका पाकर आपका सामान उठाकर उसी डिब्बे के दूसरे दरवाजे से निकल जाता है। कुछ रेलगाड़ियों में सभी डिब्बे आने-जाने के लिए खुले भी रहते हैं। रेलगाड़ियों में बैठकर किसी अजनबी से कोई चीज कभी न खाएँ-पीएँ।

2.9 अन्य सावधानियाँ

- दरवाजों और खिड़कियों पर मजबूत ग्रील लगवाएँ।
- दरवाजों में मैजिक आई लगवाएँ जिससे दरवाजे खोलने से पहले देख लें कि कौन है।
- दरवाजे में सेफ्टी चेन लगवाएँ, जिससे वह पूरा न खुले।
- आप पुलिस कंट्रोल रूम, इलाके का थाना, हैल्प लाइन का फोन नम्बर अपने पास रखें।
- कीमती गहने तथा अधिक नकदी घर में न रखें। अगर आपके पास ज्यादा धन एवं गहने हैं तो उसकी डींग न मारें, न उसका दिखावा करें।
- अगर आपने नौकर को क्वार्टर दे रखा है तो वह किसी बाहरी आदमी या जान-पहचान वाले को बिना आपसे पूछे या जाँच-पड़ताल के न रखे।
- अपने नौकर से अलमारी न खुलवाएँ तथा पर्स में से रुपये या गहने निकालने के लिए न कहें।
- कभी-कभी ऐसे लोग आ जाते हैं जो कहते हैं, आपकी रकम दुगनी कर देंगे। ऐसे आदमियों को प्रोत्साहन न दें। कोई भी व्यक्ति रकम दुगनी कर नहीं पाएगा।
- कभी-कभी कुछ लोग गहने को साफ करवाने के लिए मीठी-मीठी बातें करते हैं, उनके बहकावे में न आएँ। ऐसे लोग गहने को किसी रासायनिक घोल में डालकर साफ तो कर देते हैं परन्तु उन रासायनिक घोल के द्वारा सोना या चाँदी निकाल लेते हैं।

घरेलू दुर्घटनाओं से कैसे बचें

3.1 घरेलू दुर्घटनाओं से बचाव

घरेलू दुर्घटनाएँ लापरवाही के कारण होती हैं। इनसे बचने के लिए सुरक्षा नियमों का पालन, घर में यथोचित ढंग से करें ताकि दुर्घटनाओं से बचा जा सके।

- घर में दुर्घटना रोकने के लिए घर को व्यवस्थित रखें। फर्श पर फैले हुए खाना, पानी, ग्रीस आदि को तुरन्त पोंछे।
- वस्तुओं को ऊपर रखने के लिए उपयुक्त सीढ़ी या स्टूल का इन्तजाम करें। उचककर या डंडे से सरका-सरकाकर डिब्बे उतारने की कोशिश न करें, क्योंकि आड़े-तिरछे होकर उनके गिरने की सम्भावना बनी रहती है।
- गैस, बर्नर, हीटर या स्टोव आदि को फर्श पर न रखकर रसोई में बने प्लेटफार्म पर ही रखें।
- केरोसिन स्टोव प्रयोग करते समय, उसे अधिक पम्प न करें और जब स्टोव गर्म हो तो उसमें मिट्‌टी का तेल न डालें।
- हैंडलवाले बर्तन को स्टोव या गैस चूल्हे पर रखते समय इस बात का ध्यान रखें कि हैंड स्टोव के पिछले भाग की तरफ, बाएँ या दाएँ रहें। अगर आगे रहा तो बच्चों या बड़ों के हाथ से लगकर दुर्घटना हो सकती है।
- रसोई में काम करते समय नायलान या अन्य सिन्थेटिक कपड़े पहनने से बचें। कपड़े ढीले और घेरदार नहीं होने चाहिए।
- छूरी-काँटे, चाकू इत्यादि बच्चों की पहुँच से दूर रखें।
- रसोई घर को स्वच्छ एवं व्यवस्थित रखें।
- स्नानघर में पानी इकट्‌ठा न होने दें।
- साबुनदानी में ही साबुन रखें। फर्श पर पड़ा साबुन पैरों के नीचे आकर फिसलने का कारण बन सकता है।
- स्नानघर में अगर आप ब्लेड, रेजर, एंटीसेप्टिक दवाई एवं लोशन रखते हों तो

उन्हें बच्चों की पहुँच से दूर रखें।

- प्रायः बेडरूम में ही ड्रेसिंग टेबिल रहती है। अगर आपके घर में छोटे बच्चे हैं तो प्रसाधन सामग्री, चूड़ियाँ इत्यादि टेबिल की बन्द दराजों में रखें।
- टी.वी., वीडियो या टेबिल लैम्प इत्यादि के तार अनावश्यक इधर-उधर न लटकने दें या फर्श पर न पड़ें रहने दें।
- टी.वी. या वीडियो को ऐसी जगह पर रखें कि बच्चे इनके पिछले भाग से छेड़छाड़ न कर सकें।
- दरी या कालीन की बनावट गुंथी हुई होनी चाहिए ताकि धागों में पैर उलझकर गिरने का अन्देशा न रहे।
- फर्नीचर नुकीले किनारों का न हो। यदि घर में छोटा बच्चा हो तो काँच की सतह वाली टेबिल इत्यादि उसके खेलने के क्षेत्र से दूर रखें।
- बिजली की लाइन को वर्ष में एक बार अवश्य चेक करा लें, जिससे शॉर्ट सर्किट का डर न हो।

3.1.1 अन्य सावधानियाँ

- अगर आप घर एवं शहर से बाहर जा रहे हैं तो उसकी सूचना का प्रसार न करें।
- अपना बाहर का दरवाजा अन्दर से बन्द रखें और सेफ्टी चैन लगाएँ।
- अगर आप शाम को बाहर जाएँ तो एक या दो बल्ब जलाकर जाएँ। अगर आप कई दिनों के लिए बाहर जा रहें हैं तो अपने घर में टाइम स्वीच लगाकर जाएँ, जिससे वह शाम को अपने आप जल जाए और सुबह अपने आप बुझ जाए।
- एक हफ्ते में जितना भी रुपया खर्च के लिए चाहिए, उतना ही रखें।
- अपने कीमती सामान का फोटो खींचकर रखें और उसकी एक सूची बना लें। जिन मशीनों पर नम्बर पड़े हों, उनके नम्बर नोट कर लें।
- अपने विश्पसनीय पड़ोसी को बताकर जाएँ कि आप कहीं जा रहे हैं और उनसे निवेदन करके जाएँ कि कभी-कभी आपके मकान को भी देख लिया करें।
- कीमती सामान खरीदने की रसीद ठीक से रखें।
- अगर चोरी हो जाए तो पुलिस में रिपोर्ट अवश्य लिखवाएँ। पुलिस रिपोर्ट की प्रतिलिपि अवश्य रखें।
- डुप्लीकेट चाभियाँ बाहर न छोड़ें। उन्हें ऐसी जगह छिपा दें, जहाँ सिवाय आपके और कोई दूसरा ढूँढ़ न सके।
- अगर आपने अपने सामान का बीमा करा रखा है तो चोरी या डाका पड़ने के बाद अपने बीमा एजेंट को तुरन्त खबर करें।

बिजली से होने वाली दुर्घटनाएँ

बिजली आजकल जीवन का एक मुख्य अंग बन गई है। पंखे, कूलर, मिक्सर, ग्राइंडर, वाशिंग मशीन, टी.वी., वी.सी.आर., फ्रिज इत्यादि का प्रयोग सिर्फ बिजली पर ही निर्भर करता है। ध्यान रहे बिजली हमारे लिए जहाँ सहायक है, वहीं घातक भी सिद्ध हो सकती है। बिजली का करेंट लगने से होनेवाली मौतों के समाचार हम आए दिन अखबारों में पढ़ते रहते हैं। इसी प्रकार बिजली के शॉर्ट सर्किट की वजह से कई बार भयंकर अग्निकांड भी हो जाते हैं। इससे बड़ी मात्रा में जान-माल की हानि होती है। इन दुर्घटनाओं का मुख्य कारण है लापरवाही, असावधानी तथा विद्युत उपकरणों के प्रयोग की सही जानकारी न होना। इन दुःखद दुर्घटनाओं से बचने के लिए निम्न उपायों पर अमल करें :–

4.1 अर्थिंग (Earthing)

अर्थिंग एक प्रकार का सुरक्षा कवच है जो कि बिजली के लीक होने पर बिजली के करंट को बिना नुकसान पहुँचाए जमीन के अन्दर उतार देता है। इसलिए यह सुनिश्चित कर लेना चाहिए कि आपके घर में पर्याप्त रूप से अर्थिंग की गई है या नहीं? अर्थिंग ठीक कार्य कर रही है या नहीं? इसे हर चार-छह माह में इलेक्ट्रिशियन से चेक कराते रहना चाहिए। विशेषकर बरसात के मौसम में अर्थिंग नष्ट हो जाती है। इसकी जाँच आप स्वयं भी साधारण टेस्टर से कर सकते हैं। जाँच के लिए किसी भी विद्युत उपकरण की धातु पर टेस्टर लगाइए, इससे पता चल जाएगा कि उसमें करेंट है या नहीं?

जहाँ तक सम्भव हो थ्री-पिन प्लग वाले उपकरण ही प्रयोग करने चाहिए और उन्हें थ्री पिन साकेट में ही लगाइए। तीसरा पिन दरअसल अर्थ पिन है, जो अर्थ कोर के साथ धातु के कील से जुड़ा रहता है। उपकरण इस्तेमाल करते समय मामूली झटका महसूस होने पर तुरंत ही अर्थिंग की जाँच करवा लें।

अर्थिंग करने के दो तरीके होते हैं

(अ) घर के आस-पास गहरा गड्ढ़ा खोद कर एक ताँबे के तार को उसमें दबा दें तथा उससे सभी प्वाइंट को जोड़ दें।

(ब) अर्थिंग लीड्स सदैव हरे रंग से ही दर्शाया जाता है। ताकि इसे पहचानने में कोई धोखा न हो। लाल तार बिजली का सूचक और काला तार न्यूट्रल का सूचक होता है।

4.2 बिजली का करेंट लगने पर क्या करें

सावधानी के पश्चात् भी यदि कभी करेंट आदि लग जाता है तो ऐसे में परेशान न हों। धैर्य से निम्न बातों को प्रयोग में लाएँ–

- बिजली का करेंट लगने से प्रायः लोग जल जाते हैं। यदि बिजली का करेंट हाथ में लगता है तो छाती से होकर बाहर निकलता है। इसका दुष्परिणाम यह होता है कि हृदय काम करना बन्द कर देता है। श्वसन क्रिया में झटका लगने से वह बन्द हो जाता है और व्यक्ति मर भी सकता है।
- सर्वप्रथम यदि कोई व्यक्ति चालू लाइन के सम्पर्क में आ जाता है, तो तुरन्त स्विच को सूखी लकड़ी से बन्द कर दें। फिर सूखी लकड़ी, सूखी रस्सी, सूखे कपड़े से खींच कर उसे अलग करें। आप सीधे उसे न पकड़ें अन्यथा आप भी करेंट की चपेट में आ सकते हैं। व्यक्ति को तारों से अलग कर सूखी जमीन पर लिटाएं। विद्युत अवरोधक वस्तु पर ही खड़े होकर आपको तारों को हटाना चाहिए; जैसे–रबड़ के तलेवाले जूते, सूखी लकड़ी, अखबारों के ढेर आदि।
- यदि पीड़ित व्यक्ति श्वास नहीं ले पा रहा है तो उसे कृत्रिम श्वास दीजिए।
- यदि रक्त संचार में रूकावटें आ रहीं हों तो उसके तलवे में मालिश करें। यदि कोई अंग जल गया हो तो उसका प्राथमिक उपचार करें। यदि व्यवित बेहोश हो गया हो तो होश में आने पर उसे गर्म चाय दीजिए, उसे जितना शीघ्र हो अस्पताल में जाकर डॉक्टर को दिखाएँ।
- कभी भी व्यक्ति के हृदय पर मालिश न करें।
- व्यक्ति यदि बेहोश न हो तो प्रभावित अंग पर स्वच्छ ठंडा जल डालते रहें, जब तक जलन कम न हो जाए।
- करेंट लगने के बाद व्यक्ति को कम से कम चौबीस घंटे अस्पताल में सतत निगरानी में रखें। क्योंकि कई बार करेंट लगने के कुछ घंटे बाद व्यक्ति को दिल का दौरा भी पड़ सकता है।
- एक भारतीय कम्पनी ने 'सेफ एंड सुपर ट्रिप' नामक ऐसा उपकरण बनाया है जिसकी वजह से जानलेवा करेंट से मुक्ति मिल सकती है। इसे मुख्य स्विच

बोर्ड पर लगाया जाता है और किसी भी रूप में नंगा तार छूने पर यह स्वयं ही करेंट काट देता है। इस उपकरण की वजह से औद्योगिक इकाइयों तथा घरों में बिजली का नंगा तार छू जाने पर भी करेंट नहीं लगेगा। 100 रुपये की कीमतवाले इस उपकरण से घरेलू उपयोग की वस्तुओं या दीवार में करेंट आने के खतरे से बचाव हो सकता है।

- बिजली का हल्का झटका लग जाने पर काली फॉस की चार गोलियाँ दिन में चार बार गर्म पानी से दें। साथ ही गर्म दूध एवं गर्म भोजन दें।

4.2.1 आवश्यक सावधानियाँ

- तीन प्लगों में तीनों तारों को ठीक से लगाना चाहिए तथा पिन भी ठीक से लगी होनी चाहिए।
- न्यूट्रल वायर के स्थान पर कभी भी अर्थ वायर का प्रयोग न करें और न ही कभी नंगे तारों को छुएँ। सभी तारों को जोड़ने के लिए सदैव आई.एस.आई. मार्कवाले इन्सुलेटेड टेप का इस्तेमाल करें। सेलोटेप का उपयोग सुरक्षित नहीं रहता है क्योंकि यह कभी भी उखड़ सकता है।
- विद्युत लाइनों, खम्भों एवं विद्युत प्रवाहित उपकरणों को स्वयं न छेड़ें, क्योंकि इनसे छेड़खानी करना दंडनीय अपराध है। जो लोग बिजली चले जाने के बाद बिजली उपकरणों को स्वयं ही ठीक करने का खतरा मोल लेते हैं, वह ठीक नहीं है।
- कुछ लोग बिजली जाने के बाद कट-आउट देखने और जोड़ने लगते हैं। साथ ही बिजली के खम्भे पर चढ़कर भी ठीक करने का प्रयास करते हैं। इससे वह अपनी जान जोखिम में डालते ही हैं, साथ ही देखनेवाले बच्चों पर भी इसका बुरा असर पड़ता है। कभी-कभी बड़ों के न रहने पर वह भी कट-आउट आदि जोड़ने लगते हैं। इस जोखिम से मृत्यु तक हो जाती है।
- बिजली, तार आदि की जाँच किसी लाइसेंस प्राप्त इलेक्ट्रिशियन से करवाएँ। अधिक पुराना तार भी दुर्घटना का कारण बन जाता है। क्योंकि घिसे हुए तार में शार्ट सर्किट होने पर चिंगारियाँ पैदा होने से आग लग जाती है। टूटे हुए प्लग, स्विच और घिसे हुए तारों की वजह से झटकों की सम्भावनाएँ बढ़ जाती हैं। अतः सड़े-गले तारों को तुरन्त बदल देना चाहिए। घर की वायरिंग की हर तीसरे-चौथे साल जाँच कराते रहना चाहिए। फ्यूज में मोटे तार का इस्तेमाल करना भी उचित नहीं है।
- फ्यूज जोड़ने के लिए सदैव फ्यूज वायर का ही इस्तेमाल करना चाहिए। फ्यूज में आई.एस.आई. मार्कवाली विद्युत सामग्री का ही उपयोग करें।
- बहुपयोगी प्लग (टू-पिन एवं थ्री पिन प्लग) एक ही साकेट में कभी मत लगाइए। एक बिन्दु पर ज्यादा करेंट के बहाव से ताप का तेज जमाव शार्ट

सर्किट कारण बन सकती है।

- घरेलू क्षेत्र में इस्तेमाल होनेवाली सभी उपकरणों के साथ उनके निर्देश दिए होते हैं। उनको पढ़कर ही इन उपकरणों का प्रयोग करें। अन्यथा असावधानी से इस्तेमाल करने में बिजली लीक होने से करेंट लग सकता है।
- उपकरणों का प्रयोग कर उनका स्विच बन्द कर प्लग निकाल दें। ज्यादा देर तक बिजली चलते रहने से जलने का सम्भावित खतरा बना रहता है। गर्मी पैदा करनेवाले बिजली के उपकरणों पर ज्यादा ध्यान देने की आवश्यकता होती है क्योंकि इसमें बिजली की खपत अधिक होती है।
- पानी बिजली की संवाहकता को बढ़ाता है। अतः बिजली के स्विच ऐसे खुले स्थान पर नहीं होने चाहिए, जहाँ सीलन हो या उन पर पानी गिर सके। गीले स्विच को दबाने से करेंट लग सकता है। इसी प्रकार जो वस्तुएँ या उपकरण पानी से जुड़े हों, उनका इस्तेमाल भी पर्याप्त सावधानी से करना चाहिए; जैसे वाटर कूलर, गीजर, इमरशन रॉड, फ्रिज, वाशिंग मशीन कुछ इसी तरह की चीजें है। इनको लगाते समय पाँव में रबड़ की चप्पल पहननी चाहिए। गीजर/इमरशन रॉड बन्द करके प्लग निकालने के बाद ही पानी को हाथ लगाना चाहिए।
- कभी भी गीले हाथों से स्विच न छुएँ और न ही तारों पर कपड़े सुखाएँ। बच्चों को भी समझाएँ कि गीले हाथों से स्विच बन्द न करें, न चालू करें।
- थ्री पिन प्लग प्रयोग करते समय इस बात का ध्यान रखें कि तीनों तार ठीक से जुड़े हों। बिना प्लग के सर्किट में सीधे तार लगाना भी खतरनाक होता है।
- सदैव अच्छे आई.एस.आई. मार्क वाले तारों (विद्युत तारों) का ही बिजली फिटिंग में प्रयोग करें।

4.3 बिजली की बचत

हम सभी जानते हैं कि बिजली की कीमत लगातार बढ़ रही है। इससे रोजाना का खर्च भी बढ़ रहा है। अतः बिजली की बचत करना बहुत आवश्यक है। इसके लिए निम्नलिखित बातों का ध्यान रखें–

- साधारण बल्ब के स्थान पर कॉम्पैक्ट फ्लोरोसेंट लैम्प (सी.एफ.एल.) या ट्यूब रॉड का प्रयोग करें। सी.एफ.एल. साधारण बल्ब की तुलना में आठ गुना अधिक चलती है। एक पन्द्रह वॉट का कॉम्पैक्ट लैम्प उतना ही प्रकाश देता है जितना कि एक साठ वॉट का बल्ब।

  आजकल के प्रचलित इंकेंडेंसेट (Incandescent) बल्ब रोशनी के बजाय गर्मी अधिक निकालते हैं, जबकि फ्लोरोसेंट बल्ब (Flourescent) दस गुना ज्यादा चलते हैं और इंकेंडेंसेट बल्ब के मुकाबले 4/5बिजली कम खपत करते हैं यानी उनका बिजली की खपत सिर्फ इंकेंडेंसेट बल्बों के 1/5 ही है। अच्छा होगा

सरकार मौजूदा बिजली की खपत कम करने के लिए केवल फ्लोरोसेंट बल्ब इस्तेमाल करने का कानून बनाए। किसी को भी नए बिजली के कनेक्शन इस आधार पर दिए जाएँ वह फ्लोरोसेंट बल्ब का इस्तेमाल करेगा। इससे ग्लोबल वार्मिंग भी कम होगी और कार्बन-डाईऑक्साइड का उत्सर्जन भी कम होगा।

- साधारण ट्यूब चौक के स्थान पर इलेक्ट्रॉनिक ट्यूब चौक का प्रयोग करें।
- बल्ब, ट्यूब रॉड एवं उपकरणों को साफ रखें।
- जब भी कमरों से निकलें तो स्विच ऑफ कर दें।
- दीवारों एवं छतों को हल्के रंग से पुतवाएँ।
- कमरे से बाहर जाते समय पंखा एवं बिजली बन्द कर दें।
- पंखे में पुराने रेगुलेटर के स्थान पर इलेक्ट्रॉनिक रेगुलेटर का प्रयोग करें।
- फ्रिज में अधिक बर्फ न जमने दें तथा इसे नियमित रूप से डीफ्रास्ट करते रहें।
- फ्रिज को बार-बार न खोलें। इससे बिजली व्यर्थ जाती है।
- गर्म दूध अथवा खाना सीधे फ्रिज में न रखें, पहले बर्तन को कमरे में ठंडा होने के लिए रखें। कमरे के तापमान पर आने के बाद ही फ्रिज में रखें।
- यह सुनिश्चित कर लें कि फ्रिज ऐसी जगह रखा जाए जहाँ गर्मी कम हो, सूरज की रोशनी न आती हो और चूल्हा या ओवन दूर हो।
- फ्रिज को समय-समय पर जाँच करते रहें कि दरवाजे से रोशनी तो नहीं आ रही है। इसके लिए आप उसके अन्दर एक टॉर्च जलाकर रख दें और दरवाजा बन्द कर दें। अगर रोशनी दिख रही हो तो दरवाजों की रबड़ को टाइट करवाएँ।
- फ्रिज को ऐसी जगह पर रखें, जहाँ पर इससे निकलनेवाली गर्मी बाहर निकल जाए। इसके लिए फ्रिज के चारों तरफ वायु का संचार होना चाहिए। अगर यह नहीं है तो फ्रिज देर से ठंडा होगा और अधिक बिजली की खपत होगी।
- यदि आप अपने एयर कंडीशनर को 22 डिग्री सेल्सियस (71.5 डिग्री फारनेहाइट) से ऊपर जितनी डिग्री पर सेट करेंगे उसमें प्रति डिग्री सेल्सियस तीन प्रतिशत बिजली कम प्रयोग होगी। अतः अपने कमरे का थर्मोस्टेट 25 डिग्री सेल्सियस पर सेट करें, ताकि आपको कम खर्च में अधिक आराम मिल सके।
- गर्मी से बचने के लिए पंखा का इस्तेमाल करें। पंखों के इस्तेमाल में लगभग 25-40 पैसा घंटे के हिसाब से बिजली खर्च होती है, जबकि एयर कंडीशनर में 8 से 10 रुपए प्रति घंटा बिजली खर्च होती है।
- एयर कंडीशनर में बिजली के इस्तेमाल को आप लगभग 40 प्रतिशत कम कर सकते हैं, अगर अधिक धूप आती है तो उस तरफ की खिड़कियों और दीवारों पर पर्दे डाल दें।
- एक अच्छा एयर कंडीशनर 30 मिनट में कमरे को ठंडा कर देता है। इसके बाद जब कमरा ठंडा हो जाए तो कुछ देर के लिए एयर कंडीशनर बन्द कर दें, फिर दोबारा चला दें।

- एयर कंडीशनर के फिल्टर को हर महीने साफ करवाएँ। अगर फिल्टर गन्दा होता है तो हवा का आना-जाना कम हो जाता है। साफ फिल्टर से कमरा जल्दी ठंडा होता है और ऊर्जा कम खर्च होती है।
- प्रेस करने से पहले सारे कपड़े एक साथ रख लें।
- गीजर के थर्मोस्ट्रिट स्तर को निम्न स्तर पर ही रखने का प्रयास करें।
- गीजर-शॉवर का प्रयोग जहाँ तक सम्भव हो न करें।
- कपड़े धोने की मशीन का प्रयोग उसमें बताए गए कपड़ों के भार के अनुसार ही करें। अधिक भार देने से बिजली की खपत ज्यादा होगी।
- यदि आपको कम्प्यूटर से काम नहीं करना है, लेकिन कम्प्यूटर चलाए रखना पड़े तो मॉनीटर बन्द कर दें क्योंकि केवल मॉनीटर पूरे सिस्टम की आधी से ज्यादा बिजली की खपत करता है।
- आजकल सरकारी तथा निजी दफ्तरों में जो बिजली इस्तेमाल होती है उसको कम करने की बहुत गुंजाइश है। दफ्तरों में अक्सर जब छुट्टी होती है तो लोग लाइट और पंखे बन्द करके नहीं जाते हैं, इसके लिए कमरों के बाहर एक मास्टर स्विच होना चाहिए जिससे अन्दर की लाइट बाहर से बन्द की जा सके।
- सूर्य से उपलब्ध गर्मी का अधिक-से-अधिक विभिन्न कार्यों के लिए इस्तेमाल किया जाना चाहिए। इस ऊर्जा से आसानी से पानी गर्म किया जा सकता है। इससे सम्बन्धित उपकरण मकानों की छत पर स्थापित किए जा सकते हैं। यह कार्यक्रम आन्दोलन के रूप में चलाया जाना चाहिए, जिससे बिजली की बचत हो। इसके उपकरणों के खरीदने के लिए बैंकों से सस्ते दर पर ऋण उपलब्ध हों। सूर्य ऊर्जा का अधिक-से-अधिक उपयोग खाना बनाने में किया जा सकता है। इससे गैस एवं बिजली की बचत होगी। आजकल बैटरियाँ भी सूर्य ऊर्जा से चार्ज हो रही हैं। सोलर लालटेन एवं टॉर्च भी मिल रही हैं।
  जर्मनी के हीआइनर गारटनर नामक एक किसान ने सूर्य से बिजली बनाने के लिए 80 हेक्टेयर फार्म पर जो बुटेनवायसेन, जर्मनी में स्थित है, बट कर दिखाया है, जो भारतवर्ष के एन सी ई डी ए(Non-Conventional Energy Development Agencies) ने नहीं कर पाया। इस किसान ने अपने पूरे फार्म पर फसल उगाने के बजाय सोलर पैनलस (Solar Penals) लगा रखें हैं, जो सूर्य की रोशनी को बिजली में बदलते रहते हैं। ये किसान अपने फार्म से चारों तरफ के गाँवों में बिजली सप्लाई कर रहा है। सूर्य एक ऊर्जा का ऐसा स्रोत है, जिसके द्वारा हम सोलर सेल और फोटोवोलटैक्स (Photovoltaics) द्वारा बिजली उत्पादन करके अपनी सभी बिजली की आवश्यकताएँ पूरी कर सकते हैं। अगर इन्हें हर पाँच-छः गाँवों के बीच एक गाँव में लगा दें तो गाँवों को भी सूर्य की रोशनी से बिजली मिल सकती है। दुनिया के वैज्ञानिक यह भी सोच रहे हैं कि पृथ्वी के ऊपर जो सूर्य की रोशनी और गर्मी बिखरी पड़ी हुई हैं, उसे वहीं अन्तरिक्ष में बिजली पैदा

करके माइक्रोवेव बीमों द्वारा नीचे भेज दें और उस ऊर्जा को बिजली के रूप में प्रयोग किया जाए। अगर हमारे वैज्ञानिक इस स्पेस सोलर सेल पॉवर सेटेलाइट टेक्नालॉजी का विकास करने में सफल हो जाएँ, तो हम सूर्य से अपनी पूरी जरूरत की बिजली पैदा कर सकते हैं। यह ऊर्जा अन्तरिक्ष में बादलों से ऊपर पैदा करनी होगी, जिससे बादलों का असर उत्पादन पर न पड़े। यह ऊर्जा इंवरटरों के सिद्धान्त पर स्टोर भी की जा सकती है। ऐसे प्रयासों पर सरकार को विचार करना चाहिए।

4.3.1 विभिन्न उपकरणों की बिजली खपत

पंखे : इनका वोल्टेज 45 से 100 के बीच होता है। आठ पंखा अगर एक घंटा चले तो लगभग 15 यूनिट बिजली खर्च होगी।

ट्यूब लाइट : अगर एक ट्यूब आठ घंटे जले तो 10 यूनिट बिजली एक महीने में खर्च होगी, वैसे बाजार में अब कम बिजली खर्च करनेवाली ट्यूब भी आ गई है।

गीजर : इसमें बिजली बहुत खर्च होती है, परन्तु यह बहुत देर तक नहीं चलाया जाता। होटल वगैरह में जहाँ बहुत लोग रहते हैं, वहाँ लगातार चार-पाँच घंटे चल सकते हैं।

वाशिंग मशीन : इसमें भी बिजली बहुत खर्च होती है परन्तु यह रोज नहीं चलाई जाती है, इसलिए बिजली का खर्चा मालूम नहीं पड़ता है।

टेलीविजन : अगर टी.वी. छह घंटे रोज चले तो टी.वी. की साइज के मुताबिक लगभग एक से दो यूनिट प्रतिदिन बिजली खर्च होती है।

कम्प्यूटर : कम्प्यूटर में भी टी.वी. की ही तरह बिजली खर्च होती है।

फ्रिज : इसमें बहुत बिजली खर्च होती है। एक 165 लीटर के फ्रिज में लगभग दो यूनिट प्रतिदिन बिजली खर्च होती है। 310 लीटर वाले फ्रिज में उपरोक्त से डेढ़ गुनी अधिक बिजली खर्च होती है।

एयर कंडीशनर : इसमें सबसे ज्यादा बिजली खर्च होती है। एक डेढ़ टन का एयर कंडीशनर अगर आठ घंटे चले तो लगभग 16 यूनिट प्रतिदिन बिजली खर्च होती है। उपरोक्त बिजली की खपत आधारित रहती है मशीन के साइज तथा चलने के घंटे के ऊपर। बिजली बचाने की एक बहुत बड़ी आवश्यकता इसलिए भी है क्योंकि एक न्यूनतम यूनिट खर्च के बाद बिजली के दर बहुत बढ़ जाते हैं।

फर्स्ट एड बॉक्स

घरों में अक्सर छोटी-मोटी बीमारियाँ होती रहती हैं। कभी-कभी अचानक चोट भी लग जाती है। कई बार आग या गर्म चीजों के गिरने से शरीर जल जाता है। इन सबका उपचार तुरन्त करना होता है, क्योंकि ऐसे समय में डॉक्टर के पास जाना सम्भव नहीं रहता है, तुरन्त उपचार तथा समय की बचत के कारण आप अपने घर में एलोपैथिक, होम्योपैथिक तथा बायोकैमिक दवाओं का फर्स्ट एड बॉक्स रखें। इनसे आप छोटी-मोटी बीमारियों तथा दुर्घटनाओं से हुई छोटी-मोटी चोटों का स्वयं उपचार कर सकते हैं और आवश्यकता पड़ने पर पड़ोसियों की मदद भी कर सकते हैं। इन फर्स्ट एड बॉक्सों के लिए जो चीजें रखनी प्रस्तावित हों, उन्हें आप अपनी आवश्यकतानुसार घटा-बढ़ा सकते हैं। ये फर्स्ट एड बॉक्स छोटी-मोटी चोट एवं बीमारियों के लिए प्रस्तावित है। अगर चोट गहरी है या बीमारी का रूप गम्भीर है तो तुरन्त डॉक्टरी सलाह लेनी चाहिए।

5.1 फर्स्ट एड बॉक्स (एलोपैथिक)

क्र.स.	दवाई या वस्तुएँ	संख्या	रोग/बीमारियाँ
1.	ग्लूकोज पाउडर(Glucose Powder)		कमजोरी
2.	ब्रूफेन टेबलेट(Brufen Tablet)	20	चोट, मोच
3.	पेरासीटामोल टेबलेट(Paracetamol Tablet)	20	बुखार
4.	डोमेस्टॉल टेबलेट(Domestal Tablet)	20	उल्टी
5.	डोमेस्टॉल सीरप(Demestal Syrup)	4(बोतल)	उल्टी
6.	डाइजीन टेबलेट(Diegene Tablet)	50	अम्लपित्त
7.	डाइजीन जेल(Diegene Gel)	1(बोतल)	अम्लपित्त

8.	इलेक्ट्रॉल पाउडर(Electrol Powder)	5 पैकेट	डिसेंटरी दस्त
9.	क्रोसीन सिरप(Crocin Syrup)	2 पैकेट	बुखार
10.	लेमोलेट टेबलेट(Lemolat Tablet)	10	उल्टी
11.	नारमेट टेबलेट(Normet Tablet)	10	उल्टी
12.	स्पेस्मिनडोन टेबलेट(Spesminedon Tablet)	10	पेट दर्द, मरोड़
13.	ऐनाफोरटेन टेबलेट(Anafortan Tablet)	10	पेट दर्द, मरोड़
14.	फ्लैगइल या मैटरोजील(Flagyl or Metrogyl)	10	
15.	डिस्पोजेबल सिरिंज(Disposable Syringe)	10	
16.	एडहेसिव टेप(Adhesive Tape)	6	
17.	बैंडेज 2 इंच एवं 3 इंच(Bandage)	5-6 दर्जन	
18.	बिटाडीन ऑयमेंट(Betadin Ointment)		
19.	टिंचर बेंजॉएन कंपाउंड (Tincher Benjoin Compound)	1 आउंस	
20.	बैंड एड (Band Aid)	1 डिब्बा	
21.	रूई(Cotton)	10 पैकेट	
22.	गॉज(Gauge)	1 पैकेट	
23.	डेटॉल/सेवलान(Dettol/Savlon)	1 शीशी	
24.	स्पीलिंट(Splint)		
25.	आयोडेक्स(Iodex)	1 शीशी	
26.	ऐविल टेबलेट(Avil Tablet) (25 mg)	20	एलर्जी
27.	विक्स वेपर रब(Vicks Vapour Rub)	1 डिब्बी	
28.	थर्मोमीटर(Thermometer)	1	
29.	वोवेरॉन जेल(Voveron Gel)	1	
30.	मेथिलेटेड स्प्रिट(Methylated Sprit)		
31.	लोक्यूलॉ 10 प्रतिशत(Locula10%)	4 शीशी	आँखों में डालने के लिए
32.	कैंची(Scissors)	1	
33.	ताला चाभी(Lock And Key)	1	
34.	फस्ट एड बॉक्स(First Aid Box)	14 X 8साइज	
35.	प्लास्टिक जार(Plastic Jar)	2	
36.	प्लास्टिक चम्मच(Plastic Spoon)	2	
37.	प्लास्टिक गिलास(Plastic Glass)	2	

5.2 फर्स्ट एड बॉक्स (होम्योपैथिक)

क्र.स.	दवा का नाम	उपयोग
1.	आर्निका-30(Arnica 30)	चोट, सूजन, दर्द,
2.	एपिस-30(Apis Mellifica 30)	मधुमक्खी के काटने पर एलर्जी
3.	बेलॉडोना-30(Belladonna 30)	सिरदर्द, कानदर्द, लू, आँख की लाली, खाँसी
4.	केलेंडुला-30(Calendula Officinalis 30)	कटे-फटे घाव
5.	केन्थरिस-30(Cantharis 30)	जल जाने पर, पेशाब का इनफेक्शन
6.	काक्युलस-30(Cocculus 30)	यात्रा में मिचली (ट्रेवलिंग नासिया)
7.	कार्बो वेज-30(Carbo Vege 30)	मन्दाग्नि, पेट फूलना
8.	केमोमिला-30(Chamomilla 30)	बच्चों के दाँत निकलते समय के रोग
9.	कॉफिया क्रूडा-30(Coffea Cruda 30)	अनिद्रा, शॉक से मूर्च्छित होना
10.	ग्लोनाइन-30(Glonoine30)	लू लगना, सिर दर्द
11.	हाइपेरिकम-30(Hypericum 30)	नाखून पर चोट
12.	इपिकाक-30(Ipecacuanha 30)	मिचली, उल्टी, नकसीर फूटना
13.	लीडम-30(Ledum 30)	कील चुभना, आँख पर चोट
14.	नेटरम म्यूर-30(Natrum Muriaticum 30)	सर्दी, जुकाम, छींक
15.	पल्सेटिला-30(Pulsatilla 30)	गरिष्ठ भोजन का अजीर्ण
16.	रूटा-30(RutaGraveolens 30)	आँख दर्द, कब्ज, धुटनों का दर्द
17.	प्लेंटेगो-30(Plantago Magor 30)	दाँत दर्द, कान दर्द, बवासीर
18.	रसटॉक्स-30(Rhus Toxico Dendron 30)	मोच आना, कमर दर्द, फ्लू
19.	सिम्फाइटम 30(Symphyutum 30)	हड्डी एवं आँख पर चोट
20.	टरेंटुला सी-6(Tarentula Cubensis 6)	कार्बन्कल, बालतोड़, जलयुक्त फोड़ा
21.	आर्टिका यूरेन्स-30(Urtica Urens 30)	जल जाना, पित्ती निकलना
22.	आर्सनिक एल्बम(Arsenicum Album 30)	कॉलेरा
23.	पोडो फाइलम(Podophyllum 30)	गर्मी में डायरिया
24.	एकोनाइट(Aconitum Napellus 30)	सर्दी-जुकाम
25.	चेलेडोनियम(ChelidoniumMajus 30)	हेपेटाइटिस 'ए'
26.	मर्क सॉल(Merc Sol 30)	खसरा या टान्सिल्ल
27.	कॉस्टिकम-30(Causticum 30)	गला बैठना
28.	एलो-30(Aloe 30)	डीसेन्ट्री (ऑव)

5.2.1 बाह्य प्रयोग की दवाएँ (होम्योपैथिक)

1.	आर्निका(Arnica Q)	बिना कटी-फटी चोट, जिसमें सूजन आ गई हो या नीला पड़ गया है। मटर टिंक्चर को तेल में समान मात्रा में मिलाकर चोट पर लगाएँ।
2.	कैलेंडुला(Calendula Q)	कटे-फटे घाव, फोड़े-फुन्सियों में मदर टिंक्चर को रूई से घाव पर लगाएँ। कैलेंडुला मलहम का भी प्रयोग कर सकते हैं।
3.	कैन्थ्रिस(Canthris Q)	जल जाने पर जले हुए स्थान पर रूई से लगाएँ। कैन्थ्रिस मलहम का भी प्रयोग कर सकते हैं।
4.	प्लैटैगो(Plantago Q)	दाँत दर्द, रूई में दवा लगाकर दाँत पर या दाँत के गड्ढ़ों में रखें।
5.	ईयर ड्राप(Ear Drop)	कान दर्द या कान में खुजली होने पर दो-दो बूँद दवा कान में डालें।

5.3 फर्स्ट एड बॉक्स (बायोकेमिक)

बच्चों के लिए एक अलग से बायोकेमिक दवाओं का बॉक्स बनाया जा सकता है उनकी दवाएँ निम्न हैं :

क्र.स	दवा का नाम	उपयोग
1.	फेरस फॉस 12X	दाँत दर्द, सूजन, बुखार।
2.	कैल्के फॉस 12X	बच्चों का दूध फेंकना।
3.	काली फॉस 3X	नींद न आना, चिड़चिड़ाहट।
4.	काली मूर 6X	कान एवं गले का दर्द।
5.	मैग फॉस 6X	पेट दर्द।
6.	नैट्रम म्यूर 6X	सर्दी, छींक, नाक बहना।
7.	बायो कॉम्पलेक्स नं. 4	पेट में शूल, कब्ज़।
8.	बायो कॉम्पलेक्स नं. 5	सर्दी, जुकाम।
9.	बायो कॉम्पलेक्स नं. 6	खाँसी।
10.	बायो कॉपलेक्स नं. 8	दस्त लगना।
11.	बायो कॉम्पलेक्स नं. 10	टॉसिल दुखना।
12.	बायो कॉम्पलेक्स नं. 11	बुखार।
13.	बायो कॉम्पलेक्स नं. 12	सिर दर्द।
14.	बायो कॉम्पलेक्स नं. 20	चर्म रोग।
15.	बायो कॉम्पलेक्स नं. 21	दाँत निकलते समय।

बच्चों को दो या चार गोलियाँ दिन में तीन या चार बार देनी चाहिए। बड़े बच्चों को पाँच गोलियाँ प्रतिदिन (24 घंटे में) तीन या चार बार देनी चाहिए। उपरोक्त दवाइयाँ आपके फर्स्ट एड बाक्स में हर समय रहती हैं तो आपको आवश्यकता पड़ने पर तुरन्त घर में ही दवाइयाँ उपलब्ध हो सकेंगी।

5.4 फर्स्ट एड बॉक्स होम्योपैथिक के लिए कुछ सुझाव

इन सभी दवाइयों को आप अपने फर्स्ट एड बॉक्स में रख सकते हैं।

- दवाओं की शीशियों पर कार्क कसकर लगाएँ। एक शीशी का कार्क दूसरी पर कभी भी न लगाएँ।
- मिल्क शुगर भी एक ऑस लाकर रख दें।
- दवा गोलियों के रूप में खरीदें।
- 30 पोटेंसी की दवा ही काम में लें।
- 20 नम्बर साइज की गोली हो तो बच्चों को दो गोली एवं बड़ों को पाँच गोली की एक खुराक दें।
- अनमेडिकेटेड शुगर पिल्स, जिन्हें ग्लोब्यूल कहते हैं, भिन्न-भिन्न आकार की होती हैं। सबसे छोटी आकार की 10 नं., उससे बड़ी 20 नं. फिर 30 नं. की होती हैं। इसका पोटेंसी से कोई सम्बन्ध नहीं हैं। ये गोलियाँ दवा की वाहक या माध्यम हैं। दवा के लिए एक ड्राम की शीशी काम में लाएँ।

5.4.1 सावधानियाँ

- दवाओं के बॉक्स को धूप एवं तेज गंध से दूर रखना चाहिए।
- दवा को साफ सफेद कागज के टुकड़े पर थोड़ा मिल्क शुगर पाउडर दो चने के बराबर लेकर, उसमें दो या तीन-चार गोली डाल कर उन्हें जीभ पर रखकर उसका रस चूसें।
- शीशी में से जरूरत के मुताबिक ही दवाईयाँ निकालनी चाहिए। बाहर निकली गोलियों को फिर शीशी में नहीं डालनी चाहिए।
- एक दवा दो से तीन खुराक से अधिक नहीं देना चाहिए। यदि दवा सुनिर्वासित लक्षणों वाली होगी तो 15 से 20 मिनट में असर करने लगेगी।

5.5 सफर के लिए फर्स्ट एड किट

अक्सर सफर में डिहाइड्रेशन, उल्टी, दस्त, जरनी सिक्नेस, बुखार आदि हो जाता है। इसके लिए आवश्यक है कि कुछ दवाइयाँ सफर के साथ लेकर जाएँ। इनका ब्यौरा

नीचे दिया गया है।

फर्स्ट एड किट के लिए प्लास्टिक बैग या बक्शा लें। इस बक्शे में निम्नलिखित दवा रखें।

- पेरासीटामोल–हरारत, बुखार और बदन दर्द के लिए।
- ओरल रिहाइड्रेशन पैक–जीवन रक्षक घोल। (नमक एवं चीनी हमेशा साथ रखें, ताकि आप खुद जीवन रक्षक घोल बना सकें)।
- एंटी डायरिया गोलियाँ–अक्सर पहाड़ी क्षेत्रों में घूमने पर लोग हिली डायरिया या डायरिया के शिकार हो जाते हैं, अतः अपने डॉक्टर की सलाह पर इसकी दवा साथ रखें।
- एंटी हिस्टामीन–सामान्य सर्दी, जुकाम, कफ़, मधुमक्खी या मच्छर के काटने पर लगाने एवं शीत, पित्त या किसी एलर्जी के लिए।
- एविल,सिट्रोजन–एंटी एलर्जिक
- बुशकोपन, स्पैस्म प्राक्सोन–पेट दर्द के लिए।
- एंटी बायोटिक्स–एमाक्ससिलीन, सिप्रोफ्लाक्ससीन
- बेटाडिन ओइंटोमेंट–एंटी सेप्टिक
- बैंडेज और बेंड एड–चिपकानेवाली प्लास्टिक टेप।
- छोटी कैंची और ब्लेड
- थर्मामीटर
- ओडोमोश या अन्य कीड़ा भगानेवाली दवा
- पानी साफ करनेवाली गोली
- एंटी फंगल क्रीम
- डिटोल
- टिंचर
- सेवलोन
- आयोडैक्स
- मैडिकेटेड साबुन
- रूई और गौज
- पट्टी
- सनस्क्रीन क्रीम
- पीने का पानी

अपने रक्त को जानो

6.1 रक्त भगवान् की चमत्कारिक रचना

रक्त मनुष्य के शरीर में भगवान् की एक चमत्कारिक रचना है। ये उसके पूरे शरीर को जीवन-शक्ति प्रदान करता है। इसके बिना शरीर का कोई भी हिस्सा जिन्दा नहीं रह सकता है। रक्त से सभी अंगों/कोशिकाओं को खुराक और ऑक्सीजन मिलती है, जो काम करने की शक्ति देती है।

रक्त हमेशा घूमता रहता है। अगर यह प्रक्रिया रुक जाए तो मनुष्य की मृत्यु हो जाती है। एक चार किलोग्राम के बच्चे में लगभग 250-300 मि. ली. रक्त होता है। 40 किलोग्राम वजन के मनुष्य में तीन-चार लीटर रक्त होता है तथा 80 किलोग्राम वजनवाले वयस्क मनुष्य के शरीर में लगभग पाँच-छह लीटर रक्त होता है, जो लोग ऊँचाई पर रहते हैं, उनमें रक्त मैदान में रहनेवाले लोगों से ज्यादा होता है। क्योंकि, वहाँ आक्सीजन की कमी होती है। इसलिए, उतनी ही ऑक्सीजन लेने के लिए अधिक रक्त की आवश्यकता होती है।

रक्त लाल रंग का होता है, जब वह धमनियों द्वारा हृदय में लौटता है, तो उसका रंग गहरे लाल रंग का हो जाता है। ये स्वाद में नमकीन होता है और थोड़ा क्षारीय होता है। इसका पी.एच. 7.3 से 7.45 होता है। सामान्य पी.एच. 7 होता है।

हृदय पूरे शरीर में रक्त पहुँचाने के लिए पंप का काम करता है। वह रक्त वाहिनियों (Arteries) के माध्यम से शरीर के विभिन्न अंगों को रक्त पम्प करता है और धमनियों (Veins) के जरिए उसे वापस लाता है। रक्त जैसे-जैसे आगे बढ़ता जाता है, छोटी-छोटी रक्त वाहिनियों के माध्यम से विभिन्न अंगों को रक्त पहुँचाता रहता है। लौटते समय छोटी-छोटी धमनियों से निकलकर बड़ी-बड़ी धमनियों द्वारा शरीर के दूषित पदार्थ लेता हुआ हृदय में वापस लौट आता है। इसके बाद वह शुद्ध होने के लिए फेफड़ों तथा गुर्दों में चला जाता है। इस तरह से रक्त का चक्र चलता रहता है।

6.1.1 रक्त की बनावट

रक्त का निर्माण चार पदार्थों से मिलकर होता है:–

1. प्लाज्मा (Plasma)
2. लाल रक्त कोशिकाएँ (Red Blood Cells)
3. सफेद रक्त कोशिकाएँ (White Blood Cells)
4. प्लेट्लेट्स (Platelets)

प्लाज्मा (Plasma) :प्लाज्मा एक हल्के पीले रंग का तरल पदार्थ होता है,जिसमें लाल एवं सफेद रक्त कोशिकाएँ और प्लेट्लेट्स की कोशिकाएँ घूमती रहती हैं। यह पूरे रक्त का 50-60 प्रतिशत होता है। बाकी बचा हिस्सा कोशिका वाला होता है। लाल और सफेद रक्त कोशिकाएँ एवं प्लेट्लेट्स ठोस पदार्थ होते हैं, जो प्लाज्मा का हिस्सा बन जाते हैं। प्लाज्मा लगभग 90-92 प्रतिशत पानी से बना होता है। पानी के अलावा इसमें सैकड़ों और चीजें होती हैं, इनमें कई तरह की प्रोटीन (सात-आठ प्रतिशत), पचा हुआ खाना, खनिज, सोडियम क्लोराइड एवं सोडियम बाइकारबोनेट जैसे नमक हारमोन्स तथा दूषित पदार्थ मुख्य हैं। इनका रक्त में प्रतिशत आठ-दस होता है।

प्लाज्मा में मुख्य अवयव एल्ब्यूमिन (Albumin), फाइब्रीनोजन (Fibrinogen) और ग्लोब्यूलिन (Globulin) होता है। अगर रक्त में एल्ब्यूमिन की मात्रा कम हो जाती है, तो प्लाज्मा रक्त की नली से बाहर निकल जाता है। इससे बदन में सूजन आ जाती है।

फाइब्रीनोजन क्लोटिंग में अहम् भूमिका अदा करता है। जब घाव से खून निकलता है, तो ये प्रोटीन उसके ऊपर जम जाती है। प्लाज्मा से अगर फाइब्रीनोजन प्रोटीन निकाल लें, तो बाकी हिस्से को सीरम् (Serum) कहते हैं।

ग्लोब्यूलिन प्रोटीन संक्रमण से लड़ने में मदद करता है। जब इन प्रोटीनों की कमी हो जाती है तो संक्रमण होने का खतरा बढ़ जाता है। रक्त पचे हुए खाने को शरीर की सभी कोशिकाओं में ले जाता है और वहाँ वह ऊर्जा पैदा करता है या नए टिशु बनाता है। कोशिकाओं से रक्त दूषित पदार्थ ग्रहण करता है। रक्त प्लाज्मा इन पदार्थों को जिसमें यूरिया एवं अमोनिया भी आती है, गुर्दे तथा जिगर द्वारा रक्त से अलग करता है।

लाल रक्त कोशिकाएँ(Red Blood Cells) : लाल रक्त कोशिकाओं को एरीथ्रोसाइट भी कहते हैं। ये बहुत ही सूक्ष्म तश्तरी की शक्ल की होती है। यह किनारों पर मोटी और गोल और केन्द्र में समतल एवं पतली सी होती है। सफेद एवं लाल रक्त कोशिका का अनुपात लगभग 500 होता है। लाल रक्त कोशिकाएँ रक्त में सबसे ज्यादा मात्रा में होती हैं। एक माइक्रोमीटर रक्त में लगभग 40-50 लाख लाल रक्त कोशिकाएँ होती हैं। पुरुषों में लगभग 45-50 लाख और महिलाओं में लगभग 40-45 लाख होती हैं। ये पूरे शरीर में रक्त के साथ घूमती हैं। इनका मुख्य

कार्य फेफड़ों से पूरे शरीर में ऑक्सीजन ले जाने का है और वहाँ से कार्बन-डाइऑक्साइड को लेकर फेफड़ों के रास्ते बाहर निकालता है। लाल रक्त कोशिकाओं के तीन हिस्से होते हैं। पहला लचीली झिल्ली(Flexible Membrane), दूसरा हीमोग्लोबिन(Hemoglobin) तथा तीसरा कुछ रसायन विशेषतः एंजाइम्स (Enzymes)। लाल रक्त कोशिकाओं की झिल्ली(Membrane) लिफाफे की तरह होती है। इसमें हीमोग्लोबिन और दूसरे अन्य पदार्थ अन्दर रहते हैं। लाल रक्त कोशिकाओं का व्यास लगभग सात माइक्रोंस होता है। अधिकतर कोशिकाओं में न्यूक्लीयस हीमोग्लोबिन होता है, लेकिन पुरानी परिपक्व कोशिकाओं में कोई न्यूक्लीयस नहीं होता है। हीमोग्लोबीन का रंग लाल होता है। ये लाल रक्त कोशिकाओं में ऑक्सीजन देने और कार्बन-डाइऑक्साइड वापस लाने का काम करता है। हीमोग्लोबिन के दो हिस्से होते हैं, एक हेमिन(Haemin), जिसमें आयरन मुख्य होता है, दूसरा ग्लोबिन जो एक प्रोटीन होती है। लाल रक्त कोशिकाओं में जो रसायन होते हैं, उनसे ऊर्जा मिलती है। इसमें कुछ रसायन एंजाइम होते हैं। फेफड़ों में रक्त की हीमोग्लोबिन ऑक्सीजन लेती है। हीमोग्लोबिन जब ऑक्सीजन ले लेती है, तो उसे ऑक्सीहीमोग्लोबिन (Oxyhemoglobin) कहते हैं। यह अस्थिर कम्पाउंड होता है, जो बड़ी जल्दी ऑक्सीजन लेता और निकालता रहता है।

लाल रक्त कोशिकाएँ फेफड़ों से ऑक्सीजन लेकर हृदय में लौटकर पूरे शरीर को ऑक्सीजन पहुँचाती है। लौटते समय रक्त कार्बन-डाइऑक्साइड इकट्ठा कर हृदय द्वारा फेफड़ों में पहुँचाता है।

इस तरह रक्त घूमता ही रहता है। हृदय से रक्त वाहिनियों द्वारा पूरे शरीर में जाता है। वहाँ से दूषित पदार्थ लेता हुआ, फिर हृदय में आता है। वहाँ से वह रक्तवाहिनियों में जाता है। फेफड़ों से ऑक्सीजन लेकर साँस के द्वारा कार्बन-डाइऑक्साइड बाहर निकालकर हृदय में आता है। इस तरह रक्त की साइकिल निरन्तर चलती रहती है। अगर यह चक्र बन्द हो जाए तो व्यक्ति की मृत्यु हो जाती है।

लाल रक्त कोशिकाएँ बोन मैरो में बनती है। उनको बनाने के लिए कुछ खनिज, प्रोटीन और विटामिन की आवश्यकता होती है। इसके लिए संतुलित आहार लेना पड़ता है। लाल रक्त कोशिकाओं का कार्यकाल लगभग 120 का दिन होता है। उसके बाद वह जिगर, तिल्ली एवं बोन मैरो में जाकर समाप्त हो जाती है। इनका लोहे का हिस्सा जिगर में रह जाता है और बाकी बिलीरूबिन रंग के रूप में बाहर निकल जाता है।

अगर रक्त में लाल और सफेद कोशिकाओं का अनुपात कम हो जाता है तो मनुष्य एनीमिक हो जाता है। यह बीमारी आयरन खाने से ठीक हो जाती है। रक्त में आयरन की मात्रा कम होने से लाल रक्त कोशिकाएँ मरती रहती हैं।

सफेद रक्त कोशिकाएँ(White Blood Cells) : इनको ल्यूकोसाइट्स (Leucocytes) कहते हैं। ये शरीर को संक्रमण और बीमारी से बचाती है। ये 7-12 माइक्रोन व्यास की होती है। इनमें न्यूक्लियस होता है। ये भी बोन मैरो से बनती है।

कभी-कभी जिगर और तिल्ली में भी बनती है। इनका जीवनकाल लगभग दो हफ्ते का होता है। एक माइक्रो लीटर रक्त में 5000-10000 सफेद रक्त कोशिकाएँ होती हैं।

ये अधिकतर रंगहीन, गोल आकार की होती हैं। वैसे कई आकारों की होती हैं। इनमें न्यूक्लियस होता है। कुछ सफेद रक्त कोशिकाएँ संक्रमण बैक्टीरिया को घेर कर मार देती है। कुछ के विरुद्ध एंटीबाडीस एवं प्रोटीन निर्माण करती है, जिनसे बैक्टीरिया, वायरस या अन्य कीटाणु मर जाते हैं।

सफेद रक्त कोशिकाओं की शक्ल बदलती रहती है। ये पतली से पतली रक्त वाहिनियों की झिल्ली से निकलकर संक्रमण को रोक देती है।

प्लेट्लेट्स(Platelets) : इन्हें थ्रोमोबोसाइट्स (Thromobocytes) भी कहते हैं। ये अंडे गोल शक्ल के होते हैं और बोन मैरो में बनते हैं। ये रक्त को बहने से बचाते हैं। अगर कोई रक्त की नली कट जाती है तो प्लेट्लेट्स उस जगह चिपक जाते हैं और रक्त को बन्द कर देते हैं। इनमें न्यूक्लियस नहीं होता और ये रक्त में तैरते रहते हैं। इनका जीवन काल तीन से चार दिन का होता है।

एक माइक्रोलीटर रक्त में लगभग डेढ़ से पाँच लाख प्लेट्लेट्स होते हैं। इनका व्यास दो से चार माइक्रोन होता है। अगर प्लेट्लेट्स कम हो जाते हैं तो खून बहने लगता है। डेंगू बुखार में प्लेट्लेट्स बहुत कम हो जाते हैं। अतएव उस स्थिति में रक्त बहने लगता है।

6.1.2 रक्तदान का सेहत पर असर

वैसे तो रक्त देखने में एक जैसा लगता है, परन्तु हर मनुष्य में वह अलग-अलग किस्म का होता है। रक्त की किस्म, रक्त की कोशिकाओं की झिल्ली के ऊपर कुछ एंटीजन रहने पर निर्भर करती है। अगर कुछ एंटीबॉडीज रक्त से मिलते हैं तो वह एंटीजन से मिलकर रक्त की कोशिकाओं को आपस में मिला देते हैं। ऐसा मिलना रक्त वाहिनियों को बन्द कर सकता है, जिससे मनुष्य की मृत्यु तक हो सकती है।

रक्त आमतौर पर चार प्रकार का होता है, उनके नाम है टाइप-ए, टाइप-बी, टाइप-ए.बी., टाइप-ओ। जिस किसी बीमार को रक्त चढ़ाया जाता है, पहले उसके रक्त की जाँच की जाती है कि उसका रक्त किस संगठन का है, फिर उसी समूह के रक्त को उसके शरीर में चढ़ाया जाता है। अगर दूसरे टाइप का रक्त चढ़ा दिया जाता है तो रिएक्शन शुरू हो जाता है।

1940में कार्ल लैंडस्टीनर(Karl Landsteiner)ने अलेक्जेंडर एस. वीनर (Alexander S. Wiener) के साथ मिलकर एक दूसरे रक्त किस्म की खोज की, जिसे उन्होंने आर. एच. फैक्टर नाम दिया। यह दो तरह का होता है। एक आर.एच. पॉजिटिव, दूसरा आर.एच. निगेटिव। जिस व्यक्ति की लाल कोशिकाओं पर आर.एच.एंटीजन होता है वह आर.एच. पॉजिटिव कहलाते हैं। अधिकतर लोग आर.एच. पॉजिटिव होते हैं। वैसे

अगर आर.एच.निगेटिव बीमार के रक्त में आर.एच. पॉजिटिव एरीथ्रोसाइटस चले जाते हैं तो एंटीबॉडीस बनने लगते हैं। अगर आर. एच. निगेटिव बीमार में एक बार से ज्यादा आर.एच. पॉजिटिव रक्त चढ़ाया जाता विपरीत प्रक्रिया होने का डर रहता है।

हर व्यक्ति को अपने रक्त समूह की जानकारी होनी चाहिए । अच्छा होगा, इसके लिए टेस्ट कराकर एक सर्टिफिकेट अपने पास रखें। जिससे गंभीर बीमारी या दुर्घटना के समय टेस्ट की जरूरत न पड़े। परिवार के सभी सदस्यों के रक्त समूह की जानकारी होनी चाहिए। जिससे कभी किसी तरह के रक्त की आवश्यकता पड़े तो अपने परिवार के सदस्यों का ही रक्त मिल सके।

यह सोच आम है कि रक्तदान से शरीर कमजोर हो जाता है। ज्यादातर लोग इसी डर से अपने सगे-सम्बन्धियों तक के लिए खून नहीं देते। उनकी अक्सर कोशिश होती है कि कहीं पैसे देकर किसी पेशेवर से खून खरीदकर जरूरत पूरी कर ली जाए।

लेकिन क्या रक्तदान करने से वाकई कमजोरी आ जाती है? नहीं। सच तो यह है कि कोई भी सामान्य व्यक्ति हर तीन महीने पर रक्तदान कर सकता है।

एक समय में रक्तदाता से सिर्फ तीन सौ मिलीलीटर रक्त ही लिया जाता है। जबकि किसी भी वयस्क के शरीर में रक्त की कुल मात्रा पाँच हजार से छह हजार मिलीलीटर तक होती है। यानी एक बार में कुल रक्त का मात्र 1/20वाँ हिस्सा खून ही लिया जाता है। इसकी आपूर्ति भी शरीर कुछ ही दिनों में कर लेता है। हमारे शरीर में खून बनने की गति इतनी तेज है कि सामान्य वयस्क व्यक्ति हर तीन महीने बाद रक्तदान कर सकता है।

किसी भी रक्तदाता से रक्त लेने से पहले ब्लड बैंक का डॉक्टर उसके स्वास्थ्य की विधिवत जाँच करता है। रक्तदाता के पूरी तरह स्वस्थ होने पर उसके लहू में हीमोग्लोबीन की मात्रा स्वस्थ होने पर और खून के रोगाणु एवं विषाणु-मुक्त होने पर ही उससे रक्त लिया जाता है। अठारह से अट्ठावन वर्ष की उम्र के व्यक्ति ही रक्तदान कर सकते हैं।

6.2 रक्तदान की आवश्यकता

अक्सर दो गाड़ियों के लड़ने, छत गिरने तथा अन्य दुर्घटनाओं से शरीर से बहुत सारा रक्त निकल जाता है। अक्सर जब कोई गंभीर आपरेशन होता है, उस समय भी रक्त की आवश्यकता होती है। यह पूर्ति एक इंसान ही कर सकता है। भारतवर्ष में हर बड़े-बड़े अस्पतालों में ब्लड बैंक खुले हुए हैं, जहाँ आवश्यकतानुसार रक्त उपलब्ध रहता है। भारतवर्ष की रेडक्रॉस सोसाइटी भी रक्त इकट्ठा करने में काफी योगदान देती रहती है। ये अपने पास एक ऐसी लिस्ट रखती है, जो समय पर रक्तदान करने वाले को रक्तदान के लिए बुला सकती है। सरकार भी रक्तदान के लिए समय-समय पर कैम्प लगाती रहती है। रक्तदाता का रक्त लेते समय यह आवश्यक होता है कि

वह स्वस्थ हो और किसी बीमारी जैसे एच.आई.वी. पॉजीटिव या एड्स और टी.बी. आदि रोगों से ग्रस्त न हो। जिस व्यक्ति को रक्त चढ़ना है, रक्त चढ़ने से पहले उसके रक्त की जाँच करना भी आवश्यक है।

हर स्वस्थ व्यक्ति को परमार्थ हेतु दूसरों की जान बचाने के लिए रक्तदान के लिए अवश्य तैयार रहना चाहिए। यह सबसे बड़ी सेवा है।

डॉक्टर रक्त चढ़ाने से पूर्व रक्त देनेवाले तथा रक्त लेनेवाले के रक्त का मिलान कर देख लेते हैं, कि वह मिल रहा है या नहीं। अगर दोनों का रक्त मिलान नहीं होता है, तो शरीर चढ़े हुए रक्त को ग्रहण नहीं करेगा। अगर शरीर चढ़ने वाले रक्त को स्वीकार नहीं करती है, तो रक्त चढ़ाना बेकार हो जाता है, इससे मृत्यु भी हो सकती है।

रक्त चढ़ाने से पहले यह आवश्यक है कि हेपेटाइटिस-बी, एड्स आदि की जाँच कर ली जाए। यदि रक्त देनेवाला व्यक्ति घातक बीमारियों से ग्रस्त है और वह रक्त मरीज को चढ़ाया जाता है तो इससे वे बीमारियाँ मरीज को भी हो सकती हैं, जिस कारण उसकी स्थिति और गंभीर हो जाएगी और उसकी मौत भी हो सकती है।

6.3 रक्त शरीर का प्रतिबिम्ब है

मनुष्य के शरीर के रक्त संचालन की तुलना शहर में पानी की सप्लाई से की जा सकती है। पानी की सप्लाई में बड़े-बड़े पाइप टंकी से जोड़ दिए जाते हैं। बाद में घरों के लिए छोटे-छोटे पाइपों द्वारा सप्लाई की जाती है। मनुष्य के शरीर में हृदय तो एक टंकी के समान है जो सब जगह खून पंप करता है, फिर वह वापस लौटकर हृदय में ही आता है। हृदय में आने के बाद वह फेफड़ों में जाता है, जो उसको साफ करता है, जिन नलियों से खून हृदय में से पंप किया जाता है, उन्हें आरटरीज कहते हैं और जिनसे वापस आता है उन्हें वेंस कहते हैं। रक्त में जो ऑक्सीजन होती है उसे लाल कोशिकाएँ अवशोषित करती हैं। स्वस्थ रक्त स्वास्थ्य का प्रतिबिम्ब है। शरीर का कोई भी अंग ऐसा नहीं है,जहाँ रक्त न पहुँचता हो। बहुत से परजीवी, विषाणु रक्त के माध्यम से ही शरीर में प्रवेश करके आक्रमण करते हैं, अतएव रक्त के परीक्षण से पूरे शरीर की खबर ली जा सकती है। हमारे रक्त में प्रमुख रूप से निम्न घटक होते हैं–

लाल रक्त कोशिकाएँ(Red Blood Cells) : इनकी संख्या शरीर में पाई जानेवाली कोशिकाओं में सबसे ज्यादा होती है। यह गोल आकार (4.5-5.5 सें.मी.) की बाइकोनकेव कोशिकाएँ होती हैं। इनका न्यूक्लिसय इनके विकास के दौरान निकल जाता है। इनका जन्म एवं विकास हड्डियों की मज्जाओं (Bone Marrow) में होता है। इन कोशिकाओं का लाल रंग इनमें उपस्थित हीमोग्लोबिन नामक पदार्थ से होता है। हीमोग्लोबिन शरीर में ऑक्सीजन वितरण का कार्य करता है। एनीमिया में आर. बी. सी. की संख्या कम हो जाती है या उनमें हीमोग्लोबिन की मात्रा कम हो जाती है। लाल रक्त कणों का जीवन लगभग 120 दिन का होता है।

हीमोग्लोबिन (Hemoglobin) : यह रक्त को लाल रंग देता है। इसका रक्त में उपयुक्त मात्रा में होना स्वस्थ रहने के लिए नितांत आवश्यक है। इसकी कमी या अधिकता से रक्त सम्बन्धी विकार जैसे एनीमिया रोगों का पता लगाया जा सकता है। इसके लिए हीमोग्लोबिन टेस्ट किया जाता है, जिससे हीमोग्लोबिन की मात्रा पता चलती है। जाँच में महिलाओं में इसका स्तर 12 से 14 प्रतिशत और पुरुषों में 14-16 प्रतिशत तक रहता है। इससे कम या अधिक होने पर रक्त विकार के संकेत मिलते हैं। जाँच में अगर हीमोग्लोबिन का स्तर 9 प्रतिशत से कम है तो आयरन की कमी है।

ई.एस.आर. (Erythrocyte Sedimentation Rate) : इसमें लाल रक्त कोशिकाएँ एक घंटे में किस दर से नीचे बैठती है, देखा जाता है। प्रायः संक्रमण और अन्य रक्त विकार होने से यह प्रति घंटा दर बढ़ जाती है। यह साधारणतया पुरुषों में 0-10 मि.मी./घंटा की दर से और महिलाओं में 0-20 मि. मी./घंटा की दर से गिरती है। क्षयरोग, रक्त कैंसर एवं जोड़ों के रोगों आदि में यह गिरावट बढ़ जाती है।

श्वेत रक्त कोशिकाएँ (White Blood Cells) : यह गोल या अनियमित आकार की रंगहीन रक्त कणिकाएँ होती हैं। इनकी संख्या पाँच हजार से ग्यारह सी. एम. एम. होती है। संक्रमण तथा ल्यूकीमिया में इनकी संख्या बढ़ जाती है। टाइफाइड और कुछ दवाओं के रिएक्शन में इनकी संख्या घट जाती है। यह लिम्फ नोड्स, तिल्ली तथा बोन मैरो में बनते हैं। इनका जीवन काल तीन से चार दिन का होता है। यह पाँच प्रकार की होती है।

1. पोलीमार्फ(Polymorph)
2. लिम्फोसाइट(Lymphocyte)
3. इओसीनोफिल(Eosinophil)
4. मोनोसाइट(Monocyte)
5. बेसोफिल(Basophil)

श्वेत रक्त कोशिकाओं के बारे में जानकारी के लिए टी. एल. सी. और डी. एल. सी. टेस्ट किया जाता है।

टी.एल.सी. टेस्ट (Total Leucocyte Count) : यह हमारे शरीर में संक्रामक रोगों से लड़ने में लगी श्वेत रक्त कोशिकाओं की स्थिति बताते हैं। इसकी घटती या बढ़ती संख्या कई रोगों की ओर इशारा करती है। साधारणतया इसकी सीमा पाँच हजार से ग्यारह हजार कोशिकाएँ प्रतिघन मि.मी. होती है। रक्त में इसकी अधिकता रक्त कैंसर या संकामक रोगों की सूचना देती है। इसमें आई कमी अनेक प्रकार के रोगों या रक्त विकारों का संकेत देती है।

डी.एल.सी.टेस्ट (Differential Lecocytes Count) : डिफ्रेन्शियल ल्यूकोसाइट काउंट का मतलब है विभिन्न प्रकार की श्वेत रक्त कणिकाओं का प्रतिशत। ये हैं पोलीमार्फ, लिम्फोसाइट, इओसीनोफिल, मोनोसाइट और बेसोफिल। साधारणतः शरीर

में लिम्फोसाइट 20 से 45 प्रतिशत, पोलीमार्फ 50 से 70 प्रतिशत, इओसीनोफिल चार से छह प्रतिशत और मोनोसाइट एक प्रतिशत होता है। इनकी संख्या में गिरावट या बढ़त दोनों ही स्थिति शरीर में गड़बड़ी की सूचना देते हैं। इनमें कैंसर, क्षयरोग, मलेरिया, स्नोफीलिया जैसे रोग प्रमुख रूप से आते हैं।

प्लेट्लेट्स : यह रंगहीन, अंडाकार और चपटी कोशिकाएँ होती हैं। इनकी संख्या डेढ़ से साढ़े चार लाख/मि.मी. होती है। यह बोन मैरो में बनती है तथा तीन-सात दिन तक जीवित रहती है। इनका काम चोट लगने पर रक्तस्त्राव को रोकना है।

प्लाज्मा : यह बहुत ही हल्का पीला रंग का तरल पदार्थ है जिसमें रक्त कोशिकाएँ तैरती हैं। इसमें 90 प्रतिशत पानी, एक प्रतिशत अकार्बनिक तथा सात-आठ प्रतिशत प्रोटीन होती है।

6.4 विभिन्न जाँच

6.4.1 हृदय की जाँच

हृदय एक चमत्कारिक पम्प : हृदय एक ऐसा चमत्कारिक पंप है, जो व्यक्ति के पैदा होने से लेकर मृत्यु तक निरन्तर चलता रहता है। अगर इसमें जरा-सी भी खराबी आ जाए तो गम्भीर परिणाम होते हैं। हमारा हृदय एक मुट्ठी के आकार का होता है। ये भीतर से पोला और नीचे से थोड़ा त्रिकोणीय शक्ल का होता है, जो बायीं तरफ को झुका रहता है। जब हृदय के नीचे के हिस्से (वेंट्रिकल्स) सिकुड़ते हैं तो ऐसा महसूस होता है कि हृदय छाती के बायीं तरफ हैं। ये हमारी छाती के वक्षस्थल के बीच की हड्डी के ठीक नीचे तथा दोनों फेफड़ों के बीच में पेट की डायफ्राम झिल्ली के ऊपर स्थित रहता है। ये चारों ओर से दो झिल्लियों से ढका रहता है, इन्हें पेरीकार्डियम (Pericardium) कहते हैं। दोनों झिल्लियों के बीच में एक स्नेहन (Lubricant) रहता है, जिससे हृदय जब बढ़ता या सिकुड़ता है तो झिल्लियाँ चिपके नहीं।

हृदय लगभग 12 से 15 सें.मी. लम्बा तथा 9 से 10 सें.मी. चौड़ा होता है। इसका वजन 300 से 350 ग्राम होता है। हृदय 24 घंटे में लगभग एक लाख बार सिकुड़ता और फैलता है तथा इस बीच लगभग 15,000 लीटर से अधिक रक्त का संचार करता है जबकि शरीर में कुल पाँच से सात लीटर रक्त की मात्रा ही होती है, इससे स्पष्ट होता है कि हृदय कितना क्रियाशील है और वह जीवन-पर्यन्त अनवरत क्रियाशील बना रहता है। एक हृदय की धड़कन में लगभग 70 मि.ली. रक्त पंप होता है। इस प्रकार एक मिनट में लगभग पाँच लीटर रक्त पंप होता है। रक्त संचार की यह क्रिया व्यायाम एवं कठिन परिश्रम करते समय बढ़ जाती है।

हृदय बिना रूके प्रत्येक मिनट 72 बार धड़कता है। धड़कन की यह गति विभिन्न स्थितियों में घटती-बढ़ती रहती है। धड़कन की यह गति जब तक बहुत अधिक न

बढ़े, अथवा बहुत कम न हो जाए चिंता का विषय नहीं होता, क्योंकि उक्त स्थितियाँ समाप्त होने पर पुनः अपनी सामान्य गति पर पहुँच जाती है। कुल-मिलाकर हमारा हृदय प्रतिदिन लगभग एक लाख, तीन हजार, छह सौ, अस्सी बार धड़कता है। यह धड़कन तनाव, अल्प सांस एवं उत्तेजित दृश्य देखने आदि से और बढ़ जाती है।

हृदय की बनावट : हृदय में चार चैम्बर होते हैं। दो ऊपर, दो नीचे। ऊपर के दोनों हिस्सों को औरिकिल्स (Auricles) तथा नीचे के दोनों हिस्सों को वेंट्रिकिल्स (Ventricles) कहते हैं। औरिकिल्स और वेंट्रिकिल्स दोनों के दो-दो भाग होते हैं, एक दायाँ और दूसरा बायाँ। इस तरह चारों चैम्बरों को अलग-अलग दायाँ तथा बायाँ औरिकिल्स तथा दायाँ तथा बायाँ वेंट्रिकिल्स कहते हैं।

1. दाएँ औरिकिल्स तथा दाएँ वेंट्रिकिल्स के बीच जिसे ट्राइक्असपिड (Tricuspid) बाल्व कहते हैं। इसमें तीन फ्लैप बंद और खुलने के लिए होते हैं।

2. बाएँ औरिकिल्स एवं बाएँ वेंट्रिकिल्स के बीच के स्थान को बाइक्असपिड (Bicuspid) कहते हैं। इसमें बंद एवं खुलने के दो फ्लैप होते हैं।

3. यह दाएँ वेंट्रिकिल्स तथा पल्मनरी आरटरीज के मुँहाने पर रहता है। इसे पल्मनरी बाल्व (Pulmonary Arteries) कहते हैं। ये जेब की शक्ल के तीन होते हैं।

4. यह बाएँ वेंट्रिकिल्स और एओरटा (Aorta) के जोड़ों पर रहते हैं। इसे एओरेटिक सेमील्यूनर बाल्व(Aortic Semilunar) कहते हैं। ये तीन होते हैं और जेब की शक्ल के होते हैं।

पहले, दूसरे एवं तीसरे बाल्व में तीन-तीन फ्लैप होते हैं और दूसरे नम्बर के बाल्व में दो फ्लैप होते हैं। ये बाल्व के खुलने और बंद होने के लिए रहते हैं।

रक्त का संचार पहले दोनों औरिकिल्स के सिकुड़ने से शुरू होता है। इस सिकुड़ने में दाएँ औरिकिल्स से अशुद्ध रक्त बाल्व द्वारा दाएँ वेंट्रिकिल्स में चला जाता है और बाएँ औरिकिल्स से शुद्ध रक्त बाएँ वेंट्रिकिल्स में चला जाता है। इस क्रिया में जब औरिकिल्स सिकुड़ते हैं तो दोनों वेंट्रिकिल्स फैलते हैं।

- दोनों औरिकिल्स के सिकुड़ने के बाद फिर दोनों वेंट्रिकिल्स सिकुड़ते हैं और पुनः दोनों औरिकिल्स फैलते हैं। इस क्रिया में दाएँ वेंट्रिकिल्स से अशुद्ध रक्त दोनों पल्मनरी आरटरीज द्वारा फेफड़ों को शुद्ध करने के लिए चला जाता है तथा बाएँ वेंट्रिकिल्स से शुद्ध रक्त एओरटा द्वारा पूरे शरीर में चक्कर लगाने के लिए चला जाता है।
- जब दाएँ औरिकिल्स और दाएँ वेंट्रिकिल्स के बीच का बाल्व बन्द होता है तो लब-लब की ध्वनि निकलती है। जब बाएँ वेंट्रिकिल्स में एओरटा के मुँहाने का बाल्व तथा दाएँ वैंट्रीकेल्स में पल्मनरी आरटरी के मुँहाने का बाल्व, दाएँ वेंट्रिकिल्स में पल्मनरी आरटरी के मुँहाने का बाल्व बन्द होता है तो डप (Dup) की ध्वनि निकलती है।

हृदय से निकला हुआ शुद्ध रक्त निम्न कार्यों को करता है :

- पचे हुए खाने को आँतों में अवशोषण करके पूरे शरीर को पहुँचाता है। इस पचे हुए खाने में मुख्य रूप से ग्लूकोज, एमीनोएसिड, विटामिंस, खनिज आदि होते हैं।
- रक्त फेफड़ों द्वारा ऑक्सीजन लेकर उसे पूरे शरीर में पहुँचाता है, इससे शरीर की सभी कोशिकाओं को ऊर्जा मिलती है।
- शरीर की विभिन्न कोशिकाओं से जो कार्बन-डाइऑक्साइड निकलती है, उसे फेफड़ों तक ऑक्सीजनीकरण के लिए पहुँचाता है।
- शरीर के विभिन्न हिस्सों से अशुद्ध पदार्थ लाकर जिगर, गुर्दों तथा त्वचा द्वारा बाहर निकालना।
- रक्त शरीर के तापक्रम को बनाए रखता है।
- शरीर की विभिन्न विशेष ग्रन्थियों से जो स्राव निकलते हैं उक्त उन्हें पूरे शरीर में पहुँचाता है। इन स्त्रावों में विटामिंस, हारमोंस, एंजाइम्स तथा बहुत सारे स्वास्थ्यवर्द्धक पदार्थ हैं।
- अगर शरीर में कहीं रक्त निकलता है तो थक्का बनाकर उसे बहने से रोकता है। रक्त में जो सफेद रक्त कोशिकाएँ होती हैं, उनके द्वारा बैक्टीरिया या फंगस से बचाव करता है। इसके लिए एंटी टॉक्सिन एंटीबाडीज बनाता है, जिससे जहरीले पदार्थ तथा कीटाणु मर जाते हैं या निष्क्रिय हो जाते हैं। पूरा शरीर रक्त की नलिकाओं से भरा रहता है। इनके द्वारा पचा हुआ खाना, हारमोंस, विटामिंस, एंजाइम्स, ऊर्जा तथा ऑक्सीजन तमाम पदार्थ शरीर को मिलता रहता है तथा अशुद्ध रक्त को शुद्ध करता है।

मुख्य नलिकाएँ :

आरटरीज (Arteries) : यह हृदय से रक्त को शरीर के सभी हिस्सों में ले जाती है, जैसे-जैसे यह आगे बढ़ती है, ये छोटी या संकरी होती जाती है, जो आरटरी की सबसे छोटी शाखा होती है, उसे आरटरीयोल कहते हैं। आरटरीयोल आगे जाकर कैपीलरीज की शक्ल ले लेती है। ये कैपीलरीज बहुत सूक्ष्म आकार की होती हैं। कैपीलरीज बहुत ही संकरी नलिकाएँ होती हैं, जिनका व्यास लगभग आठ माइक्रोमीटर होता है।

वेंस (Veins) : वेंस वे नलिकाएँ होती हैं, जो पूरे शरीर से अशुद्ध रक्त को लेकर हृदय में डालती है। इनके द्वारा जब रक्त हृदय की तरफ ले जाया जाता है तो ये चौड़ी होती जाती है, क्योंकि इनमें जगह-जगह से अशुद्ध रक्त आकर इकट्ठा होता है। प्रारम्भ में इनका आकार बहुत सूक्ष्म होता है। अन्त में कैपीलरीज के साथ इनका आदान-प्रदान होता है। इस आदान-प्रदान में कैपीलरीज पचा हुआ खाना तथा ऑक्सीजन कोशिकाओं को स्थानान्तरित कर देती हैं और वेंस की वेन्यूलस इन कोशिकाओं से अशुद्ध रक्त इकट्ठा करके वेंसों को स्थानान्तरित करके हृदय की तरफ ले जाती हैं। कैपीलरीज से कोशिकाओं को औरं उनसे वेन्यूलस को यह आदान-प्रदान

पूरे शरीर में निरंतर चलता रहता है। अधिकतर वेंस त्वचा के नजदीक होती है अतः ऊपर से दिखाई देती है। आरटरीज इनके नीचे गहरे स्तर पर रहती है।

इन बड़ी-बड़ी आटरियों या वेंसों की शाखाएँ जिगर और गुर्दों में भी जाती हैं। जिगर में जानेवाली आरटरी को हैप्टिक आरटरी और जिगर से आनेवाली वेन को हैप्टिक वेन कहते हैं। इसी तरह गुर्दों से शुद्ध रक्त ले जानेवाले को रीनल आरटरी और अशुद्ध रक्त निकालकर ले जानेवाली को रीनल वेन कहते हैं।

पेट और आँतों से आनेवाली वेंस सीधे पोस्टीरियर वेनाकोवा को अशुद्ध रक्त नहीं पहुँचाती है। वे पहले हैप्टिक पोरटल वेन में मिलकर जिगर में जाती है, वहाँ ये कैपीलरीज में बदलकर एक नई हैप्टिक वेन बनकर पोस्टीरियर वेनाकोवा में मिल जाती है। पेट और आँतों से जो खाना अवशोषित होता है, वह पहले जिगर में आता है, जहाँ उसकी मात्रा रक्त में जाने के लिए निर्धारित होती है। अतिरिक्त शर्करा ग्लाइकोजन के रूप में जिगर में जमा हो जाती है। जिगर इसके अलावा टॉक्सिन पदार्थों को निष्क्रिय बना देता है।

आनेवाली नलिकाएँ : दाएँ औरिकिल में दो रक्त नलिकाएँ आती हैं, जिन्हें एंटीरियर (सुपीरियर वेनाकोवा) (Antirior (Superior) Venacova) तथा पोस्टीरियर (इंफीरियर) वेनाकोवा (Posterior (Inferior) Venacova) कहते हैं। ये शरीर के सभी हिस्सों से अशुद्ध रक्त लाती है इनमें पोस्टीरियर वेनाकोवा पैर तथा पेट की तरफ से तथा एंटीरियर वेनाकोवा सिर की तरफ से अशुद्ध रक्त लाती है।

- बाएँ औरिकिल में चार पल्मनरी वेंस (Pulmonary Veins) आती है , उनमें दो एक फेफड़े से और दो दूसरे फेफड़े से आती है। ये दोनों फेफड़ों से शुद्ध रक्त लाती है।
- एओरटा के बेस से दो कोरोनरी आरटरीज (Coronary Arteries) निकलती है, जो हृदय की मांसपेशियों को रक्त आपूर्ति करती है। इनमें से एक हृदय के दाईं तरफ तथा दूसरी उसके बाईं तरफ जाती है।

निकलनेवाली नलिकाएँ : पल्मनरी आरटरी (Pulmonary Artery)

- एक पल्मनरी आरटरी दाएँ वेंट्रिकिल्स से निकलती है। बाद में इसकी दो शाखाएँ हो जाती हैं। ये अशुद्ध रक्त को ऑक्सीजनीकरण के लिए दोनों फेफड़ों में ले जाती है।
- बाएँ वेंट्रिकिल्स से एओरटा नलिका निकलती है, जो ऑक्सीजनयुक्त शुद्ध रक्त शरीर के सभी हिस्सों को पहुँचाती है।

जाँच : हृदय रोग जैसे हार्ट अटैक, एंजीइना की सूचना बहुत पहले से ही दौड़ रहे रक्त से पता चल जाता है। कुछ साधारण रसायन जो हमारे रक्त में हृदय सम्बन्धी सूचना देते हैं। ये हैं एस.जी.ओ.टी. तथा एस.जी.पी.टी। ये एंजाइम्स होते हैं जो हृदय तथा अन्य मांसपेशियों एवं जिगर में होते हैं। इन अंगों की बीमारी एवं क्षतिग्रस्त होने पर रक्त में इनकी मात्रा बढ़ जाती है।

हृदय की बीमारी के लिए ई.सी.जी. किया जाता है तथा कोलेस्ट्रोल एवं ट्राइग्लोसेराइड की जाँच की जाती है। रक्त में शर्करा की जाँच जरूरी है। कोलेस्ट्रोल एवं ट्राइग्लोसेराइड रक्त में प्रवाह होनेवाली वसा है। इनकी ज्यादा मात्रा हृदय की धमनियों में जमकर उनको सकरा कर देती है, जिससे मायोकार्डियल इन्फ़ोंकशन होने का खतरा हो जाता है।

ई.सी.जी. (इलेक्ट्रोकार्डियोग्राम) : यह एक मशीन है, जिसके द्वारा हृदय में उत्पादित विद्युत तरंगों को नापा जाता है, इसके लिए कुछ तार जिनको इलेक्ट्रोड (Electrode) कहते हैं, शरीर के कुछ हिस्सों पर स्थापित किए जाते हैं, जो विद्युत प्रवाह को एक ग्राफ पर अंकित कर देते हैं। यदि हृदय के कार्य संचालन में कोई व्यवधान हो रहा हो तो इस जाँच से पता लगाना कुछ सीमा तक उपयोगी होता है। कई बार ई.सी.जी. जाँच से स्थिति सामान्य प्रतीत होती है, परन्तु व्याधि के अन्य लक्षणों से मेल नहीं खाते। इस स्थिति में चिकित्सक अन्य जाँच भी कराना आवश्यक समझते हैं,जिसमें ट्रेडिमिल टेस्ट भी सम्मिलित है। इस टेस्ट को स्ट्रेस टेस्ट भी कहते हैं ताकि यह ज्ञात हो सके कि श्रम करने पर रक्त के प्रवाह की गति किस प्रकार रहती है। चूँकि श्रम करने पर थकान प्रारम्भ हो जाती है। हृदय को ऑक्सीजन की भी अधिक आवश्यकता पड़ती है, अतः रक्तस्त्राव में वृद्धि होती रहती है। यदि कोरोनोरी आटरीज (Coronary Arteries) में जमाव है तो हृदय की बढ़ी हुई माँग के अनुसार रक्त संचार नहीं हो पाता। इस स्थिति को इस्कीमिया कहते हैं। यह स्थिति प्रकट होने पर चिकित्सक को उपचार की सही दिशा तय करने में पर्याप्त सहायता मिलती है।

रक्त में शर्करा : यह रक्त में मौजूद शर्करा की स्थिति बताता है। रक्त में अगर शर्करा सामान्य से अधिक होती है,तो हृदय की बीमारियाँ बढ़ जाती हैं। मूत्र ज्यादा आता है। बढ़ी हुई शर्करा का असर शरीर के सभी हिस्सों पर पड़ता है। अगर कोई घाव हो जाता है तो आसानी से ठीक नहीं होता है। इसकी नार्मल रेंज फास्टिंग की 70-110 तथा खाना खाने के दो घंटे के बाद 140 होती है।

सहायक एंजाइम्स : हमारे शरीर में दौड़ते रक्त के माध्यम से हम जिगर की कार्यक्षमता का आसानी से अनुमान लगा सकते हैं। पाचन एवं अन्य क्रियाओं में सहायक एंजाइम्स एवं पाचक पदार्थ जैसे ही रक्त में रिसने लगते हैं, वैसे ही यह बीमारी की सूचना देने लगते हैं। इनमें प्रमुख रसायन हैं बिलिरूबिन, एस.जी.पी.टी., एस.जी.ओ.टी., एल्केलाइन फास्फेट्स और एंटीजंस। ये सभी जिगर के रुग्ण अवस्था की सूचना देते हैं। इसके अलावा सीरम एवं एलब्यूमिन (Albumin) की जाँच कराई जाती है। यह एक प्रकार की प्रोटीन है जो जिगर में बनती है, इससे जिगर की क्षमता के विषय में जानकारी प्राप्त होती है।

6.4.2 गुर्दे की जाँच

गुर्दे की कार्यशीलता जाँच करने के लिए रक्त एवं मूत्र दोनों की जाँच की जाती है। रक्त में उपस्थित यूरिया, क्रीयोटिनाइन, पोटैशियम और सोडियम की मात्राएँ गुर्दे के कार्य की सारी जानकारी दे देते हैं। यूरिया प्रोटीन का एक मुख्य अंतिम उत्पाद है। यूरिया जिगर में बनता है तथा गुर्दों से एक्सक्रीट किया जाता है। इसीलिए, गुर्दे की बीमारी में इसकी खून में मात्रा बढ़ जाती है। क्रियोटिनाइन भी गुर्दों की बीमारी का पता करने का सबसे अच्छा साधन है।

रक्त के माध्यम से मुख्यतः यूरिया और क्रीयोटिनाइन की मात्रा जाँची जाती है। इसकी मात्रा से पता चलता है कि गुर्दे कैसे काम कर रहे हैं। अक्सर गुर्दों के अस्वस्थ होने के कारण रक्तचाप बढ़ जाता है। जब तक गुर्दे स्वस्थ रहते हैं वे शरीर की क्रियाओं से उत्पन्न होनेवाले विष को रक्त प्रवाह से छानकर निकल जाने में सहायता प्रदान करते हैं, परन्तु इनके रोगग्रस्त हो जाने पर यह कार्य सुचारु रूप से नहीं चल पाता और वहाँ पर रक्त संचरण का कार्य अधिक तेजी से करना आवश्यक हो जाता है। रक्तसंचार यदि सुचारु रूप से न हो तो गुर्दे से रेनिन नामक हारमोन तीव्रता से निकलकर रक्तचाप को बढ़ा देता है। रेनिन के बढ़ने से रक्तवाहिनियों में तनाव लानेवाला तत्त्व एंगियो टेसिन तेजी से निर्मित होता है, जो एल्डोस्टेरोन हारमोन को काफी मात्रा में स्रावित करता है। धमनियों में सोडियम का जमाव बढ़ जाता है, इससे रक्तचाप में वृद्धि होने लगती है। इसके कारण हृदय पर भी सामान्य से अधिक भार पड़ता है, जो रक्तचाप को बढ़ा देता है। यदि इस जाँच से यह प्रमाणित हो जाए कि गुर्दे रोगग्रस्त हैं तो रक्तचाप में वृद्धि का कारण स्पष्ट हो जाता है और चिकित्सा आसान हो जाती है।

6.4.3 मूत्र की जाँच

इसकी जाँच नीचे लिखी चीजों द्वारा की जाती है।

1.	रंग	फीका पीला
2.	पी.एच.	4.7-7.5
3.	आपेक्षिक घनत्व	1010-1025
4.	शर्करा	शून्य
5.	प्रोटीन	शून्य
6.	फास्फेट	शून्य
7.	मवाद की कोशिकाएँ	शून्य
8.	एपीथिलियल कोशिकाएँ	2-4/एच.पी.एफ.
9.	कीटीन	शून्य
10.	लाल रक्त कण	शून्य

6.4.4 नाड़ी की जाँच

चिकित्सक सामान्यतः कलाई की नाड़ी की भी जाँच करते हैं कि उसकी गति धीमी है अथवा सामान्य है या तेजी से चल रही है, परंतु इसके अतिरिक्त वे पैर एवं टखने की नाड़ी की भी जाँच करते हैं ताकि वे टांग एवं कोरोनोरी धमनी की कार्यशीलता के बारे में पता लगा सकें। कई बार उच्च रक्तचाप से पीड़ित व्यक्ति पिंडलियों अथवा छाती में दर्द हो जाने की शिकायत करते हैं। विशेषकर घूमने जाने पर, ऊँचाई एवं सीढ़ियाँ चढ़ने पर या व्यायाम करने पर। सर्दी की ऋतु में यह दर्द और भी अधिक हो जाता है। इस जाँच से यह पता लगाया जा सकता है कि रक्तवाहिनियों में रक्तप्रवाह सुचारु रूप से हो रहा है या नहीं। वैद्य लोग नब्ज़ देखने में माहिर होते हैं। वह नब्ज़ देखकर बहुत सी बीमारियाँ बता देते हैं।

6.4.5 कोलेस्ट्रोल की जाँच

टेस्ट	यूनिट	नार्मलवैल्यू
कोलेस्ट्रोल	एम. जी./डी. एल.	150-240 (सामान्य) 200-24 (बॉर्डर लाइन) 240 से अधिक (बहुत)
कोलेस्ट्रोल	एच.डी.एल.	45-60
कोलेस्ट्रोल	एच. डी. एल.	100 से कम (ठीक) 130 से ज्यादा (ठीक नहीं, बहुत है)
ट्रिग्लाईसीराइड्स	एम.जी. डी. एल.	60-170
कोलेस्ट्रोल	एच. डी.एल.	
अनुपात		0.0-3.5 (कम नुकसानदायक) 3.5-5.0(मध्यम नुकसानदायक) 5 से ऊपर (खतरनाक)
एल.डी.एल./एच.डी.एल.अनुपात		2.5-3.5 (सामान्य) 3.5से अधिक (खतरनाक)

6.5 रक्त की नार्मल वैल्यू

Haematological values (Approximate adult ranges)

Blood haemoglobin	
Males	13-18 g/dl
Females	11.5-16 g/dl
Total leucocyte Count (TLC)	4,000-11,000/cubic Millimetre
	4-11x 10^9/L
Differential Leucocyte Count (DLC)	
Neutrophils	40-70 percent
Lymphocytes	20-40 percent
Monocytes	2-8 percent
Erythrocyte sedimentation rate (ESR)	
Wintrobe method	
Men	0-9 mm/hour
Women	0-20 mm/hour
Westergren method, <50 years of age	
Men	0-20 mm/hour
Women	0-30 mm/hour
Westergren method, >50 years of age	
Men	0-20 mm/hour
Women	0-30 mm/hour

Platelet count 130,000-400,000 per cubic millimetre

6.6 शरीर से दूषित पदार्थों का उत्सर्जन

शरीर में उपापचय (Metabolism) की प्रक्रिया के अन्तर्गत शरीर में दूषित पदार्थ निकलते रहते हैं। ये अगर शरीर के अन्दर रह जाते हैं तो टॉक्सिक होकर ज़हर बन जाते हैं। कार्बोहाइड्रेट, वसा और प्रोटीन के उपापचय से बड़ी मात्रा में कार्बन डाइऑक्साइड और पानी निकलता है। नाइट्रोजन पोषित दूषित पदार्थ भी इस प्रक्रिया में निकलते हैं। उनमें मुख्य है अमोनिया, मूत्र, यूरिक एसिड आदि। इन सभी दूषित पदार्थों को शरीर से बाहर निकालने को उत्सर्जन क्रिया कहते हैं। पदार्थ जिनका उत्सर्जन होता है। वे निम्न हैं जैसे :–

1. कार्बन डाइऑक्साइड और पानी : हर कोशिका में ऑक्सीजन जब ग्लूकोज से मिलती है, तब ऊर्जा प्राप्त होती है। इस प्रक्रिया में कार्बन डाइऑक्साइड और पानी बनता है। कार्बन डाइऑक्साइड फेफड़ों के जरिए साँस द्वारा निकल जाती है। पानी जो शरीर में होता है, उसका हिस्सा बनता जाता है। रक्त में उसकी मात्रा गुर्दे निर्धारित करते हैं।

2. नाइट्रोजन आधारित दूषित पदार्थ : इसमें यूरिया, यूरिक एसिड, अमोनिया, सोडियम क्लोराइड तथा अन्य कई पदार्थ पाए जाते हैं। इनका शरीर से निकलना आवश्यक होता है, क्योंकि अगर इनकी मात्रा रक्त में बढ़ जाती है तो मृत्यु तक हो सकती है। आवश्यकता से अधिक लिए हुए विटामिंस नमक आदि गुर्दों द्वारा मूत्र के माध्यम से निकल जाते हैं।

3. ठोस मल : ये गुदा द्वारा बाहर निकलता है।

4. पसीना : यह त्वचा द्वारा निकलता है। इसमें पानी और विभिन्न दूषित पदार्थ निकलते हैं, जिनमें नमक भी शामिल है।

5. बाइल पिगमेंट (Bile Pigment) : यह पीले रंग का होता है। ये हीमोग्लोबिन की समाप्त होनेवाली कोशिकाओं से बनता है। जिगर बाइल भी बनाता है। ये बाइल बाईलडक्ट द्वारा ड्यूडीनम में गिरता है। ये मुख्यतया खाने की वसा को पचाता है। ये आँतों के मल को रंग प्रदान करता है। कुछ रंग मूत्र के जरिए भी निकल जाता है।

6.6.1 उत्सर्जन के अंग

उत्सर्जन में निम्नलिखित अंग शामिल होते हैं।

त्वचा : त्वचा में स्वैट ग्रन्थियाँ होती हैं। इनके द्वारा त्वचा से नाइट्रोजन आधारित दूषित पदार्थ तथा नमक पसीने के रूप में बाहर निकलते हैं। ये पानी में घुले रहते हैं और पानी सहित बाहर निकलते हैं।

फेफड़ा : इनसे कार्बन डाइऑक्साइड निकलती है।

गुदा : इससे ठोस मल निकलता है।

गुर्दे : ये सेम की शक्ल के दो गुर्दे होते हैं। जो लगभग 10 सें.मी. लम्बे और 6 सें.मी. चौड़े होते हैं। यह रीढ़ की हड्डी के दोनों तरफ एक-एक रहते हैं और छाती की सामने की हड्डियों से सुरक्षित रहते हैं। दोनों गुर्दे ब्लेडर से जुड़े रहते हैं और ब्लेडर से यूरेथ्रा द्वारा मूत्र का निकास होता है। गुर्दे में रक्त की सप्लाई हृदय से दो रक्तवाहिनियों द्वारा होती है। गुर्दे रक्त के दूषित पदार्थ हटाकर फिर हृदय को वापस भेज देते हैं। शरीर का तमाम रक्त गुर्दों के अन्दर दिन में 350 से 400 बार एक-दो लीटर प्रति मिनट के हिसाब से जाता है।

ये यूरिया एवं यूरिक एसिड को मूत्र के माध्यम से बाहर निकालता है। आवश्यकता से अधिक पानी भी मूत्र द्वारा बाहर निकलता है और बहुत सारी दवाइयाँ जैसे पेनसलीन अगर वह ज्यादा मात्रा में दी जाती है, तो इसका निकास भी मूत्र के माध्यम से होता है।

रक्त से मूत्र निकालने के लिए ऊर्जा चाहिए। इस काम के लिए गुर्दों को काफी ऊर्जा की आवश्यकता होती है। जो ऊर्जा कोशिकाओं को चाहिए उससे छह-सात गुना अधिक शक्ति इसे मूत्र निकालने में चाहिए। एक आम आदमी के मूत्र में लगभग

95 प्रतिशत पानी होता है और पाँच प्रतिशत दूषित पदार्थ जो उसमें घुले रहते हैं। आमतौर पर मूत्र में निम्नलिखित पदार्थ पाए जाते हैं :–

कार्बनिक		अकार्बनिक	
यूरिया	2-3 ग्राम/लीटर	सोडियम क्लोराइड	9.0 ग्राम/लीटर
क्रियेटीनाइन	1-5 ग्राम/लीटर	पोटैशियम क्लोराइड	2-5 ग्राम/लीटर
यूरिक एसिड	0.7 ग्राम/लीटर	सल्फ्यूरिक एसिड	1.8 ग्राम/लीटर
अन्य	2.6 ग्राम/लीटर	अमोनिया	0.6 ग्राम/लीटर
		अन्य	2.5 ग्राम/लीटर

मूत्र का रंग पीला होता है। ये रंग खुराक पर निर्भर करता है। यह थोड़ा अम्लीय होता है। प्रोटीन के खाने से ये और अम्लीय हो जाता है। इसकी पी.एच.5.5-6.5 बीच रहती है। वनस्पतिक पदार्थ खाने से ये और क्षारीय होता है क्योंकि एक से डेढ़ लीटर मूत्र जो 95प्रतिशत पानी होता है और गर्मी अधिक होने से जो त्वचा से पसीने के रूप में पानी निकलता है, इसलिए हर मनुष्य को दिन में डेढ़ से दो लीटर कम से कम पानी अवश्य पीना चाहिए।

कई बीमारियों का जनक ध्वनि प्रदूषण

मौजूदा औद्योगिक क्रान्ति और आबादी की बढ़ोतरी अनेकों बीमारियों के जनक 'शोर' यानी 'ध्वनि प्रदूषण' को जन्म दे रही हैं। ज्यादा शोर से टीनीटस (Tinnitus) नाम की बीमारी हो जाती है जिसमें कानों में वजिंग टाइप एवं टकटक की आवाज सुनाई देती है, इससे व्यक्ति बेचैन रहता है।

सड़कों पर अधिक गाड़ियों के चलने, उनसे तथा उनके हार्नों के शोर एवं बिजली की कमी से जनरेटरों का अधिक प्रयोग। कूलर एवं एयरकंडीशनरों के प्रयोग, वाशिंग मशीनों आदि का प्रयोग, अधिक हवाई जहाजों का आवागमन, फैक्ट्रियों में मशीनों के शोर, विभिन्न अवसरों पर लाउडस्पीकरों का प्रयोग तथा जोर से गाने और बोलने से आजकल ध्वनि प्रदूषण बहुत बढ़ गया है।

7.1 ध्वनि तीव्रता

ध्वनि (शोर) की तीव्रता डेसीबल में व्यक्त की जाती है। इसे संक्षेप में डीबी कहते हैं यानी शोर की तीव्रता की इकाई डेसीबल है। इसे मापनेवाले यन्त्र को 'लागरिदिमक स्केल' कहते हैं यानी 10 डीबी ध्वनि की तीव्रता एक डीबी की ध्वनि से 10 गुनी होती है। लेकिन 20 डीबी की ध्वनि की तीव्रता 100 गुनी और 30 डीबी की ध्वनि की तीव्रता 1000 गुनी, यानी 70 डीबी तीव्रता की ध्वनि 60 डीबी की ध्वनि की तुलना में 10 गुनी अधिक तीव्र होती है। यहाँ पर यह उल्लेखनीय है कि शून्य डीबी की ध्वनि हमें सुनाई नहीं पड़ती क्योंकि सामान्य फुसफुसाहट 20 डीबी की होती है। आमतौर पर जिस ध्वनि में हम बातचीत करते हैं उसकी तीव्रता 50 से 60 डीबी होती है। 70 डीबी ध्वनि तेज होती है और 85 डीबी से ऊपर की ध्वनि में अधिक समय तक रहने से आदमी में सुनने सम्बन्धी गड़बड़ी उत्पन्न हो सकती है।

विश्व स्वास्थ्य संगठन द्वारा एक निश्चित डेसीबल के तीव्र शोर में अधिकतम समय तक एक बार में रहने की अवधि

शोर की तीव्रता (डेसीबल में)	एक बार में अधिकतम समय तक रहने की अवधि
80	16 घंटे
85	8 घंटे
90	4 घंटे
95	2 घंटे
100	1 घंटे
105	30 मिनट
110	15 मिनट
115	7 मिनट 30 सेकेंड

7.2 शोर की तीव्रता का असर

शोर से रक्त में कोलेस्ट्रोल और कौरटीजन का स्तर बढ़ जाता है, जिससे हाइपरटेंशन होता है। यह आगे चलकर हृदय एवं मस्तिष्क रोग सरीखी घातक बीमारियों को जन्म देता है। आस्ट्रिया के डॉ. ग्रिफिथ का दावा है कि शोर से दिमाग के तन्तु कमजोर हो जाते हैं और आदमी असमय ही बूढ़ा हो जाता है।

शोर के कारण श्वसन गति, रक्तचाप, सिर दर्द, नाड़ी गति में उतार-चढ़ाव, पाचन तन्त्र की गतिशीलता में कमी, नींद में कमी आदि दुष्प्रभाव भी देखे गए हैं। अनुसंधान के अनुसार ध्वनि प्रदूषण के कारण मुर्गियों ने अंडे देना बन्द कर दिया और मवेशियों के दूध में कमी आ गई। अनिद्रा और कुंठा जैसे विकारों का कारण भी अक्सर शोर ही है। इससे पाचन विकार, सिरदर्द, झुंझलाहट आदि होना सामान्य बात है। इसी कारण विज्ञानवेत्ताओं ने ध्वनि को मानव के लिए धीमे ज़हर की संज्ञा दी है।

तेज शोर हमारे केन्द्रीग तन्त्रिका तन्त्र पर बहुत विपरीत असर डालता है, जिस कारण अनेक शारीरिक गड़बड़ियाँ जैसे अचानक सिरदर्द, उल्टी, भूख की कमी, मानसिक तनाव, निराशा, चिड़चिड़ापन आदि की शिकायतें तुरन्त पैदा होती हैं। हाल ही में यह तथ्य सामने आया है कि तेज शोर के प्रभाव से रक्त में एड्रोनेलिन नामक हार्मोन की मात्रा अचानक बढ़ जाती है। इससे हृदय की धड़कन की गति बढ़ जाती है और ब्लडप्रेशर भी बढ़ जाता है। फलस्वरूप हृदय रोग होने की सम्भावना बढ़ जाती है। पटाखे छोड़ने से अचानक होनेवाले तेज धमाके के प्रभाव से भी शरीर की रक्तवाहिनियाँ सिकुड़ जाती हैं, जिससे हृदय पर रक्त का दबाव पड़ता है। ऐसे में दिल का दौरा पड़ने की आशंका रहती है, जिससे व्यक्ति की मृत्यु भी हो सकती है।

शोर का असर कामकाज पर तो पड़ता ही है, इससे बच्चों का विकास भी बाधित होता है। हाल ही में अमेरिका के एक मनोवैज्ञानिक प्रोफेसर थियो डोर वॉश द्वारा किए गए सर्वेक्षणों के मुताबिक जिन घर-परिवारों में ज्यादा शोर-शराबे का माहौल रहता है,

उनके बच्चों में बोध ज्ञान एवं भाषा सीखने की गति धीमी हो जाती है। ऐसे बच्चे तनाव के भी शिकार हो जाते हैं और कठिन परिस्थितियों में कठिनाई अनुभव करते हैं। उपरोक्त सर्वे के मुताबिक स्कूल जानेवाले लड़के एवं लड़कियों पर शोर-शराबे का अलग-अलग असर पड़ता है। ज्यादा शोर वाले माहौल में रहनेवाले लड़कों में अनावश्यक तनाव रहता है और उनका दृष्टिकोण नकारात्मक हो जाता है। दूसरी तरफ लड़कियों में मासूमियत में कमी पाई गई और उनमें समय से पहले परिपक्वता देखी गई।

75 डेसीबल से अधिक का शोर हानिकारक माना जाता है। वैज्ञानिकों का दावा है कि 85 डेसीबल से अधिक की ध्वनि लगातार सुनने से बहरापन भी आ सकता है। वहीं 90 डेसीबल शोर के कारण एकाग्रता एवं मानसिक कुशलता में कमी आ जाती है। 120 डेसीबल के ऊपर का शोर गर्भवती स्त्रियों और पशुओं के भ्रूण को नुकसान पहुँचा सकता है।

वैज्ञानिक परीक्षणों द्वारा पता चला है कि 120 डेसीबल या इससे अधिक तीव्र आवाज से चक्कर आने लगते हैं। इससे अधिकांश लोगों के सिर और शरीर में दर्द तथा जोड़ों में ऐंठन होने लगती है। ऐसा शरीर में हार्मोनो द्वारा माँसपेशियों में लैक्टिक एसिड के जमाव से होता है। वैज्ञानिकों का कहना है कि 155 डेसीबल से अधिक की तीव्रता वाला शोर त्वचा को जला सकता है और 180 डेसीबल से अधिक तीव्रतावाली आवाज से आदमी की मृत्यु भी हो सकती है।

मानव शरीर पर बेहद तेज शोर का दुष्प्रभाव

शोर(डेसीबल में)	प्रभाव
80	चिड़चिड़ापन।
90	सुनने की शक्ति में गड़बड़ी, बहरापन ।
110	चमड़ी पर उद्दीपन एवं सरसराहट।
120	सिर एवं शरीर में दर्द तथा जोड़ों में ऐंठन।
130-135	उल्टी, जी घबराना, चक्कर आना।
140	कान में दर्द।
155	चमड़ी में जलन।
160-180	संवेदनशील झिल्लियों का फटना तथा स्थायी क्षति।

7.3 उपाय

1. घर तथा जहाँ आप काम करते हैं, वहाँ का वातावरण शान्त रखें।
2. सोने और बैठने के कमरे में कोई शोर करनेवाली मशीन न चलाएँ।
3. टेलीविजन बहुत तेज न चलाएँ।
4. सुबह जल्दी उठकर शोर रहित वातावरण में बैठकर कुछ देर मौन रहकर भगवान की पूजा करें। ऐसा ही सोने से पहले करें।
5. समय-समय पर डॉक्टर से अपने कानों की जाँच कराएँ।

डाइनिंग टेबल और शिष्टाचार

जिस प्रकार भोजन बनाना एक कला है उसी प्रकार खाने की मेज की साज-सज्जा, भोजन कराना और मेज पर भोजन करने का ढंग भी अपने आप में एक कला है। यहाँ पर नीचे खाने की मेज की साज-सज्जा और खाने के ढंग के कुछ सामान्य नियम बताए जा रहे हैं जिन्हें अपनाकर आप अपने व्यक्तित्व को प्रभावशाली बना सकते हैं तथा दूसरों की प्रशंसा के पात्र बन सकते हैं।

8.1 खाने की मेज कैसे व्यवस्थित करें

- सबसे पहले डाइनिंग टेबल पर एक मनमोहक रंग वाला मेजपोश बिछाएँ। उसके ऊपर एक पारदर्शी प्लास्टिक का कवर डालें, जिससे मेजपोश को हर खाने के बाद धोना ना पड़े। मेजपोश सफेद हो तो अच्छा है इससे क्रॉकरी सुंदर लगेगी।
- उसके बाद मेज पर मैट्स बिछाएं। उसके किनारे मेज के किनारों तक होने चाहिए। जिससे खाने का सामान आपके कपड़ों पर गिरने का डर ना रहे।
- मेज पर पहले फुल प्लेट रखें। अगर कटोरी नहीं लगा रहें हैं, तो बाईं तरफ क्वार्टर प्लेट रखें।
- मुड़ा हुआ नेपकिन फोर्क के बाईं तरफ रखें। ये प्लेट पर भी रखा जा सकता है।
- छुरी एवं चाकू प्लेट के दाईं तरफ रखें। उसके काटने के ब्लेड प्लेट की तरफ करें।
- चम्मच चाकू के दाईं तरफ रखें।
- पीने का गिलास चाकू के ऊपर की तरफ उल्टा करके रखें।
- मिठाई या कोई भी स्वीट डिश खाने के लिए थोड़ा छोटा चम्मच प्लेट के ऊपर की तरफ रख सकते हैं।
- मेज के बीच में फूलों का गुलदस्ता रखें, यह बहुत ऊँचा नहीं होना चाहिए।

8.1.1 काँटा/चाकू/चम्मचों के प्रयोग करने का तरीका

काँटा : ज्यादातर खाना काँटे से खाया जाता है। अमेरिकन तरीके में काँटा रखा जाता है जिससे कुछ काटा जा सके। काटने के बाद खाने को दाईं तरफ तथा काँटा बाईं तरफ रख दें। यूरोपियन लोग इस तरह से बदलते नहीं हैं चाहे वे काटे या काँटा के सहयोग से खाएँ। कांटे को वह लोग हमेशा बाईं तरफ ही रखते हैं।

चाकू : जो चाकू दाईं तरफ रखा जाता है खाना उसी से काटे। खाना एक-एक टुकड़ा करके काटें, फिर चाकू दाईं तरफ ऊपर रखें। उसका ब्लेड प्लेट में और हैंडिल प्लेट के किनारे मेज पर रखें। जब आप खाना समाप्त कर लें तो काँटा एवं छुरी साथ-साथ प्लेट में रख दें। हैंडिल प्लेट के नीचे की तरफ रहना चाहिए। काँटा दाईं तरफ रखते हैं और चाकू ब्लेड प्लेट के बीच की तरफ होना चाहिए।

चम्मच : चम्मच दाएँ हाथ से पकड़ा जाता है। सूप पीने के भी अलग फायदे हैं। चूँकि सूप का चम्मच काफी बड़ा होता है, अतः उसे पूरी मुँह में ले जाने का प्रयत्न न करें। सूप हमेशा चम्मच के किनारे से ही पिया जाता है। यदि सूप बचा है और उसे चम्मच से पीने में दिक्कत हो रही हो तो बाउल को अपने से दूसरी तरफ झुकाएँ और उसमें जितना पीना हो उसे चम्मच से पी लें। खाने के समय चम्मच का टिप अपनी ओर कर लें। सूप खत्म करने पर चम्मच को बाउल के नीचे प्लेट में रख दें।

8.2 भोजन परोसना एवं कराना भी एक कला है

व्यवस्थित ढंग से भोजन परोसना एवं कराना भी एक कला है। विविध प्रकार से सजाए एवं कलात्मक ढंग से परोसे गए महकते हुए भोजन को देखकर ही भूख लग जाती है।

- मेहमानों के आने से पूर्व सब तैयारी कर लें, जिससे मेहमान के आने पर आप रसोईघर में घुसी न रहें। मेहमानों को घर के दरवाजे पर रिसीव करें।
- डाइनिंग टेबल को मेहमानों के आने से पूर्व ही सजा दें। प्लेट, चम्मच एवं गिलास व्यवस्थित ढंग से रखें, एक स्टैंड में कुछ चम्मच अलग से रख दें।
- खाने की मेज पर नेपकिन अपनी रुचि के मुताबिक सजाएँ।
- बरतनों की स्वच्छता का विशेष ध्यान रखें।
- भोजन कक्ष में धीमी रोशनी, संगीत एवं हल्की सुगन्ध का प्रबन्ध करें।
- नमक, लाल मिर्च तथा टोमैटो या चिली सॉस अलग से रखें जिससे आवश्यकतानुसार सब ले सकें। विभिन्न आचार भी मेज पर रखें। अगर मेहमान कम हों तो खाने की मेज पर ही खिलाएँ नहीं तो बुके प्रणाली अपनाएँ, ज्यादा मेहमान हों तो ग्रुप में खाएँ तथा अच्छा हो कि पहले बच्चों को खिला दें।
- उनके साथ पेपर नेपकिन देना न भूलें, जिससे हाथ चिकने न हो।

- जैसे-जैसे मेहमान आते जाएँ उन्हें सूप, फलों का रस या कोल्ड ड्रिंक्स परोसें साथ में कुछ स्नैक्स भी दे सकते हैं।
- भोजन गरमागरम ही सर्व करें।
- मेहमानों के आने पर उन्हें आग्रहपूर्वक भोजन परोसें। भोजन बहुत सतर्कता से परोसें, जिससे सब्जियाँ या पानी का गिलास आदि कपड़ों पर न गिर जाए।
- अगर भोजन खाने की मेज पर बैठाकर करा रहें हों तो खाना बाईं तरफ से परोसें। खाने को कम-से-कम हाथ से छूने की कोशिश करें। रोटी पूरी देते समय टॉग्स का इस्तेमाल कर सकते हैं।
- बिजली जाने की स्थिति के लिए पास में ही मोमबत्ती एवं माचिस या ऑटोमैटिक इमरजेंसी लाइट का इन्तजाम करें।
- भोजन परोसते समय ध्यान रखना चाहिए कि कोई खाद्य पदार्थ परोसने में छूट न जाए। वैसे तो सब बनाई हुई चीजें मेज पर रहती हैं तो सब अपनी-अपनी पसन्द के मुताबिक भोजन पहले या पीछे अपने आप परोस लेते हैं, लेकिन छोटे बच्चे परोस नहीं पाते इसलिए उनके माता-पिता या आप स्वयं भोजन परोसें।
- प्रत्येक खाद्य पदार्थ के अनुसार प्लेट, कटोरियाँ, चम्मच और काँटों की व्यवस्था करें।
- मेहमानों के ड्राइवरों को पहले खिलाना न भूलें। इसके लिए पहले से योजना बना लें, क्योंकि मेहमान जैसे ही खाना समाप्त होगा,जाना शुरू कर देंगे।
- छोटे-छोटे बच्चों के मनोरंजन के लिए कुछ खिलौने अवश्य दें। जाने से पहले उन्हें कुछ टॉफी या चॉकलेट दे सकें तो अच्छा होगा।
- आखिर में मेहमानों को आने के लिए धन्यवाद करते हुए उन्हें प्रसन्नचित्त से विदा करें।

8.3 खाने की मेज पर कैसा करें व्यवहार

- खाने की मेज पर सीधे बैठना चाहिए और अपनी कुहनियों को मेज पर न रखें तथा खाने की मेज के नीचे की ओर पैर क्रास करके न बैठें। कुर्सी के किनारे पर न बैठकर बीचोबीच बैठें।
- खाना हमेशा मुँह के सामने लाकर खाना चाहिए कभी भी झुककर या मुँह को प्लेट के ऊपर ले जाकर नहीं खाना चाहिए।
- खाना जब तक परोसा न जाए चम्मच, काँटे, चाकू आदि से न खेलें, चुपचाप बैठें।
- भोजन परोसते समय सभी को सर्व करने के बाद ही मेजबान को खुद के लिए सर्व करना चाहिए।
- खाना चबाते समय मुँह बन्द रखें।

- छोटे-छोटे कौर लें, इससे भोजन को चबाने और निगलने में आसानी होगी।
- मुँह में भोजन हो तो बात न करें। यदि बहुत जरूरी हो तो छोटा कौर मुँह में डालें और संक्षेप में बात करें।
- अगर गलती से मेज पर खाना या पानी गिर जाए तो माफी माँगना न भूलें, लेकिन ज्यादा खलबली न मचाएँ।
- यदि भोजन करते समय चम्मच या नैपकिन नीचे गिर जाए तो खुद न उठाएँ बल्कि वेटर से कहकर दूसरी मँगवा लें।
- खाने की मेज पर खाना चुपचाप खाएँ। प्लेट में रखे खाने को हिलाएँ-डुलाएँ नहीं।
- छोटी पार्टी में तब तक खाना शुरू न करें, जब तक सबको खाना सर्व न हो जाए।
- अगर खाने के दौरान खाँसी आ जाए तो फिर सिर को एक तरफ घुमाकर खाँसते समय मुँह में हाथ या रूमाल रख लें। हाँ, अगर तेज खाँसी आए तो मेज छोड़कर हट जाएँ।
- यदि आपको नाक साफ करनी है तो मेज छोड़कर साफ करें। यदि ऐसा सम्भव नहीं है तो एक तरफ मुँह करके साफ करें और यह कार्य शीघ्रता से करें।
- जब आप छीकें तो उस समय रूमाल या हाथ अपने मुँह के आगे रख लें।
- जब आपको खाते समय किसी कारणवश उठकर जाना हो तो कहिए 'कृपया माफ करें' और तब अपना नैपकिन मेज के सीट पर रखकर जाइए और लौटने पर नैपकिन अपनी गोद में रख लें।
- जब खाना परोसा जाने लगे तब आप नैपकिन को खोलें और इसे अपनी गोद में बिछा लें। ज्यादातर लंच में इस्तेमाल किए जानेवाले नैपकिन छोटे होते हैं अतः इसे पूरा खोलकर बिछाएँ।
- यदि आप फल खा रहें हो तो और उसमें बीज हो तो उन्हें प्लेट में न थूकें अगर अँगूर है तो उन्हें एक-एक करके खाएँ।
- जब आप खा नहीं रहे हों तो अपने हाथ अपनी गोद में रखिए। जब और लोग खा रहें हो तो अपनी कोहनी अपने बदन के पास रखिए।
- दूसरा हाथ प्लेट के बगल में मेज पर रख सकते हैं।
- खाने की मेज पर अपना सिर न खुजलाएँ और न ही बालों में हाथ डालें क्योंकि इससे कोई बाल टूटकर खाने में गिर सकते हैं।
- अगर आप भोजन को मुँह में भरकर बोलते हैं तो एक तो लोगों को आपकी आवाज अच्छी नहीं लगती। दूसरे, आपकी बात अच्छी तरह समझ में नहीं आती है। साथ ही अन्नकण मुँह से निकलकर किसी भी व्यक्ति के खाने में गिर सकता है।
- अगर कोई चीज आपसे दूर है तो उस तक पहुँचने की कोशिश न करें क्योंकि, ऐसा करने से पानी या कोई और सामान बिखर सकता है। आपको सिर्फ

इतना कहना चाहिए, कृपया अमुक चीज देने की कृपा करें।

- अक्सर खाने की शुरुआत सूप से ही की जाती है। ज्यादातर सूप बाउल में परोसे जाते हैं। सूप पीने के बाद चम्मच को बाउल में न छोड़ कर साथ दी गई प्लेट पर रखें।
- सूप पीते समय चम्मच को अपने से थोड़ी दूरी पर डिप करें और सूप के चम्मच के बाहरी किनारे से सिप करें। सूप पीते समय सिप करने की आवाज नहीं आनी चाहिए। यदि सूप गर्म है तो उसे ठंडा होने दें।
- कोई भी शर्बत जूस आदि धीरे-धीरे सिप करके पिएँ।
- सूप के बाद खाना खाते वक्त छूरी, काँटे और चम्मच का प्रयोग करें।
- छूरी और काँटे को साथ प्रयोग करते वक्त छूरी को दाहिने और काँटे को बाएँ हाथ से पकड़ें।
- खाद्य सामग्री को काटते समय काँटे से हल्के से दबाएँ और छूरी से बाहर की तरफ से काँटे। अब काँटे की मदद से इस हिस्से को उठाकर खाएँ। अगर छूरी प्रयोग करने की जरूरत न हो, तो उसे यथावत पड़ी रहने दें।
- कढ़ी के साथ चावल, सब्जी, पैटीज, सलाद और ऐसी अन्य खाद्य सामग्री को खाने के लिए दाहिने हाथ में सिर्फ काँटे का प्रयोग करें।
- छूरी, चम्मच और काँटे को इस्तेमाल करते वक्त ज्यादा आवाज आना फूहड़पन की निशानी समझी जाती है।
- पहली सर्विंग में बहुत सारा खाना एक साथ न लें, आवश्यकतानुसार दूसरी सर्विंग लें।
- खाना लेने के बाद परोसे जानेवाले चम्मच और काँटे को धीरे से रखें। साथ खाना खत्म करें। खाना खत्म करने के बाद छूरी और काँटे को साथ-साथ एक सीध में प्लेट के बीचोबीच उल्टा करके रखें।
- खाने के अन्त में डेजर्ट या स्वीट डिश के लिए यदि केक परोसा गया हो तो उसे काँटे से खाएँ। लेकिन कस्टर्ड, आइसक्रीम और पुडिंग जैसी चीजों के लिए चम्मच का इस्तेमाल करें।
- अगर खाना अच्छा बना हो तो प्रशंसा करना न भूलें।
- किसी खाने को लेकर अपनी अनिच्छा जाहिर न करें।

8.3.1 खाने की मेज पर बातचीत

- खाने की मेज पर बातचीत आनन्ददायक और हल्की-फुल्की होनी चाहिए। धर्म और मौत जैसे विषयों पर बातचीत नहीं करनी चाहिए।
- जब खाने के दौरान बातचीत करें तो काँटे को चाकू के साथ रखें और अपने हाथों को अपनी गोद में रखें। कटलरी हाथों में लेकर बातचीत न करें।

8.3.2 खाने के बाद

- खाना खत्म होने के बाद चाकू और काँटों को प्लेट पर रख दें। उनके हैंडल आपकी तरफ होने चाहिए।
- खाना समाप्त करने के बाद प्लेट को इधर-उधर न खिसकाएँ जैसे पहले से रखी हो वैसे ही रखी रहने दें।
- जब आप खाना न खा रहे हों तो, अपने हाथों को गोद में रखें।
- नैपकिन का प्रयोग अपने मुँह और अँगुलियों को पोंछने के लिए जरूरत के मुताबिक करें। उससे कोई प्लेट आदि साफ करने की कोशिश न करें।
- नैपकिन को कभी भी टिशू पेपर की तरह प्रयोग न करें।
- जब आप खाना समाप्त कर लें तो नैपकिन को ढीला लपेटकर प्लेट के बराबर रखें।
- भोजन की तारीफ करें। यदि भोजन में कुछ कमी हो तो भी व्यंजनों को लेकर कुछ अच्छी बातें करें। किसी खास फूड से आपको एलर्जी है तो कमेंट न करें, बल्कि बड़ी नम्रता से इनकार कर दें। यदि दाँत में कुछ फँस गया हो तो खाना खाने के बाद बाथरूम में जाकर दाँत साफ करें।
- 'प्लीज' और 'थैंक्यू' यानी कि 'धन्यवाद' और 'कृपया' जैसे शब्दों का प्रयोग करना न भूलें। यह टेबल मैनर्स से जुड़ा सामान्य व्यवहार है।

8.3.3 नैपकिन्स कैसे सजाएँ

खाने की मेज पर नैपकिन रखना आवश्यक ही नहीं है, बल्कि ये कैसे रखें जाएँ जिससे वह सुन्दर लगे यह भी देखना आवश्यक है। नैपकिन कागज एवं कपड़े दोनों के ही होते हैं। वैसे बड़े-बड़े होटलों में अधिकतर कपड़े के नैपकिनों का ही इस्तेमाल करते हैं। परन्तु उनके रखने एवं फोल्डिंग के तरीके हर होटलों एवं रेस्टोरेंटों के अलग-अलग होते हैं जब आपकी ऐसे होटलों में खाने का मौका मिले तो उसको देखकर अपने घर जाकर वैसा ही बनाकर देख लें। आप भी कोशिश करें तो कोई नया डिजाइन बना सकते हैं।

नैपकिनों के फोल्डिंग के अनेकों तरीके होते हैं। अधिकतर नैपकिन किसी के शक्ल के बनाए जाते हैं; जैसे, पिकॉक (मोर), लोटस (कमल का फूल), फाउंटेन हैंड (फौव्वारा), बटर फ्लाई (तितली), मोमबत्ती इत्यादि की शक्ल दे दी जाती है।

8.4 डाइनिंग टेबल की संस्कृति

दूसरों को सहभोज पर बुलाने से मेलजोल बढ़ता है। विचारों के आदान-प्रदान से बहुत कुछ नया सीखने को मिलता है। मित्रता बढ़ती है। पड़ोसियों से भाईचारा एवं अपनत्व की भावना विकसित होती है। इतना ही नहीं राजनीतिक क्षेत्र में भी डिनर डिप्लोमेसी

अपना महत्त्व रखती है। 'डिनर संस्कृति' का हमारे व्यक्तित्व को प्रभावशाली बनाने में अहम भूमिका रहती है। आजकल महानगरों में फैशनों, शौकिया या आदतन होटलों में खाने-पीने का, नशे एवं डांस आदि का आकर्षण बढ़ता जा रहा है। इसमें देर रात बाहर बने रहने तथा देर से सोने की प्रवृत्ति पारिवारिक जीवन में सन्देह, क्लेश, कटुता, तनाव की स्थिति बढ़ा रही है। डाइनिंग टेबल पर घर परिवार के साथ सहभोज करने की आदत से इन बुराइयों से बचा जा सकता है।

सहभोज से बड़ों के अनुभवों का ज्ञान छोटों को स्वाभाविक रूप से मिलता रहता है, जो उन्हें अपने पारिवारिक दायित्वों का निर्वाह करने के योग्य बनाता है। डाइनिंग टेबल पर सहभोज परिवार को जोड़ते हुए एकता की डोर में बाँधता है। इससे घर-परिवार में सौहार्दपूर्ण माहौल बना रहता है।

डाइनिंग टेबल को केवल खाना खाने का साधन ही नहीं मानना चाहिए, इसमें तो पारिवारिक जीवन की धड़कन बसी होती है और परस्पर विश्वास, स्नेह, ममता, सहयोग, समानता, विचारों का आदान-प्रदान की सुविधा मिलती है। सहभोज से परिवार एकजुट होकर चलता है। सउदी अरेबिया का शाही परिवार जो बहुत बड़ा है, अक्सर एक साथ बैठकर खाना खाता है। इससे उनके सदस्यों के बीच परिवारों की एकता बनी रहती है।

फर्नीचर की देखभाल

फर्नीचर घर का एक आवश्यक अंग है जो घर की शोभा बढ़ाता है। ये विभिन्न प्रकार की वस्तुओं से निर्मित होते हैं। क्योंकि ये महँगे होते हैं और काफी दिन तक चलते हैं, इसलिए इनको संभाल कर रखना आवश्यक है।

अतः विभिन्न प्रकार के फर्नीचरों का रख-रखाव भी भिन्न-भिन्न होता है। इन विभिन्न प्रकार के फर्नीचरों के रख-रखाव की जानकारी नीचे दी जा रही है–

9.1 चमड़े का फर्नीचर

- ऐसे फर्नीचर की सफाई के लिए मैडल सोप (जूता बनानेवाले के पास उपलब्ध) की मदद लें। अतिरिक्त चमक हेतु अंडे की सफेदी रगड़ें।
- चमड़े पर लगे दाग पेट्रोल की मदद से हटाए जा सकते हैं।
- फर्नीचर पर चढ़े चमड़े को सूखने से बचाने के लिए कभी-कभी अरंडी का तेल मलना चाहिए वैसलीन मलने से भी काम चल सकता है। अन्य तेल जैसे अलसी, किरोसीन, सरसों, तिल आदि का इस्तेमाल न करें।
- चमड़े की कुर्सियों का रंग अगर बदरंग हो गया हो तो, अलसी के तेल की पॉलिश करें, रंग में पुनः निखार आ जाएगा।
- यदि आपका फर्नीचर मढ़े हुए चमड़े का है तो उसकी सफाई के लिए एक भाग सिरके में दो भाग अलसी का तेल मिलाकर एक मिश्रण बना लीजिए। इस मिश्रण के घोल में भीगे कपड़े को फर्नीचर पर हल्के हाथों से फिराइए, फर्नीचर में नई चमक आ जाएगी।
- पतले चमड़े से निर्मित फर्नीचर को साफ करने के लिए एक पाव दूध में दस बूँद तारपीन का तेल डालकर एक घोल तैयार कर लीजिए। अब इस तैयार घोल से भीगा कपड़ा फर्नीचर पर एक सिरे से दूसरे सिरे तक घुमाइए। इसके बाद सूती कपड़े से धीरे से पोंछ दीजिए, फर्नीचर चमक उठेगा।

9.2 बेंत एवं बाँस का फर्नीचर

बेंत यानी केन से बने फर्नीचर का प्रचलन इधर कुछ समय से फिर बढ़ गया है। वजन में हल्का होने के कारण व्यावहारिक रूप से इसकी धर-पटक अधिक होती है, जिसके कारण यहाँ-वहाँ गड़ी कीलें बाहर निकल आती हैं अथवा बन्धन ढीले पड़ जाते हैं और यदि इन समस्याओं का तुरंत उपचार न किया जाए तो समस्या अधिक कठिन हो जाती है। अतः बाहर उभरी कील को तुरंत वहीं ठोंक दें तथा ढीले हो रहे बन्धन को पुनः वही कस कर बाँध दें तथा सिरे पर बारीक कील लगाकर रोक दें।

- इसे धूप से बचाना अधिक जरूरी है, अन्यथा यह बदरंग एवं बेडौल हो जाते हैं। नमी भी इसे हानि पहुँचाती है। समय-समय पर इसे पॉलिश की आवश्यकता पड़ती है।
- नमक मिले गुनगुने पानी में मुलायम कपड़ा भिगोकर इसे सामान्यतः साफ किया जा सकता है लेकिन इसके पूर्व धूल, मिट्टी साफ करना आवश्यक है।
- गरम पानी में थोड़ा-सा अलसी का तेल एवं उसकी आधी मात्रा में तारपीन का तेल मिला कर मिश्रण तैयार कर लें। इसमें मुलायम कपड़ा भिगो कर गरम रहते हुए पोंछ दें। बाद में सूखे कपड़े से पोंछ दें।
- बेंत की कुर्सी यदि ढीली हो जाए तो वह भाग गरम पानी में नींबू मिलाकर धोएँ तथा कुछ देर धूप में रख कर सुखाएँ। ढीलापन कुछ हद तक दूर हो जाएगा। तत्पश्चात पॉलिश करें।
- सफेद बेंत के फर्नीचर को साफ करने के लिए, साबुन के पानी में नींबू के रस की कुछ बूँदे डालकर मिलाएँ फिर घोल में कपड़ा भिगोकर पोछिए। दाग धब्बे वाले स्थान को स्प्रिट से रगड़िए ।
- बेंत के फर्नीचर को गुनगुने पानी में नमक डालकर धो लें, लेकिन इसे तेज धूप में न सुखाकर छाया और हवादार स्थान पर ही सुखाएँ।
- बाँस के फर्नीचर को पानी में साबुन घोलकर कपड़े की सहायता से धोएँ, फिर उस पर अलसी और तारपीन का तेल लगा दें।

9.3 लकड़ी का फर्नीचर

लकड़ी के फर्नीचर को धूप से बचाने की विशेष जरूरत होती है, अन्यथा वह बदरंग हो जाता है और कभी-कभी उसकी आकार भी बिगड़ जाता है।

- सामान्य किस्म के फर्नीचर को गरम पानी में थोड़ा-सा तरल डिटर्जेंट डाल कर कपड़े की मदद से साफ किया जा सकता है। लेकिन, उसके तुरंत बाद गीले कपड़े से पोंछ कर साफ करना न भूलें। इसके उपरांत सूखे कपड़े से भी साफ कर दें। गुनगुने पानी में सिरके को मिला कर भी सफाई की जा सकती है।

- लकड़ी के फर्नीचर पर कभी-कभी पॉलिश करते रहना चाहिए। पॉलिश तैयार करने की विधि इस प्रकार है—100 ग्राम अलसी के तेल में 100 ग्राम तारपीन का तेल, 50 ग्राम मैथिलेटिड स्प्रिट तथा 50 ग्राम सिरका मिला कर घोल तैयार कर लें। इसे ब्रश या मुलायम कपड़े से प्रयोग में लाएँ। इससे चमक आएगी तथा फर्नीचर सुरक्षित भी रहेगा। पॉलिश के बाद सूखे कपड़े से रगड़ना न भूलें।
- एक अन्य घरेलू पॉलिश को इस तरह तैयार किया जा सकता है—आधा लीटर थिनर या तारपीन का तेल लेकर उसमें 50 ग्राम चंद्रस डालकर ढक दें। लगभग आधे घंटे में दाने गल कर घुल जाएँगे। अब किसी लकड़ी से चलाकर पॉलिश करने के काम में लें। यह लगभग रंगहीन होती है लेकिन चाहे तो मनचाहा रंग मिलाया जा सकता है। इसे ब्रश की मदद से प्रयोग करें तथा फर्नीचर को सूखने तक छेड़छाड़ न करें।
- लकड़ी के फर्नीचर पर पड़े खरोंच आदि के निशान दूर करने के लिए, जैतून के तेल में उतनी ही मैथिलेटिड स्प्रिट मिलाकर कपड़े की मदद से प्रभावित स्थान पर रगड़ें।
- दरारों को भरने के लिए यों तो बाजार में तैयार पदार्थ उपलब्ध है लेकिन छोटी-मोटी जगह के लिए मोम भर कर पॉलिश कर देने से काम चल जाता है।
- यदि दाग पड़ जाए तो जैतून के तेल में थोड़ा-सा नमक मिलाकर रगड़ें।
- स्याही के दाग नींबू के रस तथा नमक के घोल से हटाए जा सकते हैं।
- लकड़ी से बनी आलमारियों अथवा मेजों की दराजों से नमी के कारण जो दुर्गन्ध आने लगती है इसके लिए बिना बूझे चूने के कुछ टुकड़ों को रख दें। चूना नमी सोख लेगा और दुर्गन्ध नहीं आएगी।
- लकड़ी में यदि दीमक लगने के लक्षण दिखाई दें तो कीटनाशक दवा छिड़कें। कीटनाशक न होने पर तारपीन के तेल से काम चलाया जा सकता है।
- आबनूस की लकड़ी से बने फर्नीचर के लिए, फर्नीचर पर पहले वैसलीन लगा दीजिए और फिर उसे धो डालिए। धोने के बाद उस पर जैतून का तेल लगा दीजिए, फर्नीचर में नई जान आ जाएगी।
- यदि लकड़ी के फर्नीचर में दरारें पड़ गई हों तो 'टिश्यू पेपर' को पानी में भिगोकर लुगदी सा बना कर तैयार कर लीजिए। अब इस लुगदी को किसी धारदार पैनी चीज में लगाकर दरार को भर दीजिए। जब दरारें भर जाएं तो किसी कपड़े की सहायता से उन्हें एकसार कर लीजिए और इसके बाद वार्निश का एक कोट लगा दीजिए, आपका फर्नीचर दरारों रहित हो जाएगा।
- लकड़ी के फर्नीचर में गड्ढ़े होने पर मधुमक्खी का मोम एवं जूते की पॉलिश लेकर हल्की आँच पर पिघला कर गड्ढ़ों में भर दें। फिर ऊपर से पॉलिश कर दें।
- लकड़ी के फर्नीचर को तीसरे या चौथे दिन कपड़े से झाड़ देना चाहिए। ताकि उस पर धूल न जमे। साथ ही हफ्ते में एक या दो बार दो-चार बूँद तारपीन

के तेल पानी में डालकर कपड़ा भिगोकर उससे फर्नीचर को पोछें। तो उसकी चमक काफी समय तक रहती है।

- साल में एक बार फर्नीचर पर पॉलिश अवश्य करा दें।
- एक बड़ा चम्मच सरसों का तेल एवं उसमें तीन बड़े चम्मच पानी लेकर फेंट लें। जब उसमें सफेदी एवं झाग आ जाए तो इससे फर्नीचर को पोछें।
- पोटेशियम परमेंगनेंट से फर्नीचर पर पड़े हुए दाग-धब्बों को साफ करें।
- जब भी स्वयं पॉलिश करें तो सिरका, तारपिन का तेल एवं अलसी का तेल बराबर-बराबर मात्रा में मिलाएँ।
- उबली हुई चाय की पत्ती को लकड़ी के फर्नीचर पर रगड़कर किसी मुलायम कपड़े से पोंछ देने से मैल छूट जाता है।
- यदि फर्नीचर पर खरोंच आ जाए तो जूते की भूरे रंग की पॉलिश वहाँ पर रगड़ दें इससे निशान दिखाई नहीं देगा।
- फर्नीचर को पेंट अवश्य ही करा लें। जिससे धब्बे आदि पड़ने पर उसकी सफाई की जा सके।
- तिल्ली के तेल का प्रयोग फर्नीचर पर पॉलिश करने के लिए करें।
- लकड़ी का सोफा खरीदते समय पहले उसका ढाँचा देख लें फिर उसमें और चीजें लगवाएँ। यह परम आवश्यक है क्योंकि अधिकतर फर्नीचर निर्माता कच्ची लकड़ी लगा देते हैं, जो बाद में दुख देती है। ऐसे कारीगर भी मिलते हैं, जैसा आप चाहें वैसा सोफा कम दामों पर घर पर आकर बना जाते हैं बस आपको सामान देना पड़ता है।

9.3.1 लकड़ी के फर्नीचर पर पॉलिश कैसे करें

लकड़ी के फर्नीचर पर आमतौर से तीन प्रकार से पॉलिश की जाती है :—

कच्ची पॉलिश : इसे आमतौर पर पीली रज, गेवरी सरेस एवं वार्निश के सहयोग से मोटे तौर किया जाता है। पर यह कच्ची होती है पानी के संपर्क में आने से खराब हो जाती है। इसे करने के लिए पहले फर्नीचर पर अस्तर करके यदि कोई छिद्र होता है, तो उसे बंद कर दिया जाता है। छिद्र में महीन लकड़ी का बुरादा, गेवरी, सरेस में घोल कर भर देते हैं। सूख जाने पर रेगमाल से रगड़ कर सफाई कर दें। फिर पिसी हुई खड़िया या पीली मिट्टी को सरेस के घोल में मिलाकर अच्छी तरह कपड़े या ब्रश से पोत दें। पुनः सूखने पर जीरो नम्बर के रेगमाल से रगड़ कर चिकना कर दें। पोंछने के बाद वार्निश का तेल (यदि गाढ़ी हो तो थिनर) मिलाकर एक कोट कर दें। सूखने पर एक कोट और कर दें।

पक्की पॉलिश : इसे इनामिल पेंट्स द्वारा किया जाता है और यह पानी के संपर्क से खराब भी नहीं होती है। उसमें वार्निश के स्थान पर इनामिल क्लियर का प्रयोग

करते हैं। अगर रंगीन हो इनामिल पेंट करते है। किसी अच्छी कम्पनी का इनामिल पेंट कर फर्नीचर को रेगमाल से साफ करके एक कोट करें। सूखने पर दूसरा कोट कर दें। इसे भी धूल रहित स्थान पर करें अन्यथा पॉलिश करते समय धूल के कण फर्नीचर पर चिपक जाएँगे।

स्प्रिट पॉलिश : स्प्रिट पॉलिश सबसे श्रेष्ठ होती है इसके लिए मैथीलेटिड स्प्रिट एक लीटर, चपरी 25 ग्राम, चंद्रस 100 ग्राम, रूम्मी मस्तगी 50 ग्राम, लाख चपरी 25 ग्राम, यह सब चीजें पेंट की दुकान से लेकर कूट लें। किसी ढक्कनदार बोतल में स्प्रिट लेकर उसी में यह सब कूट कर डाल दें, फिर धूप में रख दें, धूप लगने से यह सब अच्छी तरह से घुल जाएँगे। अब फर्नीचर को जीरो नम्बर रेगमाल से रगड़ कर साफ कर चिकना कर लें। अब एक सूती मुलायम कपड़े को गोल गद्दी सी बनाकर इस स्प्रिट को कपड़े पर डालकर हल्के-हल्के हाथों से लगाएँ। सूखने पर फिर एक कोट करें। हाथ जितनी सफाई से चलेगा पॉलिश उतनी ही सुन्दर होगी। यदि पीलापन लिए नारंगी या लाल-काली पॉलिश चाहते हों तो थोड़ा-सा पानी में घुलनशील पीला, नारंगी या लाल रंग मिला लें। काले के लिए पॉलिश या काजल मिलाते हैं। लकड़ी को रेगमाल से जितना चिकना करेंगे उतनी ही चमक आएगी।

9.4 नक्काशीदार फर्नीचर

- नक्काशीदार फर्नीचर की सफाई के लिए पुराने-बेकार पड़े सेंविग ब्रश का प्रयोग कीजिए। फर्नीचर बिना किसी झंझट के आसानी से साफ हो जाएगा।
- नक्काशीदार लकड़ी का फर्नीचर हो तो पानी में साबुन घोलकर पुताई वाले या किसी ब्रश से साफ करें। सफाई के बाद सरसों तेल लगा दें।
- तब फर्नीचर को स्प्रिट से साफ करें।

9.5 पॉलिश किया हुआ फर्नीचर

- रोगन किए हुए फर्नीचर को नया-सा रखने के लिए गुनगुने पानी में भीगे हुए कपड़े को भली-भाँति निचोड़ कर हफ्ते में एक या दो बार पोंछने से फर्नीचर आपको हमेशा नएपन का एहसास दिलाता रहेगा।
- सफेद पॉलिश के फर्नीचर की सफेदी नई जैसी बनाए रखने के लिए एक साफ सूती कपड़ा को दूध में भिगोकर महीने में एक बार सारा फर्नीचर पोंछिए। ऐसा करने से फर्नीचर की सफेदी हमेशा बनी रहेगी।
- पॉलिश लगाने के बाद सूखने पर एक मुलायम कपड़ा भिगोकर फर्नीचर पोछें। जिससे उँगलियों के निशान न पड़े। कॉटन के दस्ताने पहनकर पॉलिश करें।
- पॉलिश किए हुए फर्नीचर पर यदि सफेद दाग-धब्बे पड़ गए हों तो एक मुलायम

कपड़े को सिरके में भिगोकर उसमें सिगरेट की राख लगा लीजिए। अब कपड़े को धब्बे वाले स्थान पर हल्के हाथों से रगड़ दीजिए। धब्बे साफ हो जाएँगें।

- यदि आपके फर्नीचर पर फ्रेंच पॉलिश है तो उसके धब्बों से छुटकारा पाने के लिए एक मुलायम ब्रश को 'मैथिलेटेड स्प्रिट' में भिगोकर धब्बे वाले स्थान पर दो-चार बार रगड़िए। धब्बे दूर हो जाएँगे।
- रंग रोगन वाला फर्नीचर फीका-सा लगने लगे तो उसे सिरके तथा साबुन के घोल से चमकाया जा सकता है।
- पॉलिश किए हुए फर्नीचर पर गर्म कप प्लेट आदि रखने से जो दाग पड़ जाते हैं, उनसे छुटकारा पाने के लिए गर्म किया हुआ अलसी का तेल और तारपीन का तेल चार और एक के अनुपात में मिला लें। अब इस तैयार मिश्रण को लगभग आधे घंटे तक दाग-धब्बे वाले स्थान पर लगा रहने दें। फिर सूती कपड़े से उस स्थान को रगड़ दीजिए।
- यदि आप पॉलिश घर पर ही करना चाहें तो एक लीटर स्प्रिट, 30 ग्राम सुन्दर रस, 150 ग्राम लाखदाना लेकर स्प्रिट में सुन्दर रस एवं लाखदाना मिलाकर दो दिन तक भिगोएँ। फिर एक कटोरे में पॉलिश लेकर कपड़े से फर्नीचर पर एक से दूसरी तरफ करें।

9.6 वार्निश किया हुआ फर्नीचर

- यदि इस प्रकार के फर्नीचर पर धब्बे पड़ गए हों तो जैतून के तेल में जरा-सा नमक मिला कर एक सूती कपड़ा उसमें भिगो लीजिए। उससे धब्बों को पोंछिए।
- चमक लाने के लिए बची हुई चाय रगड़कर फर्नीचर को साफ करें।
- इस प्रकार के फर्नीचर की सफाई के लिए गर्म पानी में थोड़ी-सी पैराफिन मिलाकर कपड़े से साफ करें। सूखने के बाद सूखे कपड़े से रगड़ कर पोंछ दें।
- यदि कभी घी या तेल आदि के निशान पड़ जाएँ तो सोडे को गर्म पानी में मिला कर उस स्थान पर रगड़ें। यदि फर्नीचर पर ऑयल पेंट किया हो तो हल्के पानी में पैराफिन मिलाकर रगड़ें। धब्बे साफ हो जाएँगे।
- एनेमल पेंट किए मेज-कुर्सी को गुनगुने पानी में वॉशिंग पाउडर मिलाकर साफ करें।

9.7 प्लास्टिक का फर्नीचर

- आजकल प्लास्टिक के फर्नीचर का भी प्रचलन है, जिसे साफ करना काफी सरल है। एक मग गरम पानी में अच्छे डिटर्जेंट को घोल कर कपड़े की सहायता से साफ करें। बाद में साफ पानी से धो डालें।

- प्लास्टिक के फर्नीचर को धूप से बचाएँ, नहीं तो वह बदरंग हो जाएगा।
- प्लास्टिक के केन से युक्त फर्नीचर हो तो उसकी केन भी साबुन मिले पानी से साफ की जा सकती है।

9.8 रैक्सीन चढ़ा हुआ फर्नीचर

- रैक्सीन के फर्नीचर को साबुन के घोल से धोकर शीघ्र सुखा लें। इसे अधिक देर तक पानी में न भिगोएँ रखें क्योंकि अधिक देर तक पानी में भिगोने से यह जल्दी खराब हो जाता है। सूखने पर अलसी के तेल की पॉलिश करें।
- ऐसे फर्नीचर को तरल डिटर्जेंट से भी साफ किया जा सकता है किंतु बाद में पानी से अच्छी तरह साफ कर दें।

9.9 पीतल का फर्नीचर

- जिस फर्नीचर में पीतल का काम किया हो वहाँ नीबू, सिरका या इमली की सहायता से चमक लाई जा सकती है। वैसे ब्रासो पॉलिश बड़ी उपयोगी रहती है।
- पीतल जड़े फर्नीचर को ऑक्जेलिक एसिड से साफ करें। फिर ब्रासो की पॉलिश करें।
- पीतल जड़े फर्नीचर को गुनगुने पानी में सोडा मिलाकर रगड़-रगड़ कर साफ करें या उबले आलू के पानी से ब्रश की सहायता से साफ करना चाहिए।

9.10 चाँदी से जड़ा हुआ फर्नीचर

- चाँदी से जड़े फर्नीचर को गुनगुने पानी में सोडा मिलाकर रगड़-रगड़ कर साफ करें या आलू उबालने के बाद जो पानी बचता है, उस पानी से ब्रश की सहायता से फर्नीचर को साफ करें।
- चाँदी से जुड़े फर्नीचर को भी आक्जेलिक एसिड से साफ करना चाहिए तदुपरांत ब्रासो से पॉलिश करें।

9.11 एल्यूमीनियम लगा फर्नीचर

- एल्यूमीनियम का फर्नीचर हल्के साबुन के घोल से साफ करके गीले कपड़े से पोंछ डालें।

9.12 लोहे का फर्नीचर

- लोहे के फर्नीचर को पानी एवं नमी से बचाना अति आवश्यक है अन्यथा उसमें जंग लग सकता है।
- यदि किन्हीं कारणों से जंग लग जाए तो प्रभावित स्थान को मिट्टी के तेल से साफ करके पोंछ दें। फिर, ग्रीस चुपड़ दें।
- इसे गर्म पानी में अमोनिया डालकर साफ किया जा सकता है। साधारण तौर पर गर्म पानी में तरल डिटर्जेंट मिलाकर भी सफाई की जा सकती है।
- लोहे के फर्नीचर को बराबर इधर-उधर न सरकाएँ वरना पैर कमजोर हो सकते हैं, और उसमें निशान भी पड़ सकते हैं।
- जंग लगने पर रेगमाल से रगड़ देना चाहिए एवं नमक के घोल से प्रभावित स्थान को रगड़ देना चाहिए।
- लोहे के फर्नीचर पर पॉलिश करने से पहले खरोंच कर रेगमाल से साफ करें फिर प्राइमर का कोट करें। सूखने पर पुनः रेगमाल से साफ कर जिस रंग से रंगना चाहें उसी रंग के इनामिल पेंट से रंगें। अपनी जरूरत के हिसाब से कोट करें।

9.13 कपड़े से मढ़ा फर्नीचर

ऐसा फर्नीचर जिस पर कपड़ा चढ़ा हो यथा सोफा आदि, रख-रखाव की दृष्टि से अधिक जटिल होता है। इसमें धूल आसानी से बैठ जाती है और यदि उचित विधि से तुरंत साफ न किया जाए तो कपड़ा मैला हो जाता है। बराबर धोना न तो सम्भव होता है, साथ ही इससे कपड़े की चमक एवं रंग आदि पर भी कुप्रभाव पड़ता है। इस प्रकार के फर्नीचर के ऊपर आसानी से पसीने, चीकट तथा सिर के तेल आदि बैठ जाते हैं।

- ऐसे सोफे पर कोई आकर्षक कवर सदैव चढ़ा कर रखें। ये सुगमता से तैयार मिल जाते हैं जो फर्नीचर को सुरक्षा प्रदान करते है।
- सफाई करने के लिए वैक्यूम क्लीनर का प्रयोग सुविधाजनक एवं कारगर सिद्ध होता है। सप्ताह में एक बार इसका इस्तेमाल करना पर्याप्त रहता है।
- यहाँ-वहाँ उभर आए मैल आदि के धब्बों को हटाने के लिए परेशान होने की आवश्यकता नहीं है। कपड़े का हटाना तो व्यावहारिक दृष्टि से सम्भव नहीं होता है अतः इसके लिए एक मग पानी लेकर उसमें थोड़ा-सा साबुन मिलाकर गरम करें। अब उसमें थोड़ा-सा अमोनिया अथवा सुहागा डालकर मिश्रण को ठंडा होने दें। फिर एक कपड़े को इनमें भिगो कर मैल वाले स्थान पर धीरे-धीरे रगड़ें। मैल हट जाने पर तुरंत पानी से भीगे कपड़े से साफ करें। धीरे-धीरे इस तरह सभी स्थानों पर सफाई कर लें। बाद में तेज पंखी चलाकर सुखा लें। किंतु धूप में न रखें।

9.14 सनमाइका का फर्नीचर

- सनमाइका के फर्नीचर को चमकाने के लिए उबली चाय की पत्ती से साफ करें।

9.15 फर्नीचर और सामान्य बातें

9.15.1 फर्नीचर में कीड़े आदि लगने पर

- दीमक आदि लगी हो तो उस स्थान पर मिट्टी के तेल से भीगा कपड़ा एक से अधिक बार फेरिए। उसके बाद ऊपर से वार्निश कर दीजिए। इससे कीड़े भी मरेंगे और छेद भी बन्द हो जाएँगे।
- कीड़े आदि लगे छेदों में सिरींज की सहायता से कीटनाशक दवाएँ डाल दें।

9.15.2 फर्नीचर पर दाग-धब्बे लगने पर

- यदि फर्नीचर पर किसी भी प्रकार के काले धब्बे पड़ गए हों तो धब्बे के स्थान को स्प्रिट से रगड़िए। इस प्रकार रगड़ने पर धब्बे पूर्णतः साफ हो जाएँगे।
- स्याही के दाग हो तो नीबू के रस में जरा-सा नमक डालकर उसमें कपड़ा भिगो कर उससे रगड़ दीजिए।
- साधारण धूल-धब्बों को दूर करने के लिए स्वच्छ जल में कपड़ा भिगोकर रगड़िए।
- आरामकुर्सी पर सिर टिकाकर रखनेवाली स्थान पर तेल युक्त चिकने दाग हों तो मैथिलेटेड स्प्रिट से उस स्थान को रगड़िए।
- खाद्य सामान आदि रखने से मेज, तिपाई पर जो धब्बे पड़ जाते हैं। उनसे बचने के लिए अखबार के कागज़ को चार पर्त करके मेज, तिपाई पर बिछा दें। ऊपर से एक सुन्दर मेजपोश डाल दें। ऐसा करने से यदि कोई खाद्य पदार्थ गिरता है तो उससे लकड़ी खराब नहीं होगी।
- धब्बों को जैतून के तेल में नमक मिलाकर साफ करें।
- अगर पॉलिश किए हुए फर्नीचर पर गर्म बर्तन के दाग पड़ गए हों तो गर्म किया हुआ अलसी और तारपीन का तेल चार और एक के अनुपात में मिला लें। इस मिश्रण को लगभग आधे घंटे तक दाग पर लगे रखने दें। फिर से सूती कपड़े से पौंछकर उस स्थान को रगड़िए।
- फर्नीचर पर जलती माचिस की तीली या जलती मोमबत्ती गिरने से दाग पड़ जाए तो नीबू के रस में सिगरेट की राख मिलाकर पेस्ट बना लें। इसे उस स्थान पर रगड़ें। दाग हल्का पड़ जाएगा।
- मक्खी, मच्छरों के बैठने से जो काले निशान पड़ गए हो तों यहाँ पर अमोनिया

की पॉलिश कर दें या एक मुलायम कपड़े पर स्प्रिट लगाकर उस स्थान पर रगड़ें।

- खून के धब्बे लग जाए तो नमक डालकर रगड़ें।

9.15.3 सामान्य देखभाल

- फर्नीचर को ऐसे स्थान पर रखें जहाँ पर पानी एवं सीलन न पहुँचती हो। साथ ही फर्श को धोते समय भी ध्यान दें कि पानी फर्नीचर को न प्रभावित करे।
- धूल, मिट्टी एवं तेज धूप से भी फर्नीचर को बचा कर रखें।
- जब भी कोई दाग-धब्बा पड़े तो उसे तुरन्त ही साफ करें।
- फर्नीचर की सफाई केवल ऊपर-ऊपर ही न करें। बल्कि चारों तरफ से सामान्य ढंग से सफाई करें।
- फर्नीचर को आमतौर पर गुनगुने पानी में कपड़ा डुबोकर साफ कर दिया जाता है परन्तु यह आवश्यक है कि उस पर धूल मिट्टी न रहे इसलिए गीले कपड़े से पोंछने के बाद सूखे कपड़े से जरूर पोंछ दें।
- पुरानी आराम कुर्सियाँ यदि बुनवाने योग्य न रहे तो उन पर सूती या नायलोन की निवाड़ लगवाकर कुर्सी बनवा लें।
- बेंत की कुर्सियाँ प्रायः ढीली हो जाती हैं, इन्हें ठीक करने के लिए गर्म पानी में नींबू का रस मिलाकर कुर्सी को अच्छी तरह भिगो दें। इसके बाद धूप में रखकर सुखा लें।
- फर्नीचर को कभी चढ़ने-उतरने का माध्यम न बनाएँ। इसके लिए किसी मजबूत स्टूल का प्रयोग करें।
- घर में जब भी रंगाई-पुताई चल रही हो तो फर्नीचर को मोटे कपड़े से ढकना न भूलें।
- सफाई करते समय यदि फर्नीचर का कोई हिस्सा मरम्मत योग्य दिखे तो तुरन्त ही उसे ठीक करवा लें।
- जलती मोमबत्ती से यदि मोम फर्नीचर पर गिर गई हो तो उसे खुरचें नहीं बल्कि सख्त गत्ते से साफ करें और यदि फिर भी कुछ मोम चिपका रहे तो गर्म पानी में भीगे कपड़े को सिर्फ उसी भाग पर रखें और कुछ सेकंड बाद पोंछ डालें।
- समय-समय पर फर्नीचर पर रंग-रोगन करते रहें। इससे दीमक एवं घुन नहीं लगने पाएगा।
- भारी फर्नीचर को एक कमरे से दूसरे कमरे में ले जाते समय फर्श पर साबुन का पानी गिरा दें। इससे फर्नीचर को खिसकाने में आसानी रहेगी और फर्श पर खरोंच भी नहीं आएगी।

कपड़े और दाग-धब्बे

कपड़ों पर अक्सर ही किसी-न-किसी चीज के दाग-धब्बे पड़ जाते हैं। कभी-कभी यह दाग इतने गहरे हो जाते हैं कि आसानी से छूट नहीं पाते और इसकी वजह से कपड़ा पहनने लायक नहीं रह जाता है। दागों की प्रकृति अलग-अलग होती है। हर दाग को अलग-अलग तरीके से छुड़ाया जा सकता है। बस इसके लिए जरूरत है थोड़ी समझदारी एवं ध्यान की। नीचे अलग-अलग प्रकार के धब्बों को छुड़ाने के विषय में बताया जा रहा है।

10.1 दाग-धब्बों का वर्गीकरण

दाग-धब्बों को हमने ग्यारह वर्गों में बाँटा हैः—

- **प्रोटीन युक्त दाग-धब्बे** : इसमें अंडे, दूध, माँस, खून आदि के धब्बे आते हैं।
- **वनस्पति के दाग-धब्बे** : इसमें सब्जी, फल, चाय, कॉफी आदि के धब्बे आते हैं।
- **खनिज पदार्थों के दाग-धब्बे** : इसमें औषधि, स्याही, जंग आदि के धब्बे आते हैं।
- **चिकनाई युक्त दाग-धब्बे** : इसमें तेल, घी, मक्खन आदि के धब्बे आते हैं।
- **क्लोरोफिल युक्त दाग-धब्बे** : घास आदि के धब्बे आते हैं।
- **पसीने युक्त दाग-धब्बे** : मैल, पसीने आदि के धब्बे आते हैं।
- **रंग के दाग-धब्बे** : नील आदि के धब्बे आते हैं।
- **झुलसने के दाग-धब्बे** : गर्म प्रेस या फिर गर्म चीज से पड़नेवाले धब्बे।
- **मसालों के दाग-धब्बे** : इसमें राई, हल्दी आदि के धब्बे आते हैं।
- **पान आदि के दाग-धब्बे** : इसमें पान, कत्था आदि के दाग आते हैं।
- **अन्य प्रकार के दाग-धब्बे** : इसमें विभिन्न प्रकार के दाग आते हैं।

10.2 दाग छुड़ाने की विधियाँ

विलायक (solution) विधि : इसमें चिकनाई अवशोषक विलायकों का प्रयोग किया जाता है। कपड़े पर पड़े दाग को ब्लाटिंग पेपर पर उल्टा रखें। विलायक के रूप में केरोसिन, पेट्रोल, पेराफिन, तारपीन एवं बेन्जीन का प्रयोग किया जाता है।

रासायनिक (Chemical) विधि : इसमें विरजन समूह के रसायन जैसे बोरेक्स, सोडियम, हाइपोक्लोराइड आदि का इस्तेमाल किया जाता है।

शोषक (Absorbent) विधि : इसमें टेलकम पाउडर, खड़िया, नमक आदि का इस्तेमाल किया जाता है।

10.3 दाग छुड़ाने के लिए क्या करें?

दाग को हो सके तो ठंडे पानी में डालकर धो दें। यदि उससे दाग न छूटे तो हल्के गर्म पानी एवं साबुन से धोएँ। अधिक गर्म पानी का प्रयोग न करें। इससे दाग और अधिक पक्का हो सकता है। दाग छुड़ाने के लिए निम्न तरीका अपनाएँ–

- दाग को जल्द-से-जल्द छुड़ाने की कोशिश करें।
- दाग को सदैव उल्टी तरफ से छुड़ाएँ।
- रंगीन कपड़े पर दाग छुड़ाना हो तो रिमूवर को कपड़े के किनारे की तरफ लगाकर पहले देख लें कि उसका रंग तो नहीं छूट रहा है।
- कलर रिमूवर का प्रयोग करने के बाद ही हल्के गर्म पानी से कपड़ा धोएँ।
- सदैव रिमूवर का हल्का घोल ही प्रयोग करें।
- दाग छुड़ाने के लिए हमेशा किनारे से छुड़ाना शुरू करें। बाद में गीले हिस्से को एक तौलिए पर रखकर फिर दूसरे तौलिए को ऊपर रखकर अँगूठे या हथेली से दबाकर सुखाएँ।
- दाग पर कभी प्रेस न करें।
- नीबू के रस को दाग पर डालकर कपड़े को धूप में रखें। इससे भी दाग हल्का पड़ सकता है।
- गर्म पानी में एक चाय का चम्मच क्रीम ऑफ टार्टर डालें, फिर उससे दाग छुड़ाएँ।
- सफेद कपड़ों पर लगे दाग पर ब्लीच (जो त्वचा पर लगाई जाती है) को लगाकर साफ करें।
- ब्लीच कपड़ों पर दाग-धब्बे छुड़ाने के काम आता है।
- कपड़े पर दाग लगने पर गरम सिरका डालकर साफ किया जा सकता है।
- कहीं-कहीं पर पानी खारा होता है, वहाँ पर दाग आसानी से नहीं छूटते हैं, इसके लिए कोई रासायनिक विधि कपड़े के हिसाब से प्रयोग करें।
- प्रेस करते समय यदि कोई धब्बा लग जाए तो तुरन्त नीबू काटकर रगड़ें।

10.3.1 दाग छुड़ाने से पहले ध्यान देनेवाली बातें

दाग छुड़ाने से पहले निम्न बातों पर ध्यान दें:–

- दाग किस चीज़ का है।
- किस प्रकार के कपड़ों पर लगा है।
- दाग नया है या पुराना।
- सबसे पहले दाग को पानी से ही धोकर साफ करने की कोशिश करें।
- दाग का कारण पता न हो तो पहले कम हानिकारक विधियाँ अपनाएँ।
- जब कभी रासायनिक पदार्थ का प्रयोग करें, तो उसे खिड़की के पास ही करें ताकि उसकी भाप का प्रभाव आप पर न पड़े।
- रासायनिक पदार्थों का प्रयोग तभी करना चाहिए, जब आप सारे घरेलू तरीके प्रयोग कर चुके हों।
- यदि घर में वाशिंग मशीन है तो उसमें दी गई बुकलेट पर दाग छुड़ाने के बारे में जो सुझाव दिए हों उन्हीं के अनुसार दाग छुड़ाएँ।

10.4 विभिन्न प्रकार के दाग छुड़ाने के उपाय

10.4.1 अंडे के दाग

- ताजे दाग पर कास्टिक सोडा का घोल डालें, फिर थोड़ी देर बाद उसे धो दें।
- दाग पुराना हो तो नमक रगड़ कर साबुन से धोएँ।
- दाग पर पीलापन-सा हो जाए तो साबुन का गर्म पानी उस पर रगड़ें। फिर कार्बन टेट्राक्लोराइड अथवा ट्राइक्लोरो इथेन का प्रयोग करें।
- दाग सफेद हो तो नमक के गर्म पानी का प्रयोग करें। यह सभी प्रकार के वस्त्रों पर प्रयोग किया जा सकता है।

10.4.2 दूध/मक्खन के दाग

- साबुन के गर्म पानी से धोएँ।
- कार्बन टेट्राक्लोराइड एवं ट्राइक्लोरो इथेन का प्रयोग करें। चाहे तो अमोनिया का भी प्रयोग कर सकते हैं।
- सिल्क तथा गर्म कपड़ों से मक्खन के दाग छुड़ाने के लिए उस पर टेलकम पाउडर लगाएँ या उस पर बिना किसी मिलावट के शुद्ध पेट्रोल रगड़ें। फिर पानी से धो डालें।

10.4.3 *खून के धब्बे*

- ठंडे नमक के पानी में लगभग एक घंटे तक कपड़े को डुबाएँ, फिर साबुन लगाकर धो दें। खून के दाग को कभी भी गर्म पानी से न धोएँ।
- पके हुए चावल की माड़ को दाग पर फैलाएँ, फिर पोंछ दें। ऐसा कई बार करें।
- धब्बे को पहले पानी से धो दें, फिर उस पर कच्चा दूध रगड़ें।
- एक गैलन पानी में तीन चाय की चम्मच भर अमोनिया मिला कर धोएँ। यह प्रयोग रेशमी एवं ऊनी कपड़ों पर जल्दी असर करता है।
- ताजा खून के धब्बे साबुन के पानी से साफ हो जाते हैं, परन्तु शुष्क धब्बे छुड़ाने के लिए कपड़े को नमक और हल्के गुनगुने पानी के घोल में डालकर छोड़ दें, फिर अमोनिया डालकर साफ करें।
- रेशमी कपड़ों पर लगे दाग को ठंडे पानी से पोंछकर, फिर गुनगुने पानी एवं साबुन से धो दें।
- खून तथा मवाद के दाग हटाने के लिए कपड़े को कुछ घंटों के लिए दूध में भिगो दें, बाद में मसलकर धो दें।

10.4.4 *सब्जी के दाग*

- पहले गर्म पानी में धोकर देखें यदि न छूटे तो फिर किसी विरंजक(केमिकल) का प्रयोग करें।
- कपड़ों से केले एवं अरवी की पत्तियों के भूरे दाग हटाने के लिए दाग पर ग्लिसरीन 15 मिनट तक लगाकर छोड़ दें। फिर डिटरजेंट पाउडर से धो दें। दाग गहरा हो तो पानी में डिटरजेंट डालकर पेस्ट बनाएँ और दाग पर लगाकर छोड़ दें। सुबह इसे धो दें।
- कपड़ों से मेहँदी का दाग मिटाने के लिए उन्हें गर्म दूध में आधे घंटे तक भिगोएँ, फिर साबुन से धो डालें।
- दाग पर साबुन लगाकर धूप में रखें। सूखने पर धो दें। यदि ऊनी एवं रेशमी कपड़े हों तो अमोनिया के हल्के घोल तथा रेयान कपड़े पर बोरिक एसिड लगाकर पानी से धो दें।

10.4.5 *फलों के दाग*

- ठंडे पानी से धो दें। फिर दाग पर यूकेलिप्टस का तेल लगाकर एक घंटे छोड़ दें। उसके बाद गर्म पानी में डिटरजेंट से धोएँ।

- नमक डालकर ऊपर से गर्म पानी डालें, फिर धोएँ। ये सूती एवं लिनन के वस्त्रों पर असरदायक होता है।
- अमोनिया का घोल लगाएँ यदि उससे दाग न साफ हो तो कैल्शियम क्लोराइड के घोल में सिरके की कुछ बूँदें मिलाकर दाग पर लगाएँ फिर पानी से धो दें।
- धब्बे पर नींबू और नमक लगाकर रगड़िए। फिर मट्ठे में भिगो दीजिए। रेशमी कपड़ों पर पड़े धब्बों पर अमोनिया का ठंडा घोल लगाने के बाद साबुन के पानी से धो दीजिए।
- हाइड्रोजन परऑक्साइड या नींबू के पानी से स्पंज करें।
- सफेद सिरके से स्पंज कर फिर धो दें।
- ठंडे पानी में आधा घंटा भिगोएँ, फिर अच्छे डिटरजेंट से रगड़कर धो दें।

10.4.6 कॉफी के दाग

- दाग के दूसरी ओर थोड़ी-सी ग्लिसरीन लगाकर फिर सीधी तरफ से तेज गर्म पानी डालें।
- एन्जाइम प्रीकोक को गर्म पानी में डालकर दाग को धोएँ।
- दाग को पेट्रोल से धोएँ एवं रगड़ें। दाग थोड़ा-सा रह जाए तो उस पर बेंजीन लगाकर ब्लाटिंग पेपर से दबाएँ।
- गर्म पानी में बोरेक्स डालकर साफ करें।
- दाग पर अंडे की जर्दी रगड़ें फिर धो दें।
- दाग पर जरा सा नमक ब्रश या उँगली से रगड़े। थोड़ी देर बाद कपड़ा धो दें।
- दाग यदि नया हो तो, उसे साबुन से रगड़ कर साफ करें।

10.4.7 चाय के दाग

- दाग वाले भाग को ग्लिसरीन में डुबोकर 12-16 घंटे के लिए छोड़ दें। उसके बाद साबुन एवं पानी से धो दें।
- पहले ठंडे पानी से धोएँ फिर कपड़े को बोरेक्स के घोल में डाल दें। थोड़ी देर बाद गर्म पानी से धो डालें।
- पुराना दाग हो तो पोटेशियम परमैगनेट के पानी से धोएँ।
- अमोनिया के घोल से दाग को रगड़ें। फिर, साबुन लगाकर पानी से धो दें।
- दाग यदि सफेद कपड़े पर हो तो उसे ब्लीचिंग पाउडर से धोएँ।
- उबलता गर्म पानी दाग पर ऊँचाई से डालें, फिर साबुन से धो दें, दाग फिर

भी रह जाए तो हाइड्रोजन परऑक्साइड का प्रयोग करें।

- रेशमी या ऊनी कपड़ों पर लगे दाग पर ग्लिसरीन लगा दें। आधे घंटे बाद उसे धो दें।
- कपड़ों पर जैसे ही चाय गिरे उसे तुरन्त ही साबुन से धो दें या फिर ठंडा दूध लगा दें। सूखने पर उसे ठंडे पानी से धो दें।
- कपड़े को पहले ठंडे पानी से धो दें, फिर धब्बेवाले भाग को सुहागे के घोल में डालकर साफ करें।
- दाग पर टैलकम पाउडर छिड़क दें। यह दाग को सोख लेगा। 15 मिनट के बाद उसे धो दें।
- उबलता हुआ गर्म पानी ऊँचाई से दाग पर डालें, फिर हल्के गर्म गुनगुने पानी से स्पंज कर हल्की ग्लिसरीन लगाकर आधे घंटे तक रख दें। फिर पानी से धो डालें।
- पुराने दाग पर उबला चावल मल कर। सोडे के पानी में दागवाले हिस्से को थोड़ी देर रखें। दाग छूट जाएगा।

10.4.8 दवाइयों के दाग

- गर्म पानी से पहले धब्बे को धोएँ, यदि इससे साफ न हो तो स्प्रिट या एथिल एल्कोहल से साफ करें।

10.4.9 स्याही के दाग

- दाग वाले स्थान को दो घंटे तक दूध में भिगोएँ फिर साबुन एवं पानी से धो दें।
- नीबू का रस एवं नमक लगाकर गर्म पानी से धो दें।
- पोटेशियम परमैगनेट या क्लोरीन के पानी के घोल से साफ करें।
- गर्म पानी एवं साबुन का घोल ताजे दाग पर तुरन्त डालें। स्याही पक्की हो तो आक्जेलिक एसिड का प्रयोग करें।
- पुराने दाग पर ब्लीचिंग पाउडर लगाएँ।
- लाल स्याही के दाग पर अंडे की जर्दी, सोडियम हाइड्रोसल्फाइड एवं गन्धक मल कर छुड़ाएँ।
- मार्किंग इंक को पतले सोडियम बायसल्फेट के मिक्सचर से साफ करें।
- दाग पर पुराना सिरका लगाकर मलें फिर साबुन से रगड़ कर धो दें।
- एसीटोन व मैथिलेटेड स्प्रिट का प्रयोग करें। यह सूती कपड़ों के लिए उपयुक्त है।

- कपड़ों पर स्याही के निशान हटाने के लिए उस पर दही रगड़ें और फिर बाद में ठंडे पानी से धो डालें।
- रोशनाई के धब्बे कपड़े से हटाने के लिए उसे चूने एवं नमक मिले पानी में रखें, फिर 15 मिनट बाद धो डालें।
- स्याही के दाग को मिटाने के लिए ब्लीचिंग पाउडर को पानी में घोलकर तथा उसमें रूई का टुकड़ा भिगोकर दाग पर धीरे-धीरे रगड़ें। दाग मिट जाएगा।
- यदि कपड़ों पर स्याही के दाग लग जाए तो दाग के स्थान पर कपड़े के दोनों ओर कोई टूथपेस्ट रगड़ें और कुछ देर बाद सूखने पर धो दें।
- कपड़ों पर स्याही के धब्बों को हटाने के लिए अल्कोहल को धब्बों पर मलें, फिर कपड़े धोएँ।
- काली स्याही के दाग पर टमाटर काटकर रगड़ें। दाग साफ हो जाएगा।

10.4.10 बॉल प्वाइंट के दाग

- एयरोसौल हेयर स्प्रे दाग पर डालें, सूखने पर धो दें।
- एल्कोहल से छुड़ाएँ।
- सोख्ता कागज दाग के नीचे रखकर हेयर स्प्रे से एक कपड़े को भिगोएँ, फिर दाग पर बार-बार दबाएँ जब तक दाग मिट नहीं जाता है।
- बॉल प्वाइंट पेन का दाग छुड़ाने के लिए उसके ऊपर कोलोनाइन रगड़ें।
- नेल रिमूवर का प्रयोग कर सकते हैं पर इसे पहले किसी अन्य कपड़े पर करके देख लें।

10.4.11 लोहे के दाग

- नीबू के रस में नमक मिलाकर दाग पर रगड़ें, फिर आधे घंटे बाद धो दें।
- फटे दूध को दाग पर लगाकर रगड़े, फिर धो दें।
- ग्लिसरीन में बोरेक्स मिलाकर पेस्ट बनाएँ और दाग पर दो घंटे के लिए लगा दें। बाद में गुनगुने पानी से धो दें।
- रंगीन कपड़े पर लगे लोहे के दाग पर टमाटर का रस रगड़ें फिर पानी से धो दें।

10.4.12 जंग के दाग

- नीबू के रस में नमक मिलाकर दाग पर रगड़ें। कुछ देर बाद इसे धो डालें।

- पके चावल के एक दिन बासी माड़ में कपड़े को भिगो दें। इससे भी दाग साफ हो जाएगा।
- आक्जेलिक एसिड को पानी में घोलकर जंग लगे दाग वाले कपड़े उसमें डुबो दें। फिर सुहागे के घोल से धो दें, जंग का दाग छूट जाएगा।
- धब्बेवाले हिस्से को सिरके के घोल में 20-25 मिनट डुबोकर धोने से दाग-धब्बे छूट जाएँगे।

10.4.13 पेंसिल के दाग

- तारपीन के तेल से दाग साफ करके साबुन के पानी से धो दें। यह सूती एवं मिश्रित कपड़ों पर असरदार होता है।
- डीनेचर्ड अल्कोहल को पानी में मिलाकर उसे स्पंज भिगोकर पुनः कपड़ा साफ करें।

10.4.14 घी/तेल के दाग

- गर्म पानी में थोड़ा सोडा मिलाकर दाग को धोएँ। यह सभी प्रकार के कपड़ों पर असरदार होती है।
- बेसन रगड़कर थोड़ी देर धूप में रखें।
- दाग यदि ऊनी शाल पर हो तो थोड़ा खट्टा दही डालकर रगड़ें।
- मशीन के तेल का दाग हो तो उस पर नौसादर का घोल रगड़ें।
- मक्खन का दाग हो तो टेल्कम पाउडर लगाकर थोड़ी देर बाद साबुन लगाकर धो दें।
- बेंजीन एवं ईथर का प्रयोग करें। यह रेशमी कपड़ों के दाग आसानी से छुड़ाता है। दाग साफ करने से पहले कपड़े पर ब्लाटिंग पेपर अवश्य लगा दें।
- सूती कपड़े पर लगे दाग को गर्म पानी, क्षारयुक्त साबुन एवं अमोनिया द्रव मिलाकर साफ करें।
- किसी भी कपड़े से चिकनाई के दाग (निशान) छुड़ाने के लिए तारपीन के तेल से साफ करें।
- मशीन के तेल का दाग मिटाने के लिए ब्लाटिंग पेपर रखकर पहले दाग को सोख लें। फिर, क्षारयुक्त साबुन से साफ करें।
- तेल का दाग यदि कालीन पर हो तो थोड़ा सा बेकिंग पाउडर छिड़क दें। अगले दिन साफ करें।
- पिसा हुआ नमक और सूखा चूना मिलाकर दाग पर रगड़ें। थोड़ी देर बाद पानी से धो डालें।

10.4.15 घास के दाग

- स्प्रिट लगाएँ, दाग को साबुन रहित शैम्पू से धोएँ।
- गहरे पक्के दाग के लिए सभी प्रकार के वस्त्रों पर हाइड्रोजन सल्फाइड, सोडियम परबोरेट का तनु (विलयन) घोल बनाकर दाग पर रगड़ें।
- एंजाइम प्रीसोक को गर्म या ठंडे पानी में डालकर दाग को भिगोएँ , फिर धो दें।
- डीनेचर्ड अल्कोहल से दाग पर स्पंज करें।

10.4.16 पसीने आदि के धब्बे

- कपड़ों को नमक के पानी में डाल दें, दाग हट जाएँगे।
- सिरका से धब्बेवाले स्थान को धोएँ।
- अमोनिया की खुली बोतल पर कपड़े के दागवाले स्थान को रखें। इससे दाग उड़ जाएगा। यह सूती, रेशमी, टेरीकॉट एवं लिनन के कपड़ों पर असर करता है। दाग को अमोनिया के धोल से साफ करें।
- ऊनी कपड़ों से पसीने की गन्ध एवं दाग हटाने के लिए नीबू के रस एवं पानी को मिलाकर उस स्थान पर स्पंज करें और धूप में डाल दें ।
- गेहूँ का आटा गर्म पानी में उबालें फिर उस आटे के पानी से कपड़ा धोएँ। अगर तब भी दाग नहीं छूटता है तो कपड़े धोने का सोडा इस्तेमाल करें, दाग छूट जाएगा।

10.4.17 मैल के दाग

- दाग पर रात को टेल्कम पाउडर की गहरी परत लगाकर रगड़ें और सुबह धो दें।
- कॉलर एवं कफ पर लगे मैल को एक छोटे कपड़े को कार्बन टेट्राक्लोराइड में डुबोकर रगड़ें।

10.4.18 नील के दाग

- कपड़ों पर गलती से नील ज्यादा लग जाए तो उसे कुछ देर तक सिरके के पानी में डुबो देने से नील सामान्य हो जाता है।
- एसिटिक एसिड के एक प्रतिशत विलयन में कपड़े को भिगोकर कुछ देर रखें, फिर ठंडे पानी से धो दें।

10.4.19 राई के दाग

- गर्म ग्लिसरीन लगाएँ तथा पानी से स्पंज करें।
- दाग गहरा हो तो डिनेचर्ड अल्कोहल का प्रयोग करें। सूती, लेनिन, टेरीकॉट के कपड़ों पर यह अधिक असरदार होता है।

10.4.20 हल्दी के दाग

- साबुन का घोल बनाकर दाग के दोनों तरफ रगड़ें। सूखने पर गर्म पानी हाथ ऊपर करके डालें। सूती, लिनन कपड़ों पर यह प्रभावकारी होता है।
- दाग पर हाइड्रोसल्फाइड तथा ऑक्जेलिक एसिड मलें, फिर धो दें।
- हल्दी के दाग लगे वस्त्रों को अमोनिया या पोटेशियम परमैंगनेट के घोल में डालकर साफ करें, दाग साफ हो जाएगा।
- तौलिए पर थोड़ा-सा परफ्यूम लगाएँ और रगड़ें। यह ऊनी कपड़े पर ज्यादा असरकारक होता है।
- हल्दी का धब्बा साफ करने के लिए वाशिंग सोडा, स्प्रिट, ब्लीचिंग पाउडर, हाइड्रोक्लोरिक एसिड के घोल में दागवाला कपड़ा भिगोइए। थोड़ी देर में देखेंगे कि धब्बा उड़ गया।
- दाग पर बेसन का पेस्ट बनाकर थोड़ी देर रहने दें, फिर धोने के बाद धूप में सुखाने से दाग छूट जाएगा।

10.4.21 पान के दाग

- दही, चूने या नीबू के पानी से साफ करें।
- ठंडे पानी में एक घंटा भिगोकर, फिर वाशिंग सोडा के साथ साफ करें। यह सूती एवं टेरीकॉट पर असर करता है। यदि इससे भी दाग न जाए तो हल्का सा ब्लीचिंग पाउडर रगड़ें।
- कटा हुआ प्याज रगड़ें।
- कपड़े को भिगोकर दाग पर सूखा गन्धक रगड़ें।
- गहरा दाग होने पर उसे ब्लीचिंग पाउडर से साफ करें।
- कच्चा आलू पीसकर या हरी मिर्च या अमरूद काटकर रगड़ें।
- कपड़े को तुरन्त ही पानी से धो दें, फिर दाग पर टार्ट्रेक एसिड रगड़ दें।
- पान के दागवाले भाग को कच्चे दूध में भिगोकर छोड़ दें, फिर उस पर चूने का पेस्ट लगाकर साफ करें।
- कपड़े से पान का दाग छुड़ाने के लिए उसे पानी के साथ चीनी के घोल को

गर्म कर उससे बार-बार धोएँ, फिर उसे सादे पानी से धो डालें।

- पान का दाग छुड़ाने के लिए पके हुए अमरूद को दाग पर थोड़ी देर रगड़ें, बाद में साबुन के पानी से धो डालें।
- फिटकरी को बारीक पीसकर दाग-धब्बेवाले स्थान पर लगाकर गर्म पानी से धोएँ, अगर फिर भी दाग रह जाए तो साबुन से धोएँ।

10.4.22 कत्थे के दाग

- प्याज के छिलके से रगड़कर फिर साबुन से धोएँ।
- अमरूद या फिटकरी को दाग पर रगड़ें।
- कत्थे के दाग साफ करने के लिए पका अमरूद, कच्चा दूध एवं बोरेक्स के घोल का प्रयोग करें। दाग नया हो तो दाग पर थोड़ा ज्यादा चूना लगा दीजिए। सूख जाने पर साबुन के पानी से धो दीजिए।

10.4.23 तम्बाकू के दाग

- दाग को अल्कोहल एवं पानी से स्पंज करें फिर कपड़े को हल्के गर्म साबुनवाले पानी में भिगोकर अच्छी तरह निचोड़ लें। यदि जरूरत पड़े तो ब्लीच कर लें। यह प्रयोग सभी प्रकार के वस्त्रों के लिए प्रभावी है।

10.4.24 शू-पॉलिश के दाग

- मेथिलेटिक स्प्रिट से रगड़ें। फिर कपड़े को गर्म पानी में डालकर थोड़ी देर साबुन से रगड़े।
- क्लोरोफॉर्म डालने से भी यह दाग साफ हो जाते हैं। यह सूती, टेरीकॉट एवं मिश्रित कपड़ों पर असरदायक होता है।

10.4.25 फफूँदी के दाग

- चाय के चम्मच बराबर हाइड्रोजन परऑक्साइड, आयोडीन एवं ढाई चम्मच डीनेचर्ड अल्कोहल एक कप पानी में डालकर मिश्रण बनाएँ। अब दाग लगे स्थान पर इस मिश्रण को भिगोकर पाँच मिनट के लिए छोड़ दें। फिर धोएँ। यदि दाग फिर भी थोड़ा रह जाए तो यही क्रिया पुनः करें। इस मिश्रण को बच्चों की पहुँच से दूर ही रखें।
- पोटेशियम परमेगनेट या हाइड्रोजन परऑक्साइड का प्रयोग करें, फिर उसे लगाकर रगड़ें।

10.4.26 मूत्र के दाग

- सिरका और पानी मिलाकर दाग पर रगड़ें। नए दाग पर अमोनिया के तनु विलयन को डालकर साफ करें।
- दाग पुराना हो तो तनु हाइड्रोक्लोराइड एसिड में भिगोकर मिथाइलेटेड स्प्रिट लगाएँ। यह सूती कपड़ों पर प्रभावी होता है।

10.4.27 उल्टी के दाग

- बोरेक्स के पानी से स्पंज करें।

10.4.28 जैली के दाग

- कपास के फाहे को यूकेलिप्टस के तेल में भिगोकर दाग पर लगाएँ। रात भर के लिए इसे वैसा छोड़ दें। सुबह ड्राइक्लीनिंग फ्लूड से धोएँ।

10.4.29 न्यूज प्रिंट के दाग

- थोड़ा ज्यादा डिटरजेंट प्रयोग करें।
- गहरे दाग पर सूती तौलिया ऊपर रखें। फिर रूई के फाहे को मेथिलेटेड स्प्रिट में डुबो कर दाग पर नीचे से रखें। फिर बाद में आम कपड़ों की तरह धो दें।

10.4.30 कार्बन पेपर के दाग

- ट्राइक्लोरो एथिलीन का प्रयोग करें।

10.4.31 नेल पॉलिश के दाग

- नेल पॉलिश रिमूवर को दाग पर रगड़ कर साफ करें।
- तनु एसीटोन के घोल से साफ करें। यह सूती एवं मिश्रित कपड़ों पर ही असरदार होता है।
- नेलपॉलिश के दाग हटाने के लिए एमाइल एसीटेड के दाग वाले भाग को स्पंज से साफ करें। इससे भी अगर न हटे तो सोडियम हाइड्रोसल्फाइड का प्रयोग करें।

10.4.32 लिपिस्टिक के दाग

- एसीटोन लगाएँ, बाद में साबुन से धो दें।
- नॉन फ्लेमिवल ग्रीस सोल्वेंट लगाकर डिटरजेंट रगड़ें, जब तक दाग छूट न जाए। पुनः कपड़े को धो दें। इसे क्लोरीन ब्लीच न करें। यह प्रयोग सभी कपड़ों पर किया जा सकता है।
- लिपिस्टिक के दाग को छुड़ाने के लिए गुनगुने पानी में दागवाले भाग को डालकर 10-15 मिनट छोड़ दें। फिर डिटरजेंट या सर्फ से साफ करें।
- रूमाल पर लिपिस्टिक के दाग पड़ जाए तो उसे थोड़ी देर पानी में भिगो दें। बाद में इस पर ग्लिसरीन रगड़ कर साबुन से धो दें।
- नानजेट टूथपेस्ट लगाकर अँगूठे से रगड़ें, जब कपड़ा टूथपेस्ट को सोख लें तो उसे धो लें।

10.4.33 गोंद के दाग

- दाग को पानी से धोएँ और सिरका या दस प्रतिशत एसिटिक एसिड डालकर साफ करें।

10.4.34 आयोडीन के दाग

- दागवाले कपड़ों को पानी से भिगोकर धूप में सुखाएँ, धूप के प्रभाव से आयोडीन भाप बनकर उड़ जाती है।
- 'स्प्रिट' या 'हाइपो' से दाग को साफ करें।
- कटा हुआ ताजा नीबू रगड़ें।

10.4.35 आइसक्रीम के दाग

- दाग पर बोरेक्स लगाकर ठंडे पानी से धो दें। यह सभी कपड़ों पर असर करता है।
- अच्छा डिटरजेंट तथा अमोनिया की कुछ बूँदे दाग पर लगाएँ। सोखता रख कर उसे सुखाएँ। अगर दाग फिर भी रहता है तो एनजाइम डीसोक में उसे भिगोकर फिर साफ करें।

10.4.36 *कीचड़ एवं धूल के दाग*

- गर्म कपड़ों पर यदि दाग हो तो एक गिलास पानी में आधे आलू के छोटे-छोटे टुकड़े करके डालें। अब इस पानी को छानकर इससे दाग साफ करें।
- अक्सर बरसात में कपड़ों पर कीचड़ लग जाता है जो साबुन से नहीं छूटता। ऐसे दाग को उबले आलू के पानी से धोना चाहिए। इसके बाद साबुन के घोल में डालकर साफ करें।
- अगर कपड़े पर से धूल के दाग मिटाने हों तो उन पर आलू की लुगदी रगड़ें और पानी से धो लें।
- कुछ बूँद अमोनिया और धोनेवाला सोडा पानी में डालें, कुछ देर कपड़ा भिगोने के बाद ब्रुश से साफ कर लें।

10.4.37 *तारकोल के दाग*

- मिट्टी का तेल अथवा क्लोरोफार्म लगाकर ब्रुश से रगड़िए और फिर साबुन से धो दें।
- इस प्रकार का धब्बा स्प्रिट के माध्यम से हटाएँ।
- तारपीन या पेट्रोल लगाकर साफ करें। फिर साबुन एवं बाद में साफ पानी से धो दें।
- दाग को पहले चाकू से खुरचें फिर उस पर यूकेलिप्टस का तेल लगा दें।
- कपड़ों से तारकोल का धब्बा हटाने के लिए मिट्टी के तेल से उसे बार-बार रगड़ें जब वह छूट जाए तो डिटरजेंट से धो दें। इससे कपड़े का रंग भी नहीं उड़ता है।

10.4.38 *मिलिड्यू के दाग*

बहुत देर तक यदि कपड़ा गीला रहे तो मिलिड्यू लग जाता है। इसे निम्न प्रकार से छुड़ाएँ–

- सिरका, नमक या नीबू का रस दाग पर लगाएँ। इसे ब्लीच भी कर सकते हैं।
- कपड़ों को हल्के गर्म पानी से धोएँ। पानी उतना गर्म होना चाहिए जितना गर्म उस कपड़े के लिए उचित हो।

10.4.39 *कोको के दाग*

- सुहागे का पाँच प्रतिशत विलयन गर्म लेकर उसे दाग पर लगाएँ। यह सभी प्रकार के कपड़ों पर असर करता है।

10.4.40 हेयर डाई के दाग

- दागवाले कपड़े को पानी में भिगोएँ और गर्म ग्लिसरीन लगाकर ब्रुश से रगड़ें और पानी से धो दें। सूती कपड़ों पर यह अधिक असर करता है।

10.4.41 च्यूंगम के दाग

- दाग पर थोड़ा-सा टेलकम पाउडर लगाएँ फिर थोड़ी देर बाद साबुन के पानी से धो दें।
- साबुन के गर्म पानी से दाग धोकर कार्बन टेट्राक्लोराइड या ट्राइक्लोरो इथेन का प्रयोग करें।
- च्यूंगम यदि चिपक जाए तो उस जगह पर बर्फ का टुकड़ा मलें। इससे वह निकल जाएगा।

10.4.42 मोम के दाग

- दाग पर ऊपर एवं नीचे दोनों तरफ स्याही सोख्ता (ब्लाटिंग पेपर) रखकर ऊपर से गर्म प्रेस फिराएँ। दाग हट जाएगा। यह सूती कपड़ों के लिए लाभकारी है।
- मोम को पहले चाकू से खुरच दें। फिर कागज पर नेपकिन रखकर हल्की प्रेस से उस पर प्रेस कर दें।

10.4.43 चॉकलेट के दाग

- टेलकम पाउडर छिड़क कर थोड़ी देर के लिए ठंडे पानी में डाल दें, फिर कपड़े को मलें। इसके बाद गर्म पानी में डालें, फिर धो दें। दाग साफ हो जाएगा।
- कपड़ों पर चॉकलेट के दाग छुड़ाने के लिए उस दाग पर ग्लिसरीन रगड़ें। 10 मिनट बाद गर्म पानी से धो दें।

10.4.44 टिंचर के दाग

- ऐसे दाग अल्कोहल या साबुन मलकर गर्म पानी से धोने पर साफ हो जाते हैं।

10.4.45 शराब के दाग

- पुराने दाग को सोडियम हाइपोक्लोराइड के विलयन से साफ करें।
- नए दाग पर बोरेक्स के पाँच प्रतिशत भाग को लगाएँ, फिर धो दें।
- नमक लगाकर रखें, फिर पानी से धो दें।

10.4.46 वार्निश के दाग

- दागवाले स्थान पर तारपीन का तेल या अल्कोहल मलें। साफ हो जाने पर पानी से धो डालें।

10.4.47 पेंट के दाग

- मिथिलेटेड स्प्रिट से साफ किए जा सकते हैं।
- तारपीन का तेल या गिट्टी के तेल को आधा घंटा लगाकर बाद में साबुन से धो दें। यह सभी वस्त्रों पर किया जा सकता है।
- पेंट के धब्बे दूर करने के लिए दागवाले हिस्से को पेट्रोल में भिगोएँ और तेजी से रगड़ें या पेट्रोल, ग्लिसरीन से स्पंज करें फिर हल्के गर्म पानी से धो दें।
- पेंट का दाग हटाने के लिए कपड़े को कैरोसिन तेल में डुबोकर छोड़ दें, दाग साफ हो जाएगा।

10.4.48 ग्रीस के दाग

- कपड़े को पलटकर दागवाले स्थान पर पाउडर फैलाकर रात भर छोड़ दें। सुबह उसे पानी से धो दें।
- धुनी हुई कपास लेकर ट्राइक्लोरो एथलीन में भिगोकर दाग पर रगड़ें।
- कार्बन टेट्राक्लोराइड या ट्राइक्लोरो इथेन द्वारा दाग को साफ करें।
- दाग यदि सिल्क के कपड़े पर हो तो दाग के ऊपर एवं नीचे दोनों तरफ फिल्टर पेपर रखकर उस पर प्रेस कर दें।
- पिसा नमक और सूखा चना लगाकर साफ करें।

10.4.49 मोबिल ऑयल या कालिख के दाग

- अगर मोबिल ऑयल के धब्बे पड़ जाएँ तो पहले वनस्पति घी से रगड़ें, फिर साबुन से साफ करें।
- किसी कपड़े पर चिकनी कालिख लग जाए तो उस पर प्याज रगड़कर साफ करें।

खान-पान

11.1 वसा/तेल का प्रयोग

वसा हमारे लिए एक आवश्यक वस्तु है, जो पौधों और जानवरों से मिलती है। वसा शरीर में कोशिकाओं तथा त्वचा की तरफ से तंत्रिकाओं को ढके रहती है। हमारे शरीर का 1/5 से 1/6 हिस्सा वसा से बना होता है। वसा से हमारे शरीर के विभिन्न अंगों जैसे हृदय, जिगर एवं दिमाग ढके रहने के कारण सुरक्षित रहते हैं। त्वचा के नीचे एक वसा की पश्त रहती है, जो शरीर को गर्मी एवं उसके तापक्रम को नियंत्रित करती है और सर्दी के विरुद्ध चादर का काम करती है। जाड़ों में ये स्नेहक (Lubricant) का काम करती है। ये शरीर में विटामिन ए, डी और ई के अवशोषण में मदद करती है और हार्मोनों को संतुलित रखती है। खाने में इनकी कमी नुकसानदायक होती है, जिससे बीमारियों से लड़ने की क्षमता कम हो जाती है। त्वचा फटने लगती है, चेहरे पर मुँहासे निकलने लगते हैं।

इनका कम और ज्यादा खाना दोनों ही घातक है। इसकी कमी से बाल झड़ने लगते हैं, त्वचा रूखी हो जाती है। इनके अधिक खाने से कोलेस्ट्रोल बढ़ जाते हैं और दमा एवं सांस की बीमारी हो जाती है। उत्पत्ति के हिसाब से वसा दो प्रकार की होती है। पहली जो पौधों से मिलती है। दूसरी जो जानवरों से मिलती है। पौधों से मिलने वाली वसा सामान्य तापक्रम में तरल दशा में रहती है। इसमें गोले का तेल एक अपवर्तन है,जो सामान्य तापक्रम पर जमा रहता है। जानवरों से मिलने वाली तथा बनावटी वसाएँ विभिन्न तापक्रम पर जमी हुई रहती हैं।

सभी वसाएँ/तेल तीन तरह के होते हैं।

(1) मोनोअनसेचूरेटिड वसा,

(2) पॉलीअनसेचूरेटिड वसा,

(3) सेचूरेटिड वसा

11.1.1 मोनोअनसेचूरेटिड वसा

ये पौधों में पाई जाती है। ये जैतून और मूँगफली के तेलों में अधिक मात्रा में मिलती है। आधुनिक अनुसंधानों से पता चलता है कि जैतून के तेल के प्रयोग से उच्च रक्तचाप कम होता है। ब्लड-शूगर पर नियंत्रण रहता है।

11.1.2 पॉलीअनसेचूरेटिड वसा

ये भी वनस्पतियों में पाई जाती है। ये त्वचा के लिए बहुत लाभदायक होती है। ये मक्का, सोयाबीन, कुसुम, सूरजमुखी, कपास, अलसी, तिल एवं राईसब्रान के तेलों और मछली में अधिक पाई जाती है। ओम्रेगा 3 और ओम्रेगा 6 वसाएँ इस वसा की विशेष श्रेणी में आती हैं।

11.1.3 सेचूरेटिड वसा

ये मुख्यतः जानवरों से मिलती है। ये मांस, दूध तथा उसके विभिन्न रूपों में जैसे घी, मक्खन, आइसक्रीम, पेस्ट्री एवं अंडों में ज्यादा पाई जाती है। जानवरों के अलावा वनस्पतियों जैसे नारियल तथा उसके तेल, पाम एवं उसके तेल में भी पाई जाती है। ये रक्त में कोलेस्ट्रोल की मात्रा बढ़ाती है और अच्छी कोलेस्ट्रोल एच.डी.एल. तथा बुरी कोलेस्ट्रोल एल.डी.एल. दोनों की मात्रा बढ़ा देती है। भोजन में इसकी कुछ मात्रा खाने को लाभदायक बनाती है, परन्तु अधिक मात्रा नुकसानदायक होती है।

11.2 वसा के अन्य रूप

11.2.1 बनावटी वसा

रासायनिक प्रक्रिया से बनाए गए हाइड्रोजेनेटिक वनस्पति तेलों में बनावटी सेचूरेटिड वसा होती है जिन्हें ट्रांसफैटी एसिड के नाम से पुकारा जाता है। ये बहुत नुकसानदायक होती है। ये हार्ट के लिए नुकसानदायक तो है ही, कैंसर को भी जन्म देती है। कोई-कोई विद्वान तो ऐसी वसाओं को सेरिटिड वसाओं से भी अधिक नुकसानदायक बताते हैं, क्योंकि ये एल.डी.एल. (LDL) को बढ़ाती है और एच.डी.एल. (HDL) को कम करती है। रिफाइंड तेल आजकल बहुत प्रयोग किए जा रहे हैं। ये पूरी, कचौड़ी, नमकीन, पेस्ट्री, कुकीज, केक, बर्गर आदि बनाने में मुख्यतः प्रयोग होते हैं। ये आजकल बढ़ते हुए दिल के दौरे, बढ़े हुए रक्तचाप तथा कैंसर को जन्म दे रहे हैं।

11.2.2 आवश्यक वसाएँ

ये वनस्पति तेलों में पाई जाती है, जो दो किस्म की होती हैं। ओम्रेगा 3 और ओम्रेगा 6।

ओम्रेगा 3 : ये अलसी के तेल, कद्दू के बीज एवं अखरोट के तेलों में; मछलियों एवं समुद्री खाद्य पदार्थों में अधिक पाई जाती है। यह हरी पत्ती वाली सब्जियों में भी पाई जाती है। ओम्रेगा 3 खाने से रक्त में क्लॉट बनना कम हो जाता है। अतः इसके खाने से दिल की बीमारी कम होती है। यह ब्लडप्रेशर को कम करता है तथा ट्राइग्लैसराइड का सन्तुलन बनाए रखता है। यह रक्त को पतला रखती है और आँखों की दृष्टि बढ़ाती है।

ओम्रेगा 6 : ये मक्का, सूरजमुखी, सोयाबीन, अलसी के तेलों में बहुत अधिक पाई जाती है। ये दोनों वसाएँ हमारे शरीर में नहीं बनती हैं। अतः इन्हें बाहर से लेना पड़ता है। ये शरीर में हारमोनों के सन्तुलन बनाए रखने में मदद करती है। ये मुँहासों को भी कम करती है।

खुराकों से जितनी कैलोरीज मिलनी चाहिए, उसकी 30 प्रतिशत वसा के रूप में मिलनी चाहिए। दो चाय के चम्मच बराबर वसा प्रति व्यक्ति एक दिन के लिए काफी होती है। हम खुराकों में छिपी वसा के अलावा बाहरी वसा भी लेते हैं, अगर खाने में छिपी वसा से पूरी वसा नहीं मिलती है तो बाहरी वसाओं की जरूरत पड़ती है।

विभिन्न तेलों का प्रयोग बदलते रहना चाहिए, क्योंकि हर तेल की अपनी-अपनी विशेषताएँ होती हैं, जो उनको बदल-बदल कर खाने से मिल जाती है।

जब तेल गर्म करने से उसमें धुआँ निकलने लगता है तो उसमें रासायनिक बदलाव आ जाता है। तेलों का खाना नुकसानदायक होता है, हर तेल की तासीर अलग-अलग होती है। जिससे उसका प्रयोग उसकी तासीर के अनुसार अलग-अलग बीमारियों में किया जाता है।

वनस्पति वसा/तेल फलों जैसे अखरोट एवं बादाम के बीजों; जैसे तिल, अलसी, सरसों, कपास और चावल के ब्रान से निकाला जाता है। ये सब हृदय के लिए अच्छे होते हैं।

पौधों से जो तेल निकलता है उसमें मोनो एवं पॉली अनसेचूरेटिड वसा अधिक होती है और सेचूरेटिड वसा बहुत कम या नहीं के बराबर। जानवरों से मिलनेवाली वसाओं में इसके विपरीत होता है, यानी इसमें सेचूरेटिड वसा अधिक होती है अतः वे वसाएँ सामान्य तापक्रम पर तरल अवस्था में रहती है। सेचूरेटिड वसाओं में उनके परमाणुओं का, हाइड्रोजन के परमाणुओं से बन्धन अधिक रहता है। अतः ये वसाएँ सामान्य तापक्रम पर जमी रहती है। ऐसे वसाओं के प्रयोग से रक्त में कोलेस्ट्रॉल की मात्रा अधिक हो जाती है।

अनसेचूरेटिड वसाओं में तेल के परमाणुओं का हाइड्रोजन परमाणुओं से बहुत कम बन्धन होता है या बिल्कुल नहीं होता। इस वजह से यह वसाएँ सामान्य तापक्रम पर तरल अवस्था में होती है।

11.2.3 कुछ जानकारियाँ

- तेल/घी को बहुत देर तक गर्म नहीं करना चाहिए। बहुत देर तक गर्म करने से उसमें रासायनिक बदलाव आ जाते हैं और तेल ज़हरीला हो जाता है, जिससे बहुत सी बीमारियाँ हो जाती हैं।
- सब्जियों को तलने के बजाय उन्हें थोड़ी-सी वसा या तेल में भून लेना चाहिए।
- एक किस्म के तेल के बजाय कई किस्म के तेलों का बदल-बदल कर प्रयोग करना चाहिए जिससे उन सभी तेलों में जो अच्छाइयाँ हो वह शरीर को मिल सके।
- अच्छी वसा के लिए ही कभी-कभी गीरी वाली चीजें जैसे बादाम, अखरोट, मूँगफली जिनमें अच्छी किस्म की वसा होती है, खाना चाहिए। तिल, अलसी एवं सरसों के बीजों का भी सलाद वगैरह में प्रयोग करना चाहिए।
- घी कम-से-कम प्रयोग करना चाहिए क्योंकि इसमें सेचूरेटिड वसा अधिक होती है।
- जो तेल सामान्य तापक्रम पर निकाला जाता है वह अच्छा रहता है बल्कि उन तेलों के जो गर्म करके निकाले/बनाए जाते हैं।
- 100 ग्राम सोयाबीन में लगभग 432 कैलोरीज, 20.0 ग्राम वसा, 240 मि.ली. ग्राम कैल्शियम, 43.2 ग्राम प्रोटीन, जबकि राजमा में 346 कैलोरीज, 1.3 ग्राम वसा तथा 260 मि.ली. ग्राम कैल्शियम, 22.9 ग्राम प्रोटीन होती है। इस तरह सोयाबीन में राजमा से ज्यादा वसा होती है।
- सोयाबीन भी अधिक मात्रा में खाना नुकसानदायक होता है, क्योंकि उसमें फाइटेक एसिड की मात्रा अधिक होती है। इसकी वजह से खनिज जैसे मैग्नीशियम, जिंक कैल्शियम, आयरन का अवशोषण कम हो जाता है।
- स्वस्थ रहने के लिए लगभग 2000 से 2500 कैलोरीज मात्रा प्रतिदिन चाहिए। कैलोरीज मिलने के तीन स्रोत होते हैं, पहला वसा, दूसरा प्रोटीन और तीसरा कार्बोहाईड्रेट। एक ग्राम वसा में एक ग्राम प्रोटीन या कार्बोहाइड्रेट की तुलना में दोगुनी कैलोरीज मिलती है। अगर हम ज्यादा वसा खाएँगे तो शरीर में चर्बी की मात्रा बढ़ेगी क्योंकि ज्यादा चर्बी बिना प्रयोग किए हुए जाएगी। ज्यादा चर्बी होने की वजह से दिल की बीमारी हो सकती है और मधुमेह होने का डर बना रहता है, काम करने की शक्ति क्षीण हो जाती है, और रक्त की नलियों में सेचुरेटिड वसा और कोलेस्ट्रॉल जम जाती है जिससे खून का बहाव कम हो जाता है। नलियों में सेचुरेटिड वसा और कोलेस्ट्रॉल जम जाती है जिससे खून का बहाव कम हो जाता है, और दिल का दौरा पड़ सकता है।
- पिछले 20-25 वर्षों में लोगों की खुराक में भारी बदलाव आया है। इस बदलाव में फास्टफूड जैसे बरगर, पीजा, विभिन्न प्रकार के चिप्स, डबलरोटी के पकौड़े का खाने में अधिक प्रयोग बढ़ा है, इन सबमें सेचूरेटिड वसा होता है। इस बदलाव में अच्छी वसा का खाना कम हो गया है और खराब वसा का खाना

अधिक बढ़ गया है। ये बदलाव अनेक बीमारियों को जन्म दे रहा है, क्योंकि खराब वसाएँ खाने से खून में कोलेस्ट्रॉल की मात्रा बढ़ जाती है, जिससे खून की धमनियाँ संकरी हो जाती है।

- अनुसंधानों से पता चला है कि दूध या उससे बनी चीजें खाने से हड्डियों के फ्रैक्चर अधिक होते हैं। पुरुषों में प्रोस्ट्रेट कैंसर का डर बढ़ जाता है और स्त्रियों में गर्भाशय का कैंसर। यह भी देखा गया है कि जो लोग कार्बोहाइड्रेट्स ज्यादा खाते हैं और उन्हें पचा नहीं पाते हैं तो वह वसा में बदल जाते हैं, जो मोटापे को बढ़ाती है।

हमें जो रोजाना कैलोरीज चाहिए वह निम्न होनी चाहिए–

वसायुक्त :

सेचूरेटिड वसा	10 प्रतिशत	
मोनोसेचूरेटिड वसा	10 प्रतिशत	30 प्रतिशत
पॉलीसेचूरेटिड वसा	10 प्रतिशत	

प्रोटीन युक्त :

		15 प्रतिशत

कार्बोहाइड्रेट्स युक्त :

जो प्राकृतिक दशा में खाने से मिलते हैं	45 प्रतिशत	
जो रिफाइंड या प्रोसेस्ड के रूप में मिलते हैं	10 प्रतिशत	55 प्रतिशत

कुल कैलोरीज	100 प्रतिशत

अगर हम विभिन्न खानों से कैलोरीज का उपरोक्त सन्तुलन बनाए रखें तो जीवन प्राकृतिक रूप से सुगम रहेगा।

11.3 कम तेल/घी में कैसे खाना बनाएँ

आजकल अधिकांश परिवार भोजन पकाने में अपेक्षाकृत अधिक मात्रा में तेल/घी का उपयोग करते हैं, जोकि स्वास्थ्य के लिए हानिकारक है, इससे मधुमेह, मोटापा और हृदय रोग जैसी बीमारियाँ हो जाती हैं, अतः स्वास्थ्य की दृष्टि से ऐसे भोजनों का सेवन करें, जिसके पकाने में कम से कम तेल का प्रयोग हो। अधिक तेल/घी में पके एवं तले भोजन फास्ट फूड कहलाते हैं। अमेरिका, कनाडा तथा बहुत से पश्चिमी देशों में ऐसे खाने बहुत प्रचलित हैं। इसका नतीजा है कि वहाँ के लोग मोटे होते जा रहे हैं, इसकी वजह से वहाँ

हृदय एवं मधुमेह रोग बढ़ रहे हैं। कम से कम तेल में स्वादिष्ट भोजन किस प्रकार बनाया जाए इस हेतु कुछ उपाय नीचे दिए जा रहे हैं, जिन्हें आजमा कर इस समस्या से आसानी से छुटकारा पाया जा सकता है।

- खाने में रायता, सलाद, अंकुरित अनाज एवं बिना घी से चुपड़ी रोटी अधिक खाएँ, इससे तेल कम खाया जाएगा।
- परांठा, पूरी, कचौड़ी और पकोड़ों को तवा/कड़ाही से उतारने के बाद टिशू पेपर से पोंछ लें। इससे जो अतिरिक्त तेल होगा, वह टिशू पेपर सोख लेगा।
- भरवाँ सब्जी बनाते समय पहले उन्हें भाप में गला लें, फिर उनमें मसाला भरें और भूनें। इससे वह कम तेल में बन जाएगी।
- व्यंजनों को बनाने के लिए नानस्टिक पैन का उपयोग करें, इनके प्रयोग करने से तेल/घी कम लगता है।
- रसेदार सब्जियों में अधिक तेल एवं घी लगता है अतः इन्हें कम खाएँ, इनकी जगह सूखी सब्जी अधिक खाएँ क्योंकि इनमें तेल/घी कम लगता है।
- सूखी सब्जी बनाते समय मसाला जैसे हल्दी, नमक, मिर्च सबसे बाद में मिलाएँ।
- फ्राई अंडे तेल/घी के बजाय दूध में भी बनाए जा सकते हैं।
- सोलर कुकर का प्रयोग अधिक करें, उसमें पहले गला लें। फिर कम तेल/घी में मसाला डालकर छौंक लगा लें।
- प्याज भूनने में अधिक तेल/घी लगता है, इसके लिए प्याज कद्दूकश करके भूनें, उसमें कम तेल एवं घी लगेगा।
- ओवन या माइक्रोवेव में खाना बनाएँ।
- कम तेल में खाना बनाते समय आँच धीमी रखें।
- बहुत तेल/घी में पकी सब्जी न खाएँ। अक्सर शादियों और पार्टियों में ऐसी सब्जियाँ बनी दिखाई देती हैं, जिनमें तेल/घी तैरता रहता है, ऐसी सब्जी खाना बहुत नुकसानदायक है, अच्छा हो खाते समय तैरता तेल/घी निकालकर सब्जी लें।
- आम वगैरह के आचार तेल डालकर बनाए जाते हैं जिससे वह खराब न हो, जब आप बर्तन से आचार निकालें तो अधिक तेल टिशू पेपर से पोंछ दें।
- सलाद में अक्सर ड्रेसिंग ऊपर से डालकर मिलाते हैं, इससे काफी चिकनाई पेट में चली जाती है। ड्रेसिंग की जगह नीबू, नमक,बारीक कटी प्याज एवं लहसुन का पेस्ट या टमाटर का सॉस मिलाएँ।
- खाने में फलों जैसे पपीता, अमरूद, केला, खीरा, तरबूज, ककड़ी आदि का सेवन बढ़ाएँ।

खाद्यान्नों में मिलावट

12.1 मिलावट और प्रयोगशाला

आजकल खाद्यान्न में मिलावट आम बात हो गई है, पहले भी थी, लेकिन इसने अब विकराल रूप धारण कर लिया है। शायद ही कोई ऐसी खाने की चीज हो, जिसमें आजकल मिलावट न हो रही हो। ये मिलावट स्वास्थ्य के लिए बड़ी घातक है। मिलावट का असर स्वास्थ्य पर तुरन्त दिखाई नहीं देता, परन्तु समय के अन्तराल में ये बहुत दुःखदायी साबित होती है। जिगर, गुर्दे, हृदय, त्वचा, फेफड़ों एवं बालों पर इसका बहुत विपरीत असर होता है, जो लोग मिलावट का धंधा करते हैं, वह समाज के साथ दुर्व्यवहार तथा घोर अन्याय करते हैं।

खाद्यान्न में मिलावट को रोकने के लिए भारत सरकार ने खाद्य अपमिश्रण निवारण अधिनियम, 1954 तथा उसके नियमावली 1955 में लागू किए थे। इसके बाद उनमें 1964 तथा 1976 में संशोधन के तहत कुछ नए नियम जोड़े गए।

उपरोक्त अधिनियमों तथा नियमों का मुख्य उद्देश्य निम्नलिखित है–

1. अस्वास्थ्यकर खाद्य वस्तु बिक्री से मानव जीवन तथा समाज को होने वाले खतरे को जड़ से समाप्त करना।
2. समाज के हित में अपमिश्रण खाद्य की बिक्री को रोकना।
3. मिथ्या छाप (Mis Labelling) को रोकना।
4. खाद्य अपमिश्रणकर्त्ताओं को दंडित करना।
5. जनता को शुद्ध खाद्य की बिक्री तथा पूर्ति को सुनिश्चित करना।
6. उस व्यक्ति तक पहुँचना जो वास्तव में अपमिश्रण खाद्य पदार्थों को बेचने के लिए उत्तरदायी है।

उपरोक्त अधिनियम के अन्तर्गत खाद्य पदार्थों के मानक नियत कर दिए गए हैं। इन मानकों की जाँच के लिए केन्द्रीय सरकार ने चार प्रयोगशालाएँ देश में स्थापित की हैं, उनके नाम तथा जिन प्रदेशों के कार्यो को वे देखते हैं, नीचे तालिका में दिए गए हैं।

12.1.1 मिलावट की जाँच करने वाली प्रयोगशालाएँ

केन्द्रीय खाद्य प्रयोगशालाओं के नाम	क्षेत्र
• केन्द्रीय खाद्य प्रयोगशाला, कोलकाता—700 016	दिल्ली, गुजरात, कर्नाटक, महाराष्ट्र, तमिलनाडु और पांडिचेरी का संघ राज्य क्षेत्र।
• केन्द्रीय खाद्य प्रयोगशाला, मैसूर-570 013	गोवा, जम्मू-कश्मीर, मध्यप्रदेश, राजस्थान, दीव-दमन, उड़ीसा, पं. बंगाल, और दादर नगर हवेली।
• केन्द्रीय खाद्य प्रयोगशाला, पुणे-411 001	बिहार, हरियाणा, हिमाचल प्रदेश, पंजाब, उत्तर-प्रदेश और चंडीगढ़।
• केन्द्रीय खाद्य प्रयोगशाला, गाजियाबाद-201001	अरुणाचल प्रदेश, आन्ध्रप्रदेश, केरल, मेघालय, मिजोरम, नगालैंड, सिक्किम, त्रिपुरा, अंडमान और निकाबेार द्वीप समूह का राज्य क्षेत्र और लक्षद्वीप।

कुछ केन्द्रों के अलावा प्रदेशों ने अपनी-अपनी प्रयोगशालाएँ भी स्थापित की हैं। इन प्रयोगशालाओं का मुख्य उद्देश्य मानकीकरण के मुताबिक जो खाद्यान्न के नमूने उनके पास खाद्य इंस्पेक्टरों तथा अन्य अधिकारियों द्वारा भेजे जाते हैं उस सम्बन्ध में अधिकारियों को विश्लेषण प्रमाण-पत्रों को प्रस्तुत करना होता है।

12.2 खाद्य पदार्थों में मिलावट

खाद्य विवरण नीचे की तालिका में दिया रहा हैः—

पदार्थ	मिलावट/सम्भावित बीमारी
1. दूध	• पानी, यूरिया, मॉड़, घटिया तेल, डिटर्जेन्ट, फार्मेलीन और, + ऑक्सीटोसिन (Oxytocin) इंजेक्शन। यह इंजेक्शन अधिक दूध निकालने के लिए जानवरों को लगाया जाता है। इस इंजेक्शन लगे दूध का लम्बे समय तक सेवन करने से गर्भपात, बांझपन और गुर्दों से सम्बन्धित बीमारी हो सकती है।
2. चाय	• पौधों की सुखी पत्ती, इस्तेमाल की हुई चाय की पत्ती, लोहे का बुरादा और कोलतार डाई। + कैंसर की सम्भावना।
3. कॉफी	• कोलतार डाई, गेहूँ की भूसी को भूनकर उसके पाउडर से, भूने हुए इमली के बीज पीसकर तथा भुने हुए खजूर के बीज पीसकर मिलाने से। + कैंसर की सम्भावना।

4. कोका ● मक्का का मॉड।
5. सपरेटा ● क्रीम निकालकर वनस्पति मिला देते हैं, फिर इसे असली क्रीम में मिला देते हैं।
6. वनस्पति ● जानवरों की चर्बी।
7. घी ● जानवरों की चर्बी, वनस्पति और तिल का तेल।
8. नारियल तेल ● अरंडी का तेल।
9. सरसों तेल ● आर्जीमोन, हल्के तेलों में बटर यलो मिला कर सरसों के तेल के नाम से बेचते हैं।
फ्रांस से आयात किया हुआ एक रसायन राईस ब्रान ऑयल में मिला देते हैं, फिर उसे सरसों का तेल कहकर बेचते हैं।
10. मिठाई ● मेटेनिल यलो रोडेमिल बी और अरामीन।
+ कैंसर की सम्भावना और पेट की बीमारी।
11. जलेबी ● टारट्रेजीन (Tartrazine) एलर्जी।
12. लड्डू ● कोलतार डाइ।
13. आइस कैंडी ● सैकरीन।
14. दाल ● कोलतार डाइ।
15. मटर ● खेसारी दाल।
16. अरहर ● कोलतार डाई, मेटेनिल यलो।
17. साबूदाना ● कोलतार डाई।

सब्जी

1. भिंडी ● हरा तूतिया।
+ एनीमिया।
2. बैगन ● कारबोफ्यूरन (Carbofuran)
+ कैन्सर की संभावना, शरीर का विकास कम।
3. फूलगोभी ● फौसफोमीडोन II, मैथिल पैराथिन III
+ कैन्सर की संभावना, शरीर का विकास कम

फल

1. आम, केला, पपीता ● कैल्शियम कार्बाइड गैस, इससे फल जल्दी पक जाते हैं।

मसाले

1. हींग ● वनस्पति रैजिनस, गम।
2. काली मिर्च ● पपीते के बीज।
3. हल्दी ● मेटनील पीला रंग।
● कोलतार डाई से पीला रंग, मॉंड को कोलतार डाई से रंगकर, लैड क्रोमेट।
+ एनीमिया, पक्षाघात, गर्भपात, दिमागी कमजोरी।
4. लाल मिर्च ● सुडान रंग (Sudan)।

	+ कैंसर की सम्भावना।
5. पिसी लाल मिर्च	● कोलतार डाई।
6. नमक	● रंगोली।
	● पेट एवं आँतों में गड़बड़ी।
7. धनिया	● घोड़े की लीद।
	+ पेट एवं आँतों में गड़बड़ी।
8. आचार	● ताँबे युक्त नमक।
9. फास्ट फूड	● मोनो सोडियम ग्लूटोमेट, अजीनोमोटो।
10. बोतल बन्द पेय	● सैक्रीन, साइक्लोमेट, एलेसल्फ, फलों की कृत्रिम खुशबू मोनो सोडियम ग्लूटामेट।
11. कोल्ड ड्रिंक	● फास्फोरस एसिड, कार्बन डाइऑक्साइड, मोनो सोडियम ग्लूटामेट, पोटेशियम सौरबेट, मिथाइल बेंजिन, बेमिनेटेड वेजिटेबल ऑयल।

अन्य

1. कोल्ड ड्रिंक	● फास्फोरस एसिड
2. पान मसाला (गुटका)	● बैक्रीन, मैग्नीशियम कार्बोनेट
3. शहद[1]	● केन शुगर, सुक्रोज, ग्लूकोज (विहित मानक से कम हो), मैटनिल यलो।
4. पिपरमेंट	● कोलतार डाई
5. साबूदाना	● मेथेनॉल मिलाकर
6. चाँदी के वर्क	● निकिल, लेड
	● क्रोमियम, कैडमिगम[2]।
3. आटा	● गेहूँ में चावल की किनकी, ज्वार को मिलाकर आटा तैयार,
3. पानी	● औद्योगिकीकरण की वजह से भूगर्भ जल क्रोमियम, लेड, आर्सेनिक, फ्लोराइड आदि से दूषित हो जाता है[3]।

---

1. शहद के लिए सरकार ने एगमार्क मानक बना दिए हैं जिसके अनुसार शुद्ध शहद में 20% से कम पानी तथा 5% शुक्रोज, 45% फ्रक्टोज और 30% ग्लूकोज होना चाहिए। शहद के जिन ब्रांडों में लेबिल पर यदि उपरोक्त एगमार्क मानक तत्त्व न लिखें हो तो ऐसे ब्रांडों के शहद को नहीं खरीदना चाहिए।

2. इन उपरोक्त धातुओं का मिश्रण कैंसर रोग को प्रोत्साहित करता है। खाद्य अपमिश्रण अधिनियम 1954 तथा उसके नियमावली 1955 के मुताबिक चाँदी के वर्कों में 99.9 प्रतिशत चाँदी होनी चाहिए, जो नहीं होती हैं।

3. इससे दमा, ब्रॉनकाइटिस, फेफड़ों में संक्रमण, गैस्ट्रोएंट्राइटिस आदि जैसी बीमारी हो जाती है। ऐसे पानी में गन्दगी की वजह से धुलनशील ऑक्सीजन भी कम हो जाती है। ऐसे दूषित पानी से चाय बनाते समय अक्सर दूध फट जाता है।

12.3 सरसों के तेल की जाँच कैसे करें

खाद्यान्न पदार्थों में सरसों का तेल और दूध ऐसे पदार्थ हैं जो काफी मात्रा में अधिकतर लोगों द्वारा इस्तेमाल किए जाते हैं। सरसों के तेल में जैसा ऊपर लिखा गया है कि आर्जीमोन का तेल तथा हल्के तेलों में बटर यलो तथा फ्रांस से आयात हुआ एक रसायन राईस ब्रान ऑयल मिलाकर सरसों का तेल कहकर बेचना आम बात है। इससे ड्राप्सी तथा अन्य बीमारियाँ हो जाती हैं। औद्योगिक विष विज्ञान अनुसंधान केन्द्र, लखनऊ ने सरसों के तेल में बटर यलो की जाँच और आर्जीमोन तेल की जाँच के किट निकाले हैं जिनका विवरण नीचे दिया जा रहा है। इन टेस्टों की सहायता से आम आदमी भी सरसों के तेल की मिलावट का पता लगा सकता है।

12.3.1 सी.डी. स्ट्रिप (रंग जाँच पट्टिका) द्वारा सरसों के तेल में बटर यलो की जाँच

इससे सरसों के तेल में बटर यलो की जाँच की जाती है। खाद्य अपमिश्रण निवारण अधिनियम, 1954 तथा उसके नियमों के अन्तर्गत किसी खाद्य तेल में कृत्रिम रंगों को बाह्य रूप से मिलाना वर्जित है तथापि सस्ते तथा हल्के रंगवाले तेलों में यदा-कदा बटर यलो (वसा में घुलनशील कृत्रिम पीला रंग) की अवैध मिलावट कर सरसों का तेल बताकर बेचा जाता है। यह रंग प्रयोगशाला पशुओं में विषाक्तता तथा कैंसर उत्पन्न करनेवाला पाया गया है। इस रंग में मिलावट की तत्काल जाँच के लिए यह सरल तथा सस्ती रसायन लेपित कागज की बनी प्रौद्योगिकी (सी.डी. स्ट्रिप) विकसित की गई है। इसकी सहायता से सरसों के तेल की नियमित जाँच द्वारा अधिक-से-अधिक उपभोक्ताओं को बटर यलो से सुरक्षित रखा जा सकता है। सी.डी. स्ट्रिप के जाँच परिणाम न्यायालय में अपरक्राम्य यानी दावा योग्य नहीं है तथा अन्तिम पुष्टि हेतु प्रयोगशाला परीक्षण आवश्यक है।

12.3.2 परीक्षण विधि

सी.डी. स्ट्रिप के एक छोटे टुकड़े पर खाद्य तेल की एक बूँद डालें, यदि स्ट्रिप का रंग गुलाबी हो जाए तो तेल में बटर यलो के मिलावट की सम्भावना है। यह सरसों के तेल में बटर यलो की 0.001 प्रतिशत (10 पी.पी.एम.) तक मिलावट को जाँचने में सक्षम है।

यह प्रौद्योगिकी पेटेंट प्राप्त है। पेटेंट सं. 185972 इस जाँच विधि की प्रौद्योगिकी मेसर्स नीलोफे,शृंगार नगर, लखनऊ को हस्तांतरित है।

12.3.3 आर्जीमोन जाँच किट

सरसों के तेल में आर्जीमोन (भरभंडा) तेल में मिलावट की तत्काल जाँच के लिए एक सरल तथा सुवाहूय किट विकसित की गई है। जाँच के लिए थोड़े सरसों के तेल (5 मि.लि.) को अभिकारक मिश्रण के साथ हिलाते हैं और फिर इसकी एक बूँद सोख्ता कागज की पट्टी पर लगाते हैं जिसे 'फ्लोरोसेंस डिटेंक्सन डिवाइस' में डालकर

आर्जीमोन का तेल होने पर, चमकीली नारंगी चित्ती दिखाई देगी। जाँच में लगभग 30 मिनट लगते हैं और 0.01 प्रतिशत मिलावट का पता लग सकता है। यह प्रौद्योगिकी पेटेंट प्राप्त है तथा हस्तांतरण हेतु उपलब्ध है।

12.4 दूध में मिलावट की जाँच कैसे करें

आजकल दूध में मिलावट एक आम बात हो गई है क्योंकि भारतवर्ष में दूध की कमी है और माँग पैदावार से कहीं अधिक है। इस कारण दूधवाले मिलावट करके अधिक-से-अधिक धन कमाना चाहते हैं। अब तक तो दूध में पानी या अन्य चीजों की मिलावट होती थी लेकिन अब सिन्थेटिक दूध बनने लगा है। पहले दूध की जाँच क्रीम निकालकर या वैक्टोमीटर से स्पैसैपिक ग्रेवीटी की जाँच होती थी लेकिन जब से सिन्थेटिक दूध बाजार में आने लगा है पुराने जाँच के तरीके बहुत कारगर नहीं रह गए हैं।

सिन्थेटिक दूध की जाँच के लिए प्रयोगशाला का सहारा लेना पड़ता है। सिन्थेटिक दूध बच्चों को पिलाने से वे अपंग हो जाते हैं। नोजवानों की आँत में अल्सर हो जाता है और बीमार लोग तो सीधे मौत के मुँह में चले जाते हैं। इस तरह के दूध के रोजमर्रा के इस्तेमाल से आँत, लीवर, गुर्दा, हृदय को काफी नुकसान पहुँचता है। सिर्फ दूध में ही नहीं धनिया, हल्दी, मिर्चा पाउडर आदि जैसे रोजमर्रा की चीजों में भी मिलावट आम बात हो गई है।

दूध में अक्सर चीनी, सोडा एवं डिटर्जेंट, स्टार्च, यूरिया, तरल ग्लूकोज, वनस्पति तेल तथा जानवरों की चर्बी, की मिलावट पाई जाती है।

इन सब चीजों की मिलावट की जाँच करना परम आवश्यक है। इसलिए इनकी मिलावट की जाँच के तरीके नीचे दिए जा रहे हैं:—

चीनी की मिलावट : दूध में थोड़ा भारी हाइड्रोक्लोरिक एसिड और रिसार्सिनॉल डालकर गर्म करें। अगर दूध लाल हो जाए तो दूध में चीनी की मिलावट है।

सोडा डिटर्जेंट की मिलावट : दूध में कुछ बूँद रिसेलिक एसिड (Resalic Acid) की डालें, अगर दूध का रंग गुलाबी हो जाए तो सोडा एवं डिटर्जेंट की मिलावट है।

दूध में चुटकी भर हल्दी मिलाने पर यदि लाल रंग आता है तो सोडा अथवा डिटर्जेंट की मिलावट है।

स्टार्च में मिलावट : दूध में थोड़ा-सा आयोडीन का घोल (Iodine Solution) डालें,

अगर दूध का रंग नीला हो जाए तो स्टार्च की मिलावट है।

यूरिया की मिलावट : दूध में पैराडाइमिथाइल एमीनो बेंजेल्डीहाइड (Pradimethly Amino Benzaldehyde) की बूँदें डालें और अगर गहरा पीला रंग हो जाए तो यूरिया की मिलावट का संकेत है।

एक चम्मच दूध में दो बूँद नींबू का रस मिलाने पर यदि वह फटता नहीं है बल्कि प्लास्टिक जैसे पदार्थ में बदल जाता है, तो यूरिया अथवा फार्मलीन की मिलावट हो सकती है।

तरल ग्लूकोज, वनस्पति तेल तथा जानवरों की चर्बी की मिलावट : दूध में क्लोरोफार्म (Chloroform) और भारी सल्फ्यूरिक एसिड (Heavy Sulphuric Acid) की कुछ बूँदें मिलाकर हिलाएँ। अगर दूध का रंग खून की तरह लाल हो जाए तो मतलब है कि जानवरों की चर्बी मिली हुई है। अगर रंग नीला हो तो समझ लें कि वनस्पति तेल मिला हुआ है। दूध में उपरोक्त के अलावा एंटीबायटिक्स भी मिलाए जा रहे हैं जिससे दूध को अधिक देर तक रखने में सक्षम हो सकें। एंटीबायटिक्स दूध में मिलाए जाने से स्वास्थ्य पर कुप्रभाव पड़ता है। इससे गुर्दे इत्यादि को नुकसान पहुँच सकता है। दूध में लगातार एंटीबायटिक्स लेने से बीमारियों से लड़ने की क्षमता घट जाती है।

एंटीबायटिक्स में जेंटामाइसिन नामक एंटीबाइटिक्स मिलाया जाता है, जेंटामाइसिन बहुत दिनों तक लेने से गुर्दे खराब हो जाते हैं और आँतों में जो लाभदायक बैक्टीरिया होते हैं, यह उनको समाप्त कर देते हैं।

दूध में विदेशी वसा भी मिला दी जाती है इससे भी बहुत नुकसान होता है। विदेशी वसा के साथ डिटर्जेंट भी डालते हैं जिससे आँतों में खराबी भी आती है। मिल्क पाउडर में भी मिलावट की जा रही है विशेष तौर पर वह पाउडर जो खुले हुए बिकते हैं। इन मिल्क पाउडरों में लैक्टोज की मात्रा कम होती है। दूध को अक्सर गाढ़ा करने के लिए आलू, चावल या शकरकन्द का स्टार्च मिला दिया जाता है। साथ ही उसमें पानी भी मिला दिया जाता है। इसकी जाँच निम्न तरीके से करें–

1. दूध की शुद्धता नाइट्रिक एसिड डाल कर करें। दूध में दो बूँद नाइट्रिक एसिड डालें, इससे दूध एवं पानी अलग-अलग हो जाता है।
2. दूध की जाँच लैक्टोमीटर से करें। लैक्टोमीटर का घनत्व 1.030 से 1.034 के बीच होना चाहिए।
3. एक परखनली में दूध लेकर उसमें टिंचर/आयोडीन की कुछ बूँदें डालें, यदि नीला रंग आ जाए तो इसमें मिलावट है।
4. दूध की एक बूँद चिकनी सतह पर डालें यदि सफेद लकीर आती हुई बूँद बहे तो वह शुद्ध है किन्तु यदि डालते ही वह बिना निशान बनाए बहे तो उसमें मिलावट है।
5. दूध में आधा चम्मच अरहर या सोयाबीन का आटा मिलाकर पाँच मिनट तक घोलें तथा हल्दी रंगे पेपर के कुछ टुकड़े उसमें डुबोएं। इसमें यदि यूरिया की

मिलावट होगी तो रंग पीले से लाल हो जाएगा और यदि एक बूँद अमोनिया इस कागज पर डालें तो वह हरा हो जाएगा।

6. तीन मि.ली. दूध में 10 बूँद एसिटिक एसिड मिलाएँ, यदि उसमें सोडियम बाईकार्बोनेट की मिलावट होगी तो दूध का रंग गुलाबी हो जाएगा।

प्रादेशिक को-ऑपरेटिव डेरी फेडरेशन (पी.सी.डी.एफ.), लखनऊ ने दूध में मिलावट की जाँच करने के लिए एक घरेलू किट को विकसित किया है, ऐसी किट को हर घर में रखना लाभदायक होगा क्योंकि ऐसा न हो तो आप मिलावटी दूध पीते रहें और आपको पता भी न चले। वैसे भी जिन लोगों के यहां दूध की खपत ज्यादा हो तो उनको यह किट अवश्य रखना चाहिए।

12.5 अन्य पदार्थों में मिलावट

चाय में मिलावट : चाय में लोहे का बुरादा या प्रयोग की हुई चाय की पत्ती रंगकर एवं सुखाकर मिलाई जाती है। इसकी जाँच के लिए चाय को किसी कागज पर फैलाएँ और उसके ऊपर चुम्बक फिराएँ, लोहे के कण होंगे तो चुम्बक में चिपक जाएंगे। किसी भीगे कागज पर चाय को फैलाइए। यदि कागज का रंग पीला, गुलाबी या लाल हो जाए तो समझिए मिलावट की गई है।

चीनी में मिलावट : चीनी में धोनेवाला सोडा मिलाया जा सकता है। इसकी जाँच के लिए चीनी में एक मि.ली. हाइड्रोक्लोरिक अम्ल मिलाएँ। यदि चीनी में धोनेवाला सोडा मिला है तो मिश्रण में बुदबुदाहट होगी।

घी/पनीर/दूध में मिलावट : उपरोक्त में मसला हुआ आलू, शकरकन्द या माँड़ की मिलावट की जाती है। इसकी जाँच के लिए पाँच मि.ली. की परखनली में नमूने को रखकर उबालिए। ठंडा होने पर एक बूँद आयोडीन डालिए। यदि नमूने का रंग नीला हो जाए तो मिलावट की गई है।

दूध में डिटर्जेंट की मिलावट : इसकी जाँच के लिए 5-10 मि. ली. नमूने में इतनी ही पानी की मात्रा मिलाकर हिलाएँ। यदि झाग उत्पन्न हो तो समझिए कि दूध में मिलावट है।

दाल/बेसन में मिलावट : दाल/बेसन में खेसारी की दाल की मिलावट की जाती है। जाँच करने के लिए दाल के नमूने को थोड़ी-सी मात्रा में लेकर उसमें 50 मि.ली. हाइड्रोक्लोरिक अम्ल मिलाएँ और पानी मिलाकर लगभग 15 मिनट तक गर्म करें। यदि रंग गुलाबी हो जाए तो मिलावट है।

साधारण नमक में मिलावट : नमक में सफेद पत्थर या बालू को पीसकर मिलावट की जाती है। इसे जाँचने के लिए पानी से भरी परखनली में एक चम्मच साधारण नमक के नमूने को अच्छी तरह धो लें। अगर उपरोक्त की मिलावट है तो ये चीजें परखनली के तल में बैठ जाएगी।

पिसे मसाले/धनिया में मिलावट : मसालों में अत्यधिक चोकर को रंगकर मिलावट की जाती है। इसकी जाँच के लिए पानी में डालने पर चोकर ऊपर तैरने लगेगी।

गुड़ में मिलावट : मेटानील येलो से रंगा हुआ हो सकता है। गुड़ के नमूने में एक मि.ली. हाइड्रोक्लोरिक अम्ल मिलाएँ। अगर रंग चटकीला गुलाबी हो जाए तो मिलावट है।

जीरे में मिलावट : जीरे में चारकोल से रंगे हुए घास के बीज मिलते हैं। उसकी जाँच के लिए जीरे के बीज को हथेली में लेकर रगड़ें। यदि हथेली का रंग काला पड़ जाए तो समझिए मिलावट है।

वनस्पति तेल में मिलावट : वनस्पति तेल में आर्जीमोन की मिलावट की जाती है। इसकी जाँच हेतु पाँच मि.ली. वनस्पति तेल में पाँच मि. ली. सांद्र नाइट्रिक अम्ल मिलाएँ और मिश्रण को धीरे-धीरे हिलाएँ। पीले और नारंगी रंग को अलग-अलग होने दें। यदि निचला अम्लीय तल किरमिली रंग का हो जाए तो समझिए मिलावट है।

सुपारी चूर्ण में मिलावट : सुपारी चूर्ण में लकड़ी का छीलन, बुरादा तथा कृत्रिम रंग की मिलावट की जाती है। उसकी जाँच करने के लिए नमूने को पानी पर छिड़किए। लकड़ी का छीलन पानी में तैरने लगेगा तथा चूर्ण पानी में धुल जाएगा।

कॉफी में मिलावट : कॉफी में चिकरी की मिलावट की जाती है। इसकी जाँच के लिए एक ग्लास पानी लें। पानी के ऊपर नमूने का कॉफी पाउडर छिड़कें। कॉफी पानी में तैरती नजर आएगी। जबकि चिकरी तल में बैठ जाएगी और रंग छोड़ देगी।

12.6 अपद्रव्य तथा अपमिश्रण

खाद्य अपमिश्रण अधिनियम, 1954 की धारा-2 में परिभाषाओं के अन्तर्गत द्रव्य तथा अपमिश्रित खाद्य पदार्थों का ब्योरा दिया गया है जो निम्नलिखित है–

1. 'अपद्रव्य' कोई ऐसी सामग्री अभिप्रेत है जिसका उपयोग अपमिश्रण के लिए किया जाता है या किया जा सकता है।
2. अपमिश्रण–कोई खाद्य पदार्थ अपमिश्रित समझा जाएगा, यदि किसी विक्रेता द्वारा विकृत वह पदार्थ ऐसे स्वरूप, तत्त्व या क्वालिटी का नहीं है जैसा क्रेता द्वारा माँगा गया है और उसके लिए हानिकारक है अथवा ऐसे क्वालिटी का नहीं है जैसा होना यथेष्ट है।
3. यदि उस पदार्थ में कोई अन्य चीज है जो उसके तत्त्व क्वालिटी को हानिकर रूप से प्रस्तावित करती है अथवा यदि उस पदार्थ का हानिकर प्रभाव पड़ता है।
4. यदि उस पदार्थ के स्थान पर पूर्णतः या थोड़ा घटिया या अपेक्षाकृत सस्ती चीज प्रतिस्थापित की गई है, जिससे उसके क्वालिटी पर हानिकर प्रभाव पड़ता है।
5. यदि उस पदार्थ के किसी घटक को पूर्णतः या अंशतः निकाल लिया गया है,

जिससे उसके स्वरूप, तत्त्व या क्वालिटी पर हानिकर प्रभाव पड़ता है।

6. यदि उस पदार्थ को अस्वच्छ परिस्थितियों में बनाया, पैदा किया या रखा गया है जिससे वह संदूषित या स्वास्थ्य के लिए हानिकर हो गया है।
7. यदि वह पदार्थ पूर्णतः या अंशतः गंदे, दूषित, सड़े-गले, रुग्ण पशुजन्य या वनस्पतिजन्य तत्त्व से बना है या कीटग्रस्त है। अन्यथा मानव उपयोग के अनुपयुक्त है।
8. यदि वह पदार्थ रूग्ण पशु से अभिप्राप्त है।
9. यदि उस पदार्थ में कोई ऐसा विषैला या अन्य संघटक अंतर्विष्ट है जो उसे हानिकर बना देता है।
10. यदि उस पदार्थ का आघान पूर्णतः या अशतः किसी ऐसे विषैले या हानिकर तत्त्व से बना है जो उसकी अंतर्वस्तुओं को स्वास्थ्य के लिए हानिकर बना देता है।
11. यदि उस पदार्थ में उसके लिए विहित से भिन्न कोई रंजक द्रव्य विद्यमान है या यदि विहित रंजक द्रव्य की मात्रा जो उस पदार्थ में विद्यमान है, मान्य विभिन्नता की विहित सीमा के अन्दर नहीं है।
12. यदि उस पदार्थ में कोई ऐसी परिरक्षी है जो प्रतिषिद्ध है या अनुज्ञात परिरक्षी विहित सीमाओं से अधिक है।
13. यदि उस पदार्थ की क्वालिटी या शुद्धता विदित मानक से कम है या उसके घटक इतने परिमाण में विद्यमान हैं जो मान्य भिन्नता की विहित सीमा के अन्दर नहीं है किन्तु जिसमें वह स्वास्थ्य के लिए हानिकर नहीं बनता है।

परन्तु जहाँ किसी ऐसे पदार्थ की जो प्राथमिक खाद्य है, क्वालिटी या शुद्धता, विहित मानक से कम है या उसके घटक इतने विद्यमान है जो मान्य भिन्नता की विहित सीमा के अन्दर नहीं है और इन दोनों ही दशाओं में ऐसे केवल प्राकृतिक कारणों से होता है और मानवीय नियंत्रण के बाहर है तब ऐसे पदार्थ को उस उपखंड के अर्थ में अपमिश्रण नहीं समझा जाएगा।

12.7 खाद्य अपमिश्रण के अधिनियम

भारत सरकार ने उपरोक्त खाद्य अपमिश्रण अधिनियम, 1954 तथा इसके बाद के संशोधनों के अन्तर्गत जो नियम बनाए हैं उनका संक्षिप्त वर्णन पाठकों की जानकारी के लिए आगे दिया जा रहा है–

नियम 23 से 31 तक रंजक सामग्री मिलाने के बारे में, नियम 32 से लेकर 42 तक खाद्य को पैक करना और उस पर लेबल लगाने के बारे में, नियम-52 से 55 तक परिरक्षी (Preservatives) के बारे में, नियम-57 में विषैली धातुओं की खाद्य पदार्थों में कितनी सीमा हो तथा नियम-57-क से लेकर 62-ख तक फसल संदूषक (Crop Contaminants) और प्राकृतिक रूप से आनेवाले विषैले पदार्थों के बारे में तथा

नियम 63 से 63-क तक सुवासक (Flavouring Agents) के बारे में, नियम 65 कीटनाशी और पीड़कनाशी (Insecticides And Pesicides) के बारे में तथा नियम 66 से 69-क विलायक निस्तारित तेल एवं खाद्य आटे के बारे में है। इन सभी नियमों की जानकारी संक्षेप रूप में यहाँ दी जा रही है। विस्तृत जानकारी के लिए पाठक खाद्य अपमिश्रण निवारण अधिनियम, 1954 तथा उसके 1955 के नियमों को पढ़ें।

12.7.1 रंजक सामग्री (Colouring Matter)

अक्सर खाद्य पदार्थों को ताजा तथा खूबसूरत दिखाने के लिए खाद्य पदार्थों में रंग मिलाकर बेचा जाता है। यह रंग दो तरह के होते हैं। एक जो खाद्य पदार्थों में उपयोग किए जा सकते हैं और दूसरे जिनका खाद्य पदार्थों में मिलाना प्रतिषिद्ध है। जिन रंगों का मिलाना प्रतिषिद्ध है, वे नुकसानदायक होते हैं। उनमें से अधिकतर कैंसर जनक होते हैं। इस स्थिति की गम्भीर समस्या को देखते हुए खाद्य अपमिश्रण निवारण अधिनियम, 1954 के नियम 23 से 31 तक इनका विस्तार से वर्णन किया गया है। इन नियमों के कुछ अंश जानकारी के लिए नीचे दिए जा रहे हैं–

नियम-23 अनधिकृत रंजक सामग्री का मिलाया जाना निषिद्ध है

किसी खाद्य पदार्थ में रंजक सामग्री का मिलाया जाना जो इन नियमों द्वारा विनिर्दिष्ट रूप से अनुज्ञात है उसके सिवाय प्रतिषिद्ध है।

नियम-24 बाहर से मिलाई गई रंजक सामग्री का उल्लेख लेबल पर किया जाना आवश्यक

जहाँ किसी खाद्य पदार्थ में बाहर से रंजक सामग्री मिलाई गई हो वहाँ इस प्रकार रंजित खाद्य के किसी पैकेज से संलग्न लेबल पर मोटे अक्षरों में एक कथन निम्नलिखित रूप से होना चाहिए।

'इसमें अनुज्ञात रंग हैं'

नियम-26 प्राकृतिक रंजक सामग्री जो प्रयोग में लाई जा सकती है

नियमों में जैसा अन्यथा उपबन्धित है उसके सिवाय, निम्नलिखित प्राकृतिक रंजक चाहे वे प्राकृतिक रंगों से निकाले गए हों या कृत्रिम रूप से, उत्पादित हों किसी खाद्य पदार्थ में या उनके ऊपर प्रयोग में लाए जा सकते हैं।

(क) (i) बीटा-कैरोटीन (Beta-Carotene)

(ii) बीटा-एपो-8 (Beta-Apo-8)

(iii) बीटा-एपो-8 कैरोटीनोइक अम्ल का मैथिल इस्टर

(iv) बीटा-एपो-8 कैरोटीनोइक अम्ल का एथिल एस्टर

(v) कैन्थक्सएनथिन (Canthaxaxanthin)

(ख) क्लोरोफिल (Chlorophyll)

(ग) रिबोप्लेविन (लेक्टोफ्लेविन) Riboplavin (Lactoflavin)

(घ) कैरामैल (Caramel)
(ड़) अनाटो (Annatto)
(च) केसर (Saffron)
(छ) हल्दी (Turmeric)

नियम-27 अकार्बनिक पदार्थों और वर्णकों के मिलाए जाने का प्रतिषिद्ध

अकार्बनिक रंजित पदार्थों और वर्णकों (Pigments) को किसी खाद्य पदार्थ में नहीं मिलाया जाएगा, सिवाय उनके जो नियमों में दिए गए हैं।

नियम-28 कोलतार खाद्य रंग जिसका उपयोग किया जा सकेगा

खाद्य में निम्नलिखित के सिवाय किसी भी कोलतार खाद्य रंग का या उसके मिश्रण का उपयोग नहीं किया जाएगा।

रंग	साधारण नाम	रंगअनुक्रमणिका	रासायनिक वर्ग
लाल	पोन्सियो4 आर(Ponceau 4R)	16255	एजो(Azo)
	कार्मोसीइन (Carmoisine)	14720	एजो(Azo)
	एरिथ्रोसिन (Erythrosine)	45430	जानथीन (Xanthene)
पीला	टारट्रेजीन (Tartrazine)	1914	पिरोजोलीन (Pyrazolone)
	सेन्सेट यलो एफ सी एफ (Sunset Yellow FCF)	15985	एजो(Azo)
नीला	इंडीगोकारमाइन(Indigo Carmine)	73015	इंडिगो(Indigo)
	ब्रिलियंट ब्लू (Brilliant Blue) एफ.सी.एफ. FCF	42090	टाईएराइल मीथेन (Triaryl methane)
हरा	ग्रीन एस.(Green S.)	42053	ट्राइएराईलमीथन (Triarylmethane)
	फास्ट ग्रीन(Fast Green) एफ.सी.एफ. FCF		

नियम-28-क लेक रंगों का खाद्य पदार्थों में इस्तेमाल

सनसेट पीला एफ.सी.एफ. का एल्यूमिनियम लेक रंग पीसे हुए सूखे पेयों में 0.04 प्रतिशत वजन तक मिलाया जा सकता है, परन्तु बने हुए पेय में रंग की मात्रा 8.3 प्रति एक मिलियन पेय में और एल्यूमिनियम की मात्रा 4.4 प्रति मिलियन से अधिक नहीं होगी।

नोट : अधिसूचना सं. जी.एस.आर. 727 (ई) दिनांकित 23/8/1990 से संशोधित तथा 23/8/1991 से प्रभावी। इस अधिसूचना से शब्द फांटरेडेड तथा अमरथ का लोप किया गया।

नियम-27 अनुज्ञात कोलतार (खाद्य रंग) के उपयोग प्रतिषिद्ध है

नीचे प्रमाणित से भिन्न खाद्य में या उस पर अनुज्ञात कोलतार खाद्य रंग का उपयोग प्रतिषिद्ध है–

- आइसक्रीम जिनके अन्तर्गत मिश्रित आइसक्रीम भी है।
- डेरी उत्पाद–निम्नलिखित को छोड़कर अर्थात दूध, दही, मक्खन, घी, पनीर, छेना, संघनित दूध, क्रीम, मखनिया दूध, छाछ, टोंड दूध, डबल दूध, पुनः संयोजित दूध, मखनिया दूध छेना, मानकीकृत दूध, खोया, शुष्क पूर्ण दूध, शुष्क मखनिया दूध और बेबी फूड।
- बिस्कुट, पेस्ट्री (नमकीन जैसे कि दालमौठ, मोगिया, फूल गुलाब, पापड़, सागों या सादा) दाल, बीजी, बेफर और ऐसे ही उत्पाद और मिठाइयाँ।
- बोतलबन्द या डिब्बाबन्द स्ट्राबेरी और बेरी, बोतलबन्द या डिब्बाबन्द मटर, पपीता, डिब्बाबन्द टमाटर का रस, फल जूस, फल स्क्वैश, फल पेय, जैम और मामलैड।
- अल्कोहल रहित पेय, चाय, कोका (माल्टा युक्त खाद्य) और कॉफी को छोड़कर (अल्कोहल के पेय 21 मई, 1977 की अवधि तक के लिए जिसमें वह तारीख भी सम्मिलित है।)
- कस्टर्ड पाउडर
- जैली क्रिस्टल, और आइस कैंडी
- सुरुचिकारक
- मधुरित आइस, कैंडी और ऐसे ही समान उत्पाद।

नियम-30 अनुज्ञात रंगों की अधिकतम सीमा

ऐसे किसी अनुज्ञात कोलतार (खाद्य रंगों) के मिश्रणों की अधिकतम सीमा जो (नियम-29) में प्रमाणित किसी खाद्य में मिलाई जा सकेगी उपभोग के लिए तैयार खाद्य या पेय में (0.22 ग्राम प्रति किलोग्राम) से अधिक नहीं होगी।

नियम-31 रंजक शुद्ध हो

नियम-28 में निर्दिष्ट रंग जब उन्हें किसी खाद्य पदार्थ के तैयार करने में उपयोग में लाया जाए, वे शुद्ध होने चाहिए। किसी भी हानिकारक अशुद्धता से मुक्त हो।

12.7.2 खाद्यों को पैक करना और उन पर लेबल लगाना

खाद्य अपमिश्रण निवारण नियम, 1955 में नियम-32 से लेकर 42 तक इस विषय के बारे में जानकारी विस्तार से दी गई है। जिसका वर्णन संक्षेप में आपकी जानकारी के लिए नीचे दिया जा रहा है।

नियम-32 खाद्य पैकेज पर एक लेबल का होना

- वर्णन पैकेज में रखे गए खाद्य पदार्थ का नाम, व्यापार नाम या वर्णन।
- उत्पाद में प्रयुक्त संघटकों (Ingredients) के नाम, यथास्थिति, उनकी संरचना

में भार या प्रबलता के अनुसार अवरोही क्रम में–

परंतु कृत्रिम सुरुचिकारक पदार्थों (Flavouring Substances) की दशा में लेबल पर सुरुचि का रासायनिक नाम नहीं होंगे, किंतु प्राकृतिक सुरुचिकारक पदार्थों या प्राकृतिक समान सुरुचिकारक पदार्थों की दशा में लेबल पर सुरुचि का सामान्य नाम वर्णित होगा।

- विनिर्माता का आयातकर्ता या विक्रेता या पैकर का नाम और पूरा पता।
- अन्तर्वस्तु का शुद्ध भार या संख्यांक या माप या मात्रा जैसा परिस्थितियों के अनुसार अपेक्षित हो, किन्तु बिस्कुट,डबलरोटी, कन्फैक्शनरी और मिठाइयों को छोड़कर जहाँ भार या तो औसत शुद्ध के रूप में या न्यूनतम शुद्ध भार के रूप में प्रकट किया जा सकेगा।
- सुभिन्न (Distinctive) बैच संख्यांक या लॉट (Lot) संख्यांक या कोई संख्यांक, दर्शित करने वाली संख्या में या वर्णमाला में या संख्या और वर्णमाला दोनों के संयोजन के पूर्व बैच संख्यांक या बैच या लॉट संख्यांक शब्द का कोई संभेद (Distinguishing), उपसर्ग (Prefix) होगा, परंतु डिब्बाबंद खाद्य की दशा में बैच संख्याक आधान (Container) के तल या ढक्कन पर दिया जाएगा।
- वह माह और वर्ष जिसमें वह वस्तु विनिर्मित या पूर्वपैक की गई है, परंतु ऐसे पैकेज की दशा में जिसका भार 20 ग्राम या न्यून हो और तरल उत्पादों के दशा में जिसका विपणन ऐसी बोतलों में जिन्हें पुनः भरने के लिए पुनर्वक्रित किया गया हो, किया जाता है, खंड (ख) के अधीन विशिष्टयाँ विनिर्दिष्ट करने की आवश्यकता नहीं है।
- यह और किसी ऐसी घोषणाएँ मल्टीपीस पैक के या तो लेबल पर दी जाएगी या मल्टीपीस पैकेज के भीतर पृथक पर्चों पर इस प्रकार दी जाएगी कि पैकेज को खोले बिना ही उन्हें पढ़ा जा सके।

  परंतु यह भी कार्बोनीकृत जल आघानों और 60 ग्राम से अधिक, किंतु 120 ग्राम से कम के बिस्कुट, कन्फैक्शनरी और मिठाइयों के पैकेजों और 60 ग्राम से कम के अन्य खाद्य पैकेजों पर खंड (घ) और (ड़) के अधीन विशिष्टियाँ विनिर्दिष्ट (Specified) किए जाने की आवश्यकता नहीं है। परंतु यह भी कि जिस माह और वर्ष में वह वस्तु विनिर्मित या पूर्वपैक की जाती है, उसके सम्बन्ध में कोई घोषणा निम्नलिखित पर करने की अपेक्षा की जाएगी।
- कोई बोतल या ऐसी वस्तु जिसमें द्रव्य जिसका संघटक दूध, पेय या मृदुपेय और तैयार फल पेय, या वैसा ही कुछ जो पुनः भरण के लिए उपभोक्ता द्वारा वापस किया जाएगा सिवाय निर्जर्मित (Sterilised) या यू एच टी दुग्ध के जिस दशा में पैक की जाने की तारीख और माह उल्लिखित किया जाएगा।
- कोई पैकेज जिसमें डबलरोटी, डिब्बा बंद की गई कोई सब्जी, फल, आइसक्रीम, मक्खन, पनीर, मछली, माँस या वैसी ही कोई वस्तु है।

- कोई खाद्य पैकेज, जहाँ वस्तु शुद्ध भार या माप आदि वह भार या माप से विक्रय की जाती है 20 ग्राम या 20 मि.ली. या उससे कम हो।
- जहाँ खाद्य मधुकारक के रूप में विपणित किया जाता है, वहाँ यह एक टिकिया में एसपर्टेम (मेथिल एक्टर) 18 मि.ग्रा. से अधिक नहीं होना और जलसह (Moisture Proof) पैकेज में होगा। समाप्ति की तारीख उल्लिखित का जाएगी और समाप्ति की अवधि पैक किए जाने की तारीख से तीन वर्ष से अधिक नहीं होगी।
- किणवित खाद्य की दशा में किणवन का प्रयोजन और संख्यांक।

इस नियम के मुताबिक हर खाद्य पदार्थ पर एक लेबल का होना आवश्यक है। प्रत्येक लेबल पर उस खाद्य पदार्थ का विवरण होना चाहिए। हर व्यक्तियों चाहिए कि सामान खरीदते समय लेबल को अवश्य पढ़े और खरीदने से पहले यह देख लें कि वह पदार्थ मानक के अनुरूप है और उसकी उपयोग की अंतिम तिथि क्या है। ऐसा न हो आप वह पदार्थ खरीद लें, जिसकी खाने की अंतिम तिथि समाप्त हो गई हो।

नियम-32 (क) पौष्टिक खाद्य

खाद्य जिसके प्रति यह दावा किया जाए कि वह खनिज, प्रोटीन या विटामिन युक्त है तो उसके लेबल पर ऐसे पौष्टिक तत्त्वों की मात्रा का विवरण दिया जाएगा।

नियम-33 लेबल की विशिष्टता या घोषणा की भाषा

ऐसी घोषणा की विशिष्टता जिन्हें इन नियमों के अधीन लेबल पर विनिर्दिष्ट किए जाने की अपेक्षा की गई है, अंग्रेजी या हिन्दी में होगी।

परंतु इसमें अन्तर्विष्टि कोई भी बात इस नियम के अधीन अपेक्षित भाषा के अतिरिक्त किसी अन्य भाषा के प्रयोग को निर्धारित नहीं करेगी।

नियम-33 घेरनेवाली रेखा की दूरी

बच्चों के लिए अनुपयुक्त को घेरनेवाली रेखा की दूरी (1.5 मि.मी.) से कम नहीं होगी।

नियम-34 घोषणा रेखा से घेरी जाएगी

घोषणा के चारों और घेरनेवाली एक रेखा होगी, जहाँ शब्दावली का प्रयोग किया जाना आवश्यक है। वहाँ इन शब्दों को घेरनेवाली ऐसी ही अन्य रेखा और होगी।

नियम-36 घोषणा के प्रयुक्त अक्षर का आकार

घोषणा के लिए प्रयुक्त अक्षर ऐसे आकार के होंगे। पाठक आसानी से पढ़ सकते हों और उसकी ऊँचाई हर हालत में 3 मि.मी. से कम नहीं होगी। 'संश्लिष्ट' शब्द का जब भी प्रयोग किया जाए, उसका वही आकार होगा जो उत्पाद के नाम के लिए प्रयोग किया जाता है।

परंतु उस घोषणा में जिसका क्षेत्रफल 25 वर्ग सेंटीमीटर से अधिक नहीं है। प्रयुक्त अक्षरों की ऊँचाई 1.0 मि.मी. से कम नहीं होगी।

नियम-37 लेबलों पर मिथ्या या भ्रामक विवरण न हो

लेबल पर कोई ऐसा कथन, दावा, डिजाइन और युक्ति फैंसी नया संक्षिप्त अक्षर नहीं होगा जो पैकेज में अन्तर्विष्ट खाद्य से सम्बन्धित या उक्त खाद्य की मात्रा या उसके पोषक मूल्य या उसके उद्‌भव के स्थान के सम्बन्ध में भी मिथ्या या भ्रामक है।

नियम-38 लेबल पर अधिनियम या नियमों का प्रसंग एवं आवश्यक विवरणों का विरोध नहीं होगा

लेबल पर अधिनियम या उन नियमों में से किसी के प्रति कोई निर्देश या किसी ऐसी विशिष्ट या घोषणा पर जो अधिनियम या उनके नियमों में से किसी के द्वारा लेबल पर सम्मिलित किए जाने के लिए अपेक्षित है, कोई टिप्पणी या उसके प्रति निर्देश या उसका स्पष्टीकरण नहीं होगा तो प्रत्यक्षतः या विवक्षा द्वारा ऐसी विशिष्टतया घोषणा के प्रतिकूल या उसे विश्लेषित या उपांतरित करता है।

नियम-39 लेबलों पर चिकित्सा-प्राप्ति की सिफारिशों को विवधित करनेवाले शब्दों का प्रयोग नहीं किया जाएगा

विक्रय के लिए खाद्य अन्तर्विष्ट करनेवाले किसी पैकेट के लेबल पर चिकित्सा वृत्ति से सिफारिश की है 'शब्द या ऐसे कोई शब्द नहीं' होंगे जिनसे यह विवधित होता हो या सुझाव मिलता हो कि खाद्य की चिकित्सा व्यवसायियों ने सिफारिश की है, जैसे विहित किया है या अनुमोदित किया है।

नियम-40 अनुकृति करनेवाले शब्दों के अप्राधिकृत उपयोग का प्रतिषेध

नियम-41 अनुकृति पर शुद्ध नहीं लिखा

किसी ऐसे पैकेज के लेबल पर जिसमें किसी खाद्य की अनुकृति है 'शुद्ध' शब्द या उसी महत्त्व का कोई शब्द सम्मिलित नहीं किया जाएँगा या नहीं किए जाएंगे।

नियम-42 लेबलों के प्रपत्र

इस नियम में विभिन्न पदार्थों के प्रारूप दिए गए हैं।

12.7.3 परिरक्षी खाद्य

अपमिश्रण निवारण अधिनियम, 1955 की धाराएँ 52, 53, 54 और 55 खाद्य पदार्थों में परिरक्षक के बारे में है। इन नियमों का तात्पर्य है कि खाद्य पदार्थ में कौन-कौन से परिरक्षक मिलाए जा सकते हैं।

नियम-52 परिरक्षी की परिभाषा

'परिरक्षी' से ऐसा पदार्थ अभिप्रेत है जो किसी खाद्य में मिलाए जाने पर खाद्य के किण्वन (Fermentation), अम्लीकरण (Acidification), अपघटन (Decomposition) की प्रक्रिया के संदमन (Inhibiting), मंदकरण (Retading) या विरामन (Arresting) के योग्य है।

नियम-53 परिरक्षियों का वर्गीकरण

परिरक्षी निम्नलिखित वर्गों में विभाजित किए जाएंगे।

वर्ग-1

(क) सामान्य नमक,

(ख) चीनी,

(ग) डैक्स्ट्रोस (Dextrose),

(घ) ग्लूकोज (Glucose),

(ड़) गर्म मसाले,

(च) सिरका या एसिटिक अम्लए,

(छ) शहद या,

(ज) खाद्य वनस्पति तेल,

जब तक नियमों में अन्यथा उपबन्धित न हो किसी खाद्य में वर्ग-1 में परिरक्षी का मिलाया जाना निर्बन्धित नहीं है।

वर्ग-2

- बेंजोइक अम्ल (Benzoic Acid) जिसके अन्तर्गत उसके लवण भी हैं।
- गंध की अम्ल (Sulphurous Acid) जिसके अन्तर्गत उसके लवण भी हैं।
- हैम, पिकिल्ड मीट जैसे खाद्य पदार्थ की बावत सोडियम या पोटेशियम नाइट्रेट या नाइट्राइट।
- सौर्बिक अम्ल (Sorbic Acid) जिसके अन्तर्गत उसका सोडियम, पोटेशियम और कैल्शियम नमक भी है। कैल्शियम या सोडियम के प्रोपिओनेटस, लैक्टिक अम्ल और अम्ल कैल्शियम फास्फेट।
- नाइसीन।
- सोडियम और कैल्शियम प्रोपिओनेट।
- मिथाइल या प्रोपायल पैराहाइडोक्सी बेनजोएट।
- प्रोपियोनिक अम्ल, जिसके अन्तर्गत ईस्टर (Esters) और उनके लवण भी हैं।
- सोडियम डाई एसीटेट।
- सोडियम, पोटेशियम और लैक्टिक अम्ल के कैल्शियम लवण।

नियम-54 एक से अधिक वर्ग के 2 परिरक्षी के प्रयोग का प्रतिषेध

कोई भी व्यक्ति किसी खाद्य में या उस पर एक से अधिक वर्ग 2 परिरक्षी का उपयोग नहीं करेगा।

नियम-55 वर्ग-2 परिरक्षी परिस्थितियों का उपयोग निर्बाधित है

इस नियम के मुताबिक वर्ग-2 में परिरक्षी कुछ खाद्य पदार्थों के लिए ही निर्धारित किए गए हैं जिनमें उनका उपयोग पदार्थों में निर्धारित अनुपात तक किया जाएगा। अधिक जानकारी के लिए खाद्य अपमिश्रण निवारण नियम, 1955 में यह नियम देखें।

12.7.4 विषाक्त धातुएँ

किसी खाद्य पदार्थ में विषाक्त धातुओं की कितनी सीमा हो, यह नियम 57 में दिया गया है। अगर सीमा से ज्यादा विषाक्त धातुएँ मिश्रित की जाती हैं तो बेचने एवं बनानेवाला दंडित किया जाएगा। इन विषाक्त धातुओं के नाम नीचे दिए जा रहे हैं–

1. सीसा (Lead)
2. ताँबा (Copper)
3. आरसेनिक (Arsenic)
4. टिन (Tin)
5. जस्ता (Zinc)
6. कैडमियम (Cadmium)
7. पारद (Mercury)
8. मैथिल पारद (Methyl Mercury)
9. क्रोनियम (Chronium)
10. नीकिल (Nickel)

इस नियम में किन-किन खाद्य पदार्थों में, उपरोक्त की कितनी-कितनी मात्रा अधिक से अधिक हो सकती है, दर्शायी गई है।

12.7.5 फसल दूषक और प्राकृतिक रूप से आनेवाली विषैली पदार्थ

नियम-57 (क) फसल दूषक

(1) फसल दूषक से अभिप्राय ऐसे पदार्थ से है जो जानबूझकर खाद्य में नहीं मिलाया जाता है लेकिन उत्पादन के समय उसकी प्रक्रिया आदि में जैसे-

विनिर्माण (Manufacture), प्रसंस्करण(Processing), तैयार (Preparation) शोधन (Treatment), पैकिंग (Packing), पैकेजिंग (Packaging), परिवहन (Transport), या पर्यावरण के प्रदूषण के परिणामस्वरूप है।

वह खाद्य पदार्थों में सम्मिलित हो जाते हैं।

नीचे दी गई सारणी के कॉलम (2) में विनिर्दिष्ट किसी भी खाद्य पदार्थ में कोई ऐसा प्रदूषक जो उसे कॉलम (1) में तत्सम्बन्धी प्रविष्टि में विनिर्दिष्ट है, उस मात्रा से अधिक नहीं होगा जो उक्त सारणी के कॉलम (3) में तत्सम्बन्धी प्रविष्टि में विनिर्दिष्ट है–

प्रदूषकों के नाम	खाद्य वस्तु	मि.ग्राम/कि.ग्राम
एफ्फाटोक्शिन (Affatoxin)	सभी खाद्य पदार्थ	0.03

नियम-57 प्राकृतिक रूप से आनेवाले विषैले पदार्थ

नीचे की सारणी के कॉलम (1) में विनिर्दिष्ट विषैले पदार्थ जो किसी खाद्य पदार्थ

में प्राकृतिक रूप से आए हैं वह सारिणी के कॉलम (2) में विनिर्दिष्ट सीमा से अधिक नहीं होने चाहिए।

सारणी

पदार्थ का नाम	अधिकतम
एगरिक अम्ल (Agaric Acid)	100 भाग प्रति दस लाख
हाइड्रोसाइनिक अम्ल (Hydrocyanic Acid)	5 भाग प्रति दस लाख
हाइपेरीसिन एसिड (Hyperrcine Acid)	1 भाग प्रति दस लाख
सेफरोल (Saffrole)	10 भाग प्रति दस लाख

प्रतिआक्सीकारक(Anti-Oxidants), पायसीकारक (Emulsifying), स्थानीयकारक (Stabilising), और प्रतिपिंडक (Anti-Caking-Agents)।

खाद्य अपमिश्रण निवारण अधिनियम, 1955 में नियम 58 के अन्तर्गत प्रति आक्सीकारक, पायसीकारक, स्थानीयकारक और प्रतिपिंडक पदार्थों का ब्यौरा दिया गया है।

12.7.6 प्रतिआक्सीकारक

नियम-58 प्रतिआक्सीकारक की परिभाषा

प्रतिआक्सीकारक से वह पदार्थ अभिप्रेत है जो किसी खाद्य में मिलाए जाने पर खाद्य की आक्सीकारक अवनति को अवरुद्ध करता है या रोकता है और उसके अन्तर्गत चीनी, आटे, जड़ी-बूटियाँ या मसाले नहीं आते हैं।

नियम-59 प्रतिआक्सीकारक के उपयोग पर प्रतिबंध

किसी खाद्य में लेसीथिंग (Lesithing), एस्कोरबिक एसिड (Ascorbic Acid) और टोकोफैरोल (Tocopherol) से भिन्न कोई प्रतिआक्सीकारक नहीं मिलाया जाएगा।

उपरोक्त के अलावा कुछ अन्य प्रतिआक्सीकारक पदार्थ भी हैं, जो खानेवाले तेल एवं वसा में घी और मक्खन को छोड़कर मिलाए जा सकते हैं। परन्तु वह उस नियम 59 के अन्तर्गत सीमा से अधिक नहीं मिलाए जा सकते। इन नियमों में पदार्थों के नामों की सूची दी गई है।

नियम-60 पायसीकारकों और स्थायीकारकों की परिभाषा

पायसीकारकों और स्थायीकारकों में ऐसे पदार्थ अभिप्रेत है जो जब खाद्य में मिलाए जाते हैं तो तेल और वसा का या इसके विपरीत एक समान परिक्षेपण सुकर बनाने और या ऐसे इमलशन को स्थायी करने के लिए समर्थ है। इस नियम में उनकी सूची दी गई है।

नियम-61 पायसीकारक और स्थायीकारक के उपयोग पर प्रतिबन्ध

किसी पायसीकारक या स्थायीकारक का उपयोग किसी खाद्य में वहाँ के सिवाय नहीं किया जाएगा जहाँ पायसीकारक या स्थायीकारक के उपयोग को विनिर्दिष्ट रूप

से अनुज्ञात किया गया है।

परन्तु कुछ पायसीकारक या स्थायीकारक का जिनकी सूची इस नियम के अन्तर्गत दी गई है, का उपयोग दूध और क्रीमों में नहीं किया जाएगा।

नियम-61 (क) स्टार्च फास्फेट का उपयोग

स्टार्च फास्फेट जो गम अरेविका का प्रतिस्थानी है, सिरप, आइसक्रीम पाउडर, सलाद, में 0.5 प्रतिशत अधिकतम मात्रा का उपयोग किया जा सकेगा।

नियम-61 (ख) सुरुचिकारकों में पायसीकारकों और स्थायीकारकों का उपयोग

सुरुचिकारकों में पायसीकारक और स्थायीकारक मिलाए जा सकेंगे।

नियम 61 (ग) फल उत्पादों में पायसी कारकों और स्थायी कारकों का उपयोग

फल उत्पादों में निम्नलिखित पायसी कारकों और स्थायी कारकों को मिलाया जा सकेगा।

1. पैक्टिन (Pectin)
2. सोडियम एल्जीनेट (Sodium Alginate)
3. कैल्शियग एल्जीनेट (Calcium Alginate)
4. एल्जीनिक अम्ल (Alginic Acid)
5. प्रोपीलिन ग्लाइकोल एल्जीनेट (Propylene Glycol Alginate)

नियम-62 प्रतिपिंडकों (एंटीकेकिंग एजेंट) के उपयोग पर निर्बन्धन

किसी खाद्य में प्रतिपिंडक (एंटीकेकिंग एजेंट) का उपयोग वहाँ के सिवाय नहीं किया जाएगा, जहाँ प्रतिपिंडकों का उपयोग विनिर्दिष्ट रूप से अनुज्ञात है।

नियम-62(क) खाद्य तेलों और वसाओं में प्रतिफेनक (एंटीफोमिंग एजेंट)

डाइमिथाइल पोलीसिलोक्सेन (खाद्य श्रेणी), खाद्य तेलों और वसाओं में, गहराई तक वसा में तलने के लिए 10 ग्राम प्रति दस लाख की अधिकतम सीमा तक प्रतिफेनक (एंटीफोमिंग एजेंट) के रूप में प्रयुक्त किया जा सकेगा।

नियम-62(ख) कनफैक्शनरी में मोचन और कर्मक का उपयोग

कनफैंक्शनरी में, यदि स्प्रेडिसिलसिलिकन स्प्रे (डाइमेथिल पोलिसिलोयजेन) का मोचन कर्मक के रूप में प्रयोग किया जाता है तो यह तैयार उत्पादन में 10 पी.पी.एम. से अधिक नहीं होगा।

अधिक जानकारी के लिए खाद्य अपमिश्रण निवारण अधिनियम, 1955 पढ़ें।

12.7.7 सुवासित अभिकर्ता

नियम-63 सुवासित अभिकर्ता

सुवासकों के अन्तर्गत वासक पदार्थ, वासक सत या वासक निर्मितियाँ भी हैं जो वासक गुणधर्म अर्थात् आहार को स्वाद, या गन्ध या दोनों प्रदान करने योग्य है। सुवासक निम्नलिखित तीन प्रकार के हो सकते हैं।

(क) प्राकृतिक सुवासक तथा प्राकृतिक सुवासित पदार्थ : 'प्राकृतिक सुवासक और प्राकृतिक सुवासित पदार्थ' क्रमशःऐसे सुवासक उपक्रम और एकल पदार्थ है जो मानवीय उपभोग के लिए स्वीकार्य हैं तथा जो अनन्य रूप से वनस्पतियों से भौतिक प्रक्रिया द्वारा अभिप्राप्त किए जाते हैं।

(ख) प्रकृत समरूप सुवासित पदार्थ : प्रकृत समरूप सुवासित पदार्थ ऐसे पदार्थ होते हैं जो रासायनिक प्रक्रिया द्वारा सुरभित कच्चे माल से अलग किए जाते हैं अथवा संश्लेषात्मक रूप से अभिप्राप्त किए जाते हैं।

(ग) कृत्रिम सुवासित पदार्थ : कृत्रिम सुवासित पदार्थ, वे पदार्थ हैं जो मानव उपभोग के लिए आशयित प्राकृतिक उत्पादों में नहीं मिलते हैं।

नियम-63-क

सुरुचिकर्मक के प्रयोग पर निर्बन्धन

12.7.8 कीटनाशी और पीड़कनाशी

अक्सर खाद्य पदार्थों में कीटनाशक रासायनिक पदार्थ मिलाए जाते हैं जिससे स्वास्थ्य को बहुत नुकसान होता है। इसके बारे में विवरण नियम 65 में दिया गया है, जो इस प्रकार हैं—

नियम-65

नियम 65 के उपनियम (1) के मुताबिक उपनियम (2) के उपबन्धों के अधीन रहते हुए खाद्य पदार्थों में किसी कीटनाशी का सीधे प्रयोग नहीं किया जाएगा।

इस नियम के उपनियम (2) में हर कीटनाशी की सहिष्णुता सीमा (Tolerance Limit) दी गई है जिससे ज्यादा कीटनाशी की मात्रा किसी खाद्यान्न में नहीं होनी चाहिए अगर खाद्यान्न में किसी कीटनाशी की मात्रा सीमा से अधिक है तो वह दंडनीय अपराध बन जाता है।

विलायक निस्सारित तेल एवं खाद्य आटा (Solvent Extracted Oils And Ediblie Flour) :

नियम-66 विलायक निस्सारित तेल की परिभाषा *(Definition Of Solvent)*

विलायक निस्सारित तेल से अभिप्रेत वह वनस्पति तेल है जो विलायक द्वारा निस्सारित की प्रक्रिया से किसी तैलीय पदार्थ से अभिप्राप्त किया जाए।

खरीदते समय संघटकों और एक्सपायरी/बेस्ट विफोर तिथि चैक कर लें तथा कैश-मीमो अवश्य लें।

यदि मांस खाद्य उत्पाद दूषित, मिलावटी अथवा खराब है, तो नियम का उल्लंघन करनेवाले व्यक्ति पर कानून के अनुसार दंडनीय कार्यवाही की जाएगी।

12.7.9 नया कानून 2006

देश में बढ़ती हुए खाद्यान्न तथा अन्य पदार्थों में मिलावट को देखते हुए सरकार ने 23 अगस्त, 2006 को फूड सेफ्टी एंड स्टैंडर्ड्स एक्ट-2006 पास किया है जिसमें विभिन्न खाद्यान्न तथा अन्य पदार्थों के लिए स्टैंडर्ड कायम किए गए हैं। इन पदार्थों को बनाने, भंडारण करने तथा आयात करने के बारे में जो अपमिश्रण सम्बन्धी कानून बने थे उनमें भी संशोधन किया गया है। उम्मीद की जाती है कि इस एक्ट के लागू होने पर पदार्थों के अपमिश्रण में कुछ कमी आएगी। इसमें बहुत पहले से बने हुए छोटे-छोटे वर्तमान कानूनों को समाप्त (Repeal) करके उपरोक्त अधिनियम में शामिल कर दिया गया है।

खाद्यान्नों में मिलावट के बारे में और अधिक जानकारी करने के लिए मूल अधिनियम 1954 एवं उसके मूल नियमों (1955) को पढ़ें। सरकार को भी चाहिए कि इन कानूनों एवं नियमों के बारे में तथा अपमिश्रणों की जाँच करने के बारे में टेलीविजन, रेडियो एवं अखबारों द्वारा आम जनता को जानकारी देती रहे।

हालाँकि सरकार ने खाद्यान्नों में मिलावट रोकने के लिए कानून एवं नियम बना रखे हैं, परन्तु बढ़ती हुई मिलावटों के लिए ये काफी नहीं हैं। दूध या उनके उत्पाद किसी न किसी रूप से देश का हर व्यक्ति खाता है। इस स्थिति में दूध एवं दूध के उत्पादों में मिलावट रोकने के लिए मौत की सजा से कम दंड नहीं होना चाहिए।

नियम-68 विलायक निस्सारित खाद्य आटे की परिभाषा

विलायक निस्सारित खाद्य आटा वह दला हुआ पदार्थ अभिप्रेत है जो विशेषतः तेल निकाले आहार से अभिप्राप्त हो, अर्थात् अच्छी गुणवता के खाद्य तेल बीज एक बार दबाव के बाद उसे दबे तैलीय पदार्थ से तेल विलायक के माध्यम से निस्सारित करने पर अवरहा अवशिष्ट पदार्थ है।

नियम-69(क) विलायक के इस्तेमाल पर रोक

कोई भी विलायक सिवाय एन-हेक्सेन (N-Hexane) फूँड ग्रेड (Food Grade) के कोका, मक्खन, तेलों, वसाओं और खानेवाला सोया आटा के निकालने में इस्तेमाल नहीं होगा।

12.8 मांस तथा मांस से बने खाद्य पदार्थ

बाजारों में मांस तथा मांस से बने खाद्य पदार्थ भी अक्सर घटिया क्वालिटी तथा अस्वच्छ वातावरण में प्रसंस्करण, अनुपयुक्त भंडारण तथा पैकिंग आदि के कारण गह मांस उत्पाद असुरक्षित हो जाते हैं। खाद्य प्रसंस्करण, उद्योग मंत्रालय; मीट फूड प्रॉडक्ट्स ऑर्डर (एमएफपीओ), 1973 के द्वारा इनकी क्वालिटी को कंट्रोल करता है। इस ऑर्डर के द्वारा मछली उत्पादों सहित मांस उत्पादों की गुणवत्ता तथा उनका

स्वच्छतापूर्ण उत्पादन सुनिश्चित होता है। इस सम्बन्ध में एमएफपीओ की निम्नलिखित भूमिका है–

- मांस खाद्य उत्पाद एमएफपीओ, 1973 के अन्तर्गत लाइसेंस द्वारा नियंत्रित होते हैं।
- मांस उत्पादों के स्वच्छतापूर्ण उत्पादन हेतु एमएफपीओ के प्रावधान के अन्तर्गत योग्य पशु-चिकित्सकों द्वारा निम्नलिखित चार स्तरों पर निरीक्षण आवश्यक है।

(I) काटने के बाद पशुओं का निरीक्षण।

(II) इस प्रक्रिया के दौरान लाइसेंसी कृत इकाईयों में मांस, सफाई तथा स्वच्छतापूर्ण प्रसंस्करण का भौतिक निरीक्षण।

(III) सुरक्षा के विविध मानदंड सुनिश्चित करने हेतु मांस परीक्षण, प्रयोगशालाओं में मांस खाद्य उत्पादों का नमूना लेना तथा विश्लेषण करना।

12.8.1 ध्यान रखने योग्य बातें

प्रसंस्करण हेतु मांस खाद्य पदार्थों में लेबल में दर्शाएँ जिसके अनुसार सुरक्षित तथा स्वीकृत परिरक्षकों एवं संयोजकों का प्रयोग हो सकता है।

सरकार का तो फर्ज है ही मिलावट रोकने का, परन्तु जनता का भी फर्ज बनता है कि वह अपने-अपने घरों में जो उपलब्ध सस्ते मिलावट जाँचने के साधन हैं, उनको खरीदकर रखें और दूध जैसी चीजों की अपने आप जाँच कर लें। सरकार को चाहिए कि वह मिलावट जाँच के लिए हर जिले में एक टेस्टिंग लैब खोलें और सरकारी कर्मचारियों द्वारा नमूने लेने के लिए स्टॉफ की नियुक्ति करें। परिवारों को भी घर पर विभिन्न खाद्यान्नों में मिलावट जाँच करने के लिए प्रशिक्षण दिया जाए।

चाय एवं कॉफी

13.1 चाय

आज से लगभग 70-80 साल पहले चाय का कोई नामो-निशां नहीं था, परन्तु आज तो चाय पीना एक आम बात हो गई है। क्या शहर, क्या गाँव हर जगह चाय का चलन हो गया है। यह एक ऐसा पेय पदार्थ है जो दुनिया के हर देश तथा वहाँ के हर शहर एवं गाँव में प्रचलित है।

सबसे पहले चाय की खोज चीन के बादशाह शेनॉग ने 2737 ई.पू. में की। चीन की किताबों में चाय का सन्दर्भ लगभग 350 ई. में मिलता है। जापान में चाय की शुरुआत लगभग 600ई. में हुई। यूरोप के डच व्यापारियों द्वारा चीन और जापान से प्रथम बार चाय मँगवाई गई थी। 1657 ई. में इंग्लैंड में पहली बार चाय बेची गई। अपनी लोकप्रियता के कारण यह एक राष्ट्रीय पेय हो गया है। 1904 ई. से चाय को कागज के थैलों में रखने का प्रचलन हो गया जिसका श्रेय न्यूयार्क शहर के चाय एवं कॉफी के व्यापारी थॉमस सूलीवेन को जाता है। ईसा पूर्व तीसरी शताब्दी में चीन में चाय को *तू* कहा जाता था। दूसरी शताब्दी में *तू* का नाम बदलकर *चा* कर दिया गया, यही *चा* शब्द समय के साथ-साथ हिंदी, पुर्तगाली, जापानी, रूसी और फारसी भाषाओं में *चाय* कहलाया। अंग्रेजी में *टी,* कोरियन में *टा,* फ्रेंच में *थे,* फिनलैंड में *टी,* सिंहली में *थी,* अरबी में *शाय,* तिब्बती में *जा* और तुर्की में *चे* कहते हैं। चीन में पहले *चाय* सिर्फ एक औषधि के रूप में पी जाती थी। इसकी बढ़ती लोकप्रियता के कारण सरकार ने चीन के किसानों को इसे एक फसल का रूप देने के लिए बाध्य किया। चीन से बाहर निकली चाय की लोकप्रियता देखकर चीनियों ने दो अन्य प्रकार की चाय विकसित की। काली और खुशबूदार चाय जिन्हें आम चाय से भी अधिक लोकप्रियता मिली। कहते हैं भारत में चाय का आगमन 1840 ई. में हुआ। जब इंग्लैंड ने चीन के साथ युद्ध की घोषणा की तो बदले में चीन ने भारत भेजी जानेवाली चाय के निर्यात पर प्रतिबन्ध लगा दिया। भारत में शासन कर

रहे अंग्रेजों ने इस समस्या के विकल्प के रूप में असम तथा उत्तरी भारत में चाय की खेती करानी शुरू की।

चाय समुद्री तल से लगभग 1800 मीटर की ऊँचाई वाले स्थानों पर उगाई जाती थी। वैसे भूमध्य रेखा के नजदीकवाले क्षेत्रों में इसका उत्पादन बेहतरीन होता है। उत्पादन का दूसरा चरण कटाई-छंटाई का होता है, जिसमें चाय के पौधे को एक मीटर की ऊँचाई से ज्यादा नहीं बढ़ने दिया जाता है। पौधे को इतना ही ऊँचा इसलिए रखते हैं कि हाथों से इसकी पत्तियाँ आसानी से तोड़ी जा सके।

तीसरे चरण में पत्तियों को तोड़ा जाता है। चाय की पत्तियाँ तोड़ना सचमुच एक कला है। इसमें बंद कलियों तथा कोमल शाखा की पहली दो पत्तियों को तोड़ा जाता है, इसके लिए विशेषकर स्त्रियों को रखा जाता है, क्योंकि उनकी अंगुलियाँ कोमल होने के कारण पत्तियों को कोई नुकसान नहीं पहुँचता। तोड़ी हुई पत्तियों से कारखाने में तीन तरह की चाय बनाई जाती है—हरी (बिना उफनी चाय), काली (उफनी हुई चाय) और उलॉग (अर्ध उफनी चाय)। आज की व्यस्त जीवन-शैली में एक चौथी श्रेणी भी जन्मी है जिसे इंसटेंट कहते हैं। यह पूरी प्रक्रिया का चौथा चरण है।

पाँचवाँ अंतिम चरण चाय की पैकिंग का होता है। चाय की दुकानों पर भेजे जाने से पहले चाय को लकड़ी की पेटियों या जूट के थैलों में भरकर गोदामों तक पहुँचाते हैं, फिर चाय को विभिन्न साइजों में कंज्यूमर पैकटों में पैक करते हैं। फिर इसे वितरकों तक पहुँचाई जाती है।

13.1.1 कुछ रोचक तथ्य

हरी चाय में खनिज-पदार्थों, विटामिन सी और ई की भरपूर मात्रा पाई है। हरी चाय कैंसर रोधी, जीवाणुरोधी तथा एंटी आक्सीडेंट पेय पदार्थ है। इसके पीने से खराब कोलेस्ट्रोल का स्तर कम होता है और अच्छे कोलेस्ट्रोल का स्तर बढ़ता है।

- हरी चाय के पानी को बर्फ की ट्रे में जमाएं और फिर उन बर्फ के टुकड़ों को चेहरे पर मलें। इससे चेहरे पर पसीना और तेल कम आएगा और मेकअप घंटों देर तक टिका रहेगा।
- बेजान त्वचा के निखार लाने के लिए एक कप हरी चाय के पानी को खौलाकर उसमें एक चम्मच तुलसी का रस, पुदीने का रस तथा पिपरमिंट तेल की तीन बूँदें मिलाएँ। इन सबको मिलाकर फ्रिज में एक बरतन में रख दें। इस मिश्रण के छींटे चेहरे पर लगाएँ।
- त्वचा के साथ-साथ हरी चाय बालों को भी पोषण देती है। इससे शैम्पू घर-घर बनाया जा सकता है। इसके इस्तेमाल से बालों का झड़ना काफी हद तक कम हो जाता है। शैम्पू बनाने के लिए एक लीटर हरी चाय के खौले पानी में 100 ग्राम शिकाकाई, 100 ग्राम रीठा एवं 50 ग्राम आंवला मिलाकर रातभर भिगोकर

रखें। अगले दिन इस मिश्रण से तीन बार बाल धोएँ। इससे आपके बाल स्वस्थ और चमकदार बने रहेंगे।

- चीन में भी विवाह से पहले चाय की रस्म होती है जिसमें होने वाली बहू के सास-ससुर उसे स्वीकार या अस्वीकार कर सकते हैं।
- तिब्बत में चाय को पूजा की सामग्री की तरह पवित्र समझा जाता है।
- ईरान एवं अफगानिस्तान में चाय राष्ट्रीय पेय है। हरी चाय को बुझाने वाला पेय और काली चाय को गर्मी प्रदान करने वाला पेय मानते हैं।
- मध्यपूर्वी देशों में जैसे मोरक्को में चाय की कसम खाते हैं। जो एक विशेष चाँदी के बर्तन में दी जाती है।
- मसलिन कपड़े में बननेवाले टी बैग का आविष्कार 1908 में जॉन सैलीवन ने किया था जो चाय का व्यापारी था। आजकल टी पैक कागज के बनाए जाते हैं।
- भारत आजकल चाय का निर्यात करनेवाला दुनिया का एक मुख्य देश है।

13.2 चाय की किस्में

चाय की तीन किस्में

- काली चाय
- हरी चाय
- उलॉग चाय

काली चाय : चाय के कारखानों में मजदूरों द्वारा चाय की पत्तियों को शैल्फ (जिन्हें विधरिंग कहा जाता है) में फैलाकर रख देते हैं, फिर उस पर तेज हवा चलाकर उसकी नमी को सुखाकर उन्हें मुलायम करते हैं। इसके बाद इन पत्तियों को मशीन के रोलरों से क्रश करके उसका सुगंधित रस निकालते हैं। बाद में इन्हें फरमैटिंग रूप में रख दिया जाता है जहाँ पर तापमान और नमी के कारण उसमें रासायनिक बदलाव आता है जिससे उनका रंग कॉपर के रंग में परिवर्तित हो जाता है। बाद में उन्हें ओवन में सुखाने के बाद इनका रंग ब्राउनिश ब्लैक हो जाता है।

हरी चाय : हरी चाय की पत्तियों को बड़े-बड़े लकड़ियों की बुखारी में रखकर उन पर तेज भाप छोड़ी जाती है जिससे उनकी हरियाली बनी रहे। बाद में इन पत्तियों को मशीन द्वारा क्रश करके ओवन के माध्यम से सुखाया जाता है।

उलॉग चाय : इसे बनाने के लिए पत्तियों को आंशिक तौर पर फरमैट किया जाता है, जिससे तो ग्रीनिश ब्राउन रंग में बदल जाती है। कभी-कभी यह चाय ऐसे बनाई जाती है जिससे तुरंत इस्तेमाल किया जा सके। इसका सारा पानी सुखा देते हैं और बचे पाउडर को डिब्बे में भर देते हैं। इस चाय को बनाने हेतु गर्म पानी में इसे डाल देते हैं और चाय तैयार हो जाती है। बहुत से देशों में इंसटेंट चाय का ही प्रचलन है।

13.3 चाय की पत्ती में पाया जानेवाला हानिकारक तत्त्व

चाय की पत्ती में 'टेनिन' नाम का एक विषाक्त तत्त्व पाया जाता है, जो पानी में अधिक देर तक उबलते रहने से पत्ती से निकलकर पानी में धुल जाता है। इसके दुष्प्रभाव से पाचन शक्ति खराब होती है। इसके अलावा कब्ज़, मल का सूख जाना, भूख न लगना एवं नींद न आने की शिकायत हो जाती है। इससे पहले तो स्नायु में उत्तेजना आती है फिर शिथिलता आ जाती है। इस प्रकार इसके दूरगामी दुष्परिणाम होते हैं। इसके परिणाम इतनी धीमी गति से होते हैं कि एकाएक यह समझ में नहीं आता है कि यह सब गलत ढंग से चाय का सेवन करने के कारण हो रहा है। चाय को यदि सही ढंग से बनाया जाए तो वह स्फूर्ति देती है और उससे तनाव भी कम होता है।

चाय में विटामिन 'सी' तथा प्रोटीन भी कुछ मात्रा में पाया जाता है परन्तु यह तत्त्व तभी तक रहते हैं जब तक पत्ती को खूब उबाला नहीं जाता है। उबालने से यह नष्ट हो जाते हैं।

चाय में कैफिन नामक तत्त्व भी पाया जाता है जिससे सिर दर्द में आराम मिलता है। पत्ती उबालने से यह तत्त्व पानी में आ जाता है और अधिक उबालने से कैफिन की मात्रा बढ़ जाती है। समय पर चाय न मिलने से सिर में भारीपन महसूस करते हैं। चाय उन्हें दवा की तरह आराम दिलाती है। किंतु स्वास्थ्य की दृष्टि से यह हानिकारक है। भोजन से पहले, सोने एवं स्नान के पहले कभी चाय नहीं पीनी चाहिए।

13.4 चाय बनाने की उचित विधि

आमतौर से भारतीय परिवारों में चाय बनाने का तरीका यह होता है कि पानी चढ़ा कर दूध, चीनी एवं पत्ती डालकर खौला लेते हैं। चाय बनाने का यह तरीका न केवल गलत है बल्कि स्वास्थ्य के लिए बहुत हानिकारक भी है।

अच्छी चाय बनाने के लिए एक भगोने या धातु की केतली में पानी को खोलाएँ। इसे एक केतली में डालें। इसमें उचित मात्रा में चाय की पत्ती डालकर चार-पाँच मिनट के लिए ढककर रख दें। इसे प्याले में छानें। जरूरत के अनुसार चीनी एवं गरम दूध डालें। दूध को अलग से गरम करें।

आजकल चाय पेपर बैग में भी आती है। अच्छा यही होगा कि आप पेपर बैग वाली चाय इस्तेमाल करें। हवाई जहाजों, शताब्दी एवं अन्य रेलगाड़ियों में पेपर बैग वाली चाय ही मिलती है।

13.4.1 हर्बल चाय बनाना

हर्बल चाय बनाने के लिए पानी को चढ़ा कर उसमें हर्बल चाय डालकर एक या दो उबाल आने देते हैं फिर उसमें थोड़ा-सा दूध या नींबू का रस जो अच्छा लगे डालकर

पीते हैं। यह चाय काफी स्वास्थ्यवर्द्धक होती है तथा यह अल्सर, हैजा और इंफ्लूएंजा आदि से बचावकारी होती है। इसमें एक सोंधी महक पाई जाती है। यह याददाश्त बढ़ाने में एक टॉनिक जैसा कार्य करती है। भारतवर्ष में आजकल बहुत लोग इसको पसन्द करने लगे हैं क्योंकि ये जड़ी-बूटियों को मिलाकर मिश्रण से बनाई जाती है जिसमें मुख्य है—तुलसी, सौंफ, नागरमोथा, अर्जुनचल, सुंड, शंखपुष्पी, लैमन ग्रास, पुदीना, दालचीनी, अश्वगंधा, लालचंदन, बधियाखताई, ब्राह्मी सुगंधबाला, गुलाब की पत्ती, लौंग, बड़ी इलायची, मुलहठी, तेजपत्र, बनफशा, अदरक और हरी चाय की पत्ती।

भारतवर्ष में कई आयुर्वेदिक दवाई निर्माता तथा धार्मिक ट्रस्ट हर्बल चाय बनाकर बेचते हैं।

हर्बल चाय के मुख्य घटक : एला (इलायची), तेजपत्र, दालचीनी, लवंग, चन्दन, जावित्री, जायफल, कालीमिर्च, गुलाब फूल, कमल फूल, अश्वगन्धा, सोमलता, पुनर्नवा, वासा, चित्रक, अमृता, भूति आँवला, आज्ञाघास, बनप्सा फूल, ब्राह्मी, शंखपुष्पी, तुलसी, छोटी पिप्पली, चन्दन श्वेत, चव्य, सौंठ, नागरमोथा, तेजपात, सौंफ, अर्जुन आदि।

मुख्य गुण :

- यह मादकता रहित मधुर स्वादयुक्त चाय का उत्तम विकल्प एवं आयुर्वेदिक पेय है।
- इस पेय के सेवन से शरीर में रोग प्रतिरोधक शक्ति का विकास होता है जिससे कफ आदि रोग शरीर को आक्रान्त नहीं कर पाते। किसी असावधानीवश रोग शरीर में आ भी गया तो शीघ्र छुटकारा मिल जाता है।
- इसके सेवन से मन्दाग्नि दूर होती है, मस्तिष्क को शान्ति एवं शक्ति प्राप्त होती है तथा शरीर की शक्ति में भी वृद्धि होती है। इस पेय का सेवन कोलेस्ट्रोल का नियमन करता है तथा हृदय रोगों से बचाता है।
- यह दिव्य पेय लीवर को शक्ति प्रदान करता है। सबसे उत्तम बात तो यह है कि दूध में उपस्थिति स्नेहत्व को समाप्त नहीं करती तथा निकोटिन रहित है जबकि बाजार में उपलब्ध चाय में निकोटिन होती है तथा उसके सेवन से गैस, कब्ज़ एवं एसीडिटी जैसे रोग सहज ही पैदा हो जाते हैं।

उपयोग, विधि एवं मात्रा : इस पेय की उपयोग विधि तथा मात्रा सामान्य चाय की तरह ही है बल्कि उससे भी कम मात्रा में डालना है। इसे दूध में डालकर सामान्य चाय की अपेक्षा अधिक देर तक पकाएँ। इससे जूड़ी-बूटियों का अधिक लाभ मिलेगा। आवश्यकतानुसार चीनी पीएँ।

13.4.2 बड़ी पार्टियों आदि के लिए चाय बनाना

यदि आपके घर किटी पार्टी या कोई ऐसा आयोजन हो, जिसके लिए आपको ही चाय बनानी हों तो आप पहले चाय का कानसेनट्रेट बना लें। 40-50 प्याले चाय बनानी

हो तो एक चौथाई पानी खौला लें। पानी को उतार कर तुरन्त उसमें चाय की पत्ती डालकर चलाकर ठीक से ढ़क कर रख दें। पाँच मिनट के बाद इसे छानकर रख दें। जब आपको गर्म चाय चाहिए तो पानी उबलता हुआ लेकर हर प्याले में डालें और हर प्याले में पहले से तैयार किया हुआ कानसेनट्रेट दो चाय के चम्मच भरकर डाल दें। दूध एवं चीनी क्यूब साथ में रख दें लोग अपने अन्दाज से डाल लेंगे।

13.4.3 चाय का स्वाद बढ़ाने के लिए

हर कम्पनी अपने ब्रांड की चाय अलग-अलग ढंग से बनाती है और बेचती है। हर व्यक्ति की अपनी पसन्द की ब्रांड होती है। कुछ शौकीन लोग चाय में कुछ और चीजें भी डालना पसन्द करते हैं जैसे अदरक, तुलसी की पत्ती, छोटी इलायची के छिलके, संतरे के छिलके या उसका चूर्ण, वनीला सुगन्ध की एक-दो बूँद, लैमन घास की पत्तियाँ इत्यादि। इनसे चाय का स्वाद काफी अच्छा हो जाता है। जाड़ों में लोग चाय में सौंठ डालकर पीते हैं, इससे बदन में गर्मी भी रहती है। सोंठ की चाय भारतवर्ष में गुजरात एवं महाराष्ट्र प्रान्तों में बहुत पी जाती है।

आजकल 'आइस टी' का बहुत क्रेज हो गया है। ऐसी चाय बनाने के लिए चाय जैसे बनाते हैं वैसी ही चाय ठंडा कर लें। फिर बर्फ डालकर मिक्सर में मिला लें। 'आइस टी' चाय के लिए चाय 'कानसैनट्रेट' भी बनाकर रखा जा सकता है। इस कानसेनट्रेट का दो चम्मच दूध-पानी मिक्सर या दूध में डालकर मिक्सर में बर्फ के साथ मिला लें।

सोलर कूकर द्वारा भी चाय बनानी हो तो पानी में चाय डालकर सोलर कूकर में रख दें। शाम को उसमें बर्फ डालकर ठंडी ही पीएँ। यह नुकसान नहीं करती है। इसमें कोई सुगंधित फ्लेवर मिलाना चाहें तो वह भी डाल सकते हैं।

13.4.4 अन्य टिप्स

- चाय बनाने से पहले चाय की पत्ती ठंडे पानी में डालकर 10 मिनट रखें, फिर इसे गैस पर चढ़ाकर चाय बनाएँ। इससे चाय का रंग अच्छा आएगा।
- चाय को सुगन्धित बनाने के लिए उबलते पानी में संतरे का सूखा छिलका डालें।
- अदरक का रस निकालने के बाद बचे हुए गूदे को सुखा लें और इसे बंद डिब्बे में रखें। जब आप चाय बनाएँ इसे डालकर प्रयोग करें।
- चाय की पत्तियों को धूप में सुखाएँ, तब उनको डालकर। इससे चाय का स्वाद बढ़ जाएगा, क्योंकि धूप में सुखाने से चाय की पत्तियाँ पराबैंगनी किरणें सोख लेती हैं जिसकी वजह से चाय का जायका बढ़ जाता है।

- चाय का डिब्बा खोलते समय शुरू में उससे बड़ी अच्छी खुशबू आती है। लेकिन कुछ दिन बाद वह चली जाती है। चाय बेस्वाद हो जाती है। खुशबू को बनाए रखने के लिए इसे ओवन में 10 मिनट तक 180 डिग्री सेल्सियस ताप पर गरम करें। ठंडी होने पर एयर टाइट बोतल में रखें।

13.4.5 चाय पीने से पहले कुछ बातों को अवश्य ध्यान में रखें

- सुबह खाली पेट बिना कुल्ला किए हुए चाय न पीएँ। बहुत से लोग सुबह बेड टी लेते हैं वह हानिकारक है। यदि आपकी आदत है तो कुल्ला करके चाय के साथ एक-दो बिस्कुट या हल्की नमकीन अवश्य लें।
- थरमस में बहुत देर तक रखी चाय नहीं पीनी चाहिए।
- चाय बनाने वाला बर्तन अलग होना चाहिए, जिससे उसमें कोई और महक या तत्त्व न आ जाए।
- चाय की पत्ती हमेशा सील बंद वाली ही लें। इसमें मिलावट का कम डर होता है।
- बहुत अधिक गर्म चाय न पीएं। इससे दाँतों एवं मुँह की त्वचा को नुकसान पहुँचता है।
- चाय को जल्दी-जल्दी बड़ी घूँट में भरकर न पीएँ।
- अपनी रसोई में चाय की पत्ती को मसालों एवं गन्ध युक्त पदार्थों से अलग रखें क्योंकि इनकी गन्ध से पत्ती का स्वाद खराब हो सकता है।
- उच्च रक्तचाप के रोगियों के लिए सही ढंग से बनी चाय रक्तचाप नियंत्रित रखने में सहायक होती है। अतः उन्हें चाय दें लेकिन विधिपूर्वक ही बनाएँ।
- छोटे ढ़ाबों, रेलवे स्टेशन आदि पर चाय जहाँ तक सम्भव हो कम ही पीएँ क्योंकि यह लोग बगैर बर्तन धोए बार-बार पत्ती डालकर उसी को खौलाते रहते हैं। पहले से भी पत्ती खूब खौलती रहती है। इस तरह विषैली हो जाती है।
- कभी भी चाय की पत्ती को बहुत देर तक न खौलाएँ।
- ठंडी रखी चाय को कभी भी गर्म करके न पीएँ।
- किसी होटल या रेस्टोरेंट में चाय पीएँ तो बनी हुई चाय न मँगवाएँ बल्कि सेट वाली चाय मँगवाएँ। इसमें आपको केतली में खौला पानी एवं चाय की पत्ती का छोटा पैकेट, शुगर क्यूब, दूध अलग से मिलेगा।
- आप कप में पानी डालकर स्वादानुसार चीनी एवं दूध डालकर चाय के पैकेट को उसमें दो मिनट के लिए डिप करें। अच्छी चाय तैयार हो जाएगी।

13.5 इस्तेमाल की गई चाय की पत्तियों को फेंके नहीं

चाय बना लेने के बाद जो पत्तियाँ चाय छानते समय छलनी में शेष रह जाती हैं, उन्हें बेकार समझकर फेंक दिया जाता है, प्रयोग की गई चाय की पत्तियों को कई कार्यों में इस्तेमाल की जा सकती है।

- चाय की पत्तियों को पानी में डालकर 15 मिनट तक उबाल लें तथा पानी को छानकर उसमें कपड़े का टुकड़ा भिगो-भिगोकर लकड़ी का फर्नीचर तथा शीशे आदि को साफ करें। इससे वस्तुएँ चमक उठेगी और सारे दाग धुलकर साफ हो जाएँगे।
- उबली हुई चाय की पत्तियों को अच्छी तरह धो लें, जिससे चीनी की मिठास न रहे, फिर उसे मनीप्लांट, गुलाब एवं अन्य फूलों तथा अनार एवं अमरूद के पेड़ों में डाले, वह खाद का काम करेगी तथा पौधों की बढ़वार भी अच्छी रहेगी।
- जिस जगह मक्खियाँ ज्यादा बैठती हों, वहाँ चाय की पत्तियों को गीला करके मलिए और फिर साफ कपड़े से पोंछ डालिए, समस्या दूर हो जाएगी।
- बनी हुई चाय की पत्तियों को पानी में उबालकर उससे घर के धी-तेल के डिब्बों एवं बोतलों को साफ करें, तो इससे उनकी सारी दुर्गन्ध दूर हो जाती है। चाय की पत्तियों को पानी में उबालकर बाल धोने से बालों के स्वास्थ्य और सौंदर्य में वृद्धि होती है।
- चाय की पत्तियों को, जब वे न तो बिल्कुल सूखी हों और न एकदम गीली, चिकने बर्तनों पर रगड़ने से उनकी चिकनाई आसानी से हट जाती है।
- चाय की पत्तियों में थोड़ा सा विम मिलाकर क्राकरी या बर्तनों को साफ करें, बर्तन साफ होकर चमक उठेंगे।
- इन पत्तियों में चूना मिलाकर दर्पण या शीशे पर मलें। सूखने पर कपड़े से साफ कर दें। इससे दर्पण में चमक आ जाएगी।
- प्रयोग की हुई पत्ती को एक खुले बर्तन में फ्रिज की चिल ट्रे में रख दें। उसकी दुर्गन्ध सोख लेगी।
- केतली या टी-पाट से चाय के दाग छुड़ाने हों तो उसमें पानी भरकर एक चम्मच सोडा-बाई-कार्ब डालकर एक घंटा अलग रखें, फिर उसे अच्छी तरह धोएँ।
- शरीर का कोई भी अंग यदि कट गया है और खून बह रहा हो तो चाय की पत्तियों को हाथ पर रगड़कर कटे स्थान पर लगाएँ, इससे कटा हुआ जख्म पकेगा नहीं और जल्दी अच्छा हो जाएगा।
- बाल काले एवं घने करने के लिए चाय की पत्तियों को मेहंदी एवं आंवला का पेस्ट बनाकर सिर पर लगाएँ, सूख जाने पर सिर धो डालें।
- चाय की पत्तियों को कपड़े में बाँधकर उबलते हुए छोले में डालें तो छोले रंगदार तथा स्वादिष्ट बनेंगे।

13.6 कॉफी

कॉफी का पौधा सबसे पहले अफ्रीका के एबीसीनिया देश के जंगलों में पाया गया। जब बकरियाँ इन जंगली पौधों को खाती थीं तो उन्हें रातभर नींद नहीं आती थी। इस बात से कॉफी के पौधों की पहचान हुई। यहाँ से कॉफी का पेय अरेबियन देशों में फैला और बाद में पूरी दुनिया में।

एबीसीनिया में सबसे पहले कॉफी का पौधा वहाँ के कैफा इलाके में चिह्नित हुआ, इसी इलाके के नाम पर कॉफी नाम पड़ा। कैफीन नाम भी कैफा शब्द से ही निकला है।

कॉफी का पौधा आजकल दुनिया में बहुत-से देशों में उगाया जा रहा है। इसका पौधा 20 फिट तक ऊँचा हो जाता है और लगभग 40 वर्ष तक फल देता रहता है। इसकी पत्तियाँ ऊपर से चमकीली हरी और नीचे से गहरी हरी होती है। इस पौधे में लाल रंग की अंडाकर शक्ल की बैरीज निकलती है जिसमें दो बीन्स होती है। कॉफी की बीन वास्तव में कॉफी का बीज है। इसको पहले सुखाते हैं, सुखाकर फिर भूनते हैं तब पाउडर करते हैं, इसी से कॉफी बनती है।

हरी बीन्स के भूनने पर वह भूरी हो जाती है। भूनने से उसमें एक तरह की खूशबू निकलने लगती है। इन बीन्स को भूनना भी एक कला है जिससे अच्छी-से-अच्छी खुशबूवाली कॉफी बने। कॉफी का पाउडर जितना बारीक होगा, कॉफी उतनी ही अच्छी खुशबूदार बनेगी।

कॉफी पीने से बदन में स्फूर्ति आती है तथा ऊर्जा मिलती है। कॉफी में जो कैफीन होती है वह शरीर में अम्लता बढ़ाती है तथा कुछ-कुछ कड़वी होती है। कॉफी पीने की जब लत पड़ जाती है,तो उसको छोड़ना मुश्किल होता है, क्योंकि इसके पीने से तुरन्त शक्ति मिलती है।

13.6.1 कम कैफीन वाली कॉफी

कॉफी के शौकीनों को हमेशा ऐसी कॉफी की चाहत रही है जिसमें कैफीन की मात्रा कम-से-कम हो। जब ब्राजील के वैज्ञानिक कॉफी के ऐसे पेड़ ढूढ़ने में सफल हो गए हैं जिसमें कैफीन की मात्रा प्राकृतिक तौर पर ही काफी कम है। कॉफी जिस प्राकृतिक रूप से मिलती है, उससे न सिर्फ ब्लड प्रेशर बढ़ता है, बल्कि दिल की धड़कन भी काफी तेज हो जाती है।

कॉफी में से कैफीन निकालने की प्रक्रिया में कैफीन के साथ ही इसे स्वाद देने वाले कई अन्य तत्त्व भी निकल जाते हैं। ब्राजील स्थित स्टेट यूनिवर्सिटी ऑफ कैंपीनास के प्रो.पालों मैजेफेरा और एग्रोनामिक इंस्टीट्यूट ऑफ कैंपीनास के उनके सहयोगियों ने मिलकर इथोपिया में ऐसे कॉफी के पेड़ ढूढ़ने में सफलता प्राप्त की है जिसमें कैफीन बहुत कम होती है। वह कॉफी के करीब तीन हजार पेड़ की स्क्रीनिंग

करने के बाद सम्भव हो सका। प्रो.पालों का मानना है कि इस पेड़ में कैफीन बनाने वाली एंजाइम में गड़बड़ी होने के कारण ही कैफीन की मात्रा कॉफी की अन्य फलियों से करीब 70 प्रतिशत कम पाई गई। अब वैज्ञानिक अरेबिका प्रजाति के इस पेड़ की नियमित ब्रीडिंग करने की बात कह रहे हैं, ताकि प्राकृतिक रूप से कम कैफीन वाली स्वादिष्ट कॉफी अधिक मात्रा में उपलब्ध हो सके।

13.7 अच्छी कॉफी कैसे बनाएँ

- कॉफी अच्छी बनाना चाहती हैं तो स्वयं की कॉफी बींस खरीदकर घर पर पीस लें। कॉफी के शौकीन लोग बींस को पीसकर ही कॉफी बनाते हैं।
- बाजार में अलग-अलग खुशबुओं वाली कॉफी मिलती है। अगर आप दो-तीन स्वाद वाली कॉफी मिलाकर बनाएँगी तो यह अलग ही स्वाद देगी।
- अच्छी कॉफी बनाने के लिए चौथाई चम्मच चीनी फिल्टर में डाल दें। ऊपर से कॉफी पाउडर एवं उबलता पानी डालें।
- अगर कॉफी पाउडर गिलास में जम जाए तो दो-तीन चम्मच हल्का गरम पानी डाल दें। इसमें गाढ़ा कॉफी घोल बन जाएगा। इसे फ्रिज में रख दें। आवश्यकता होने पर गर्म या ठंडी कॉफी बनाई जा सकती है।
- कॉफी बींस की जगह इंसटैंट कॉफी लेना ज्यादा अच्छा एवं सस्ता होता है।
- कॉफी यदि कड़वी हो जाए तो उसमें जरा-सा नमक डाल दें। उसका कड़वापन कम हो जाएगा।
- यदि कॉफी पाउडर कम पड़ जाए तो उसमें एक चम्मच कोका पाउडर मिला लें। इससे अच्छी एक्सप्रेस कॉफी बन जाएगी।
- कोल्ड कॉफी बनाने के लिए दूध में चीनी एवं कॉफी डालकर फ्रिज में एक घंटे के लिए रख दें। आवश्यकता पड़ने पर इन चीनी-कॉफी क्यूबों को गिलास में डालकर ठंडी कॉफी पीएँ।

13.7.1 अन्य टिप्स

- कॉफी का दाग छुड़ाने के लिए अंडे की जर्दी को ग्लिसरीन में मिलाकर कपड़े पर लगाएँ।
- कॉफी पाउडर एवं इस्तेमाल की हुई चाय की पत्ती चिकने बर्तन साफ करने के लिए प्रयोग करें।

ज्योतिष और सुख समृद्वि

14.1 रत्न और ग्रह

रत्न हमारे जीवन में प्राचीन काल से ही अहम् भूमिका निभाते चले आ रहे हैं। उस युग में राजा और रानियाँ तथा धनी समाज के पुरुष और महिलाएँ रत्न जड़ित आभूषणों को पहना करती थीं। यह समृद्धि का प्रतीक समझा जाता था। आभूषणों के अतिरिक्त रत्नों का प्रयोग आयुर्वेद तथा ज्योतिष शास्त्र में भी व्यापक रूप से किया गया है। रत्नों में औषधीय गुण होने की वजह से आयुर्वेदिक चिकित्सा में इनका बहुत महत्त्व रहा है।

रत्न पृथ्वी या समुद्र की कोख से जन्मे प्रकृति की एक अद्भूत देन है। विश्व के लगभग सभी देशों के धर्मो एवं समाज के लोग इन रत्नों को धारण करना पसन्द करते हैं। इन्हें अंगूठी में जड़वाकर या अन्य आभूषणों में जड़वाकर शरीर के विभिन्न अंगों पर धारण किया जाता है। रत्नों से किरणें निकलती हैं, जो हर रत्न में अलग-अलग पाई जाती हैं। हर ग्रह का एक रत्न होता है जिसको धारण करने तथा शरीर स्पर्श होने पर शारीरिक और मानसिक रोगों एवं विपत्तियों का निदान होता है तथा नुकसानदायक ग्रहों से राहत मिलती है।

रत्नों की उत्पत्ति दो तरह से होती है। पहला जो पृथ्वी के अन्दर खानों से प्राप्त होते हैं जैसे-हीरा, नीलम, पुखराज, पन्ना, माणिक, गोमेद, लहसुनिया आदि। दूसरे वह रत्न होते हैं जो समुद्र के गोद से विभिन्न समुद्री कीड़ों द्वारा बनाए जाते हैं जैसे मूँगा तथा मोती।

हर रत्न में रासायनिक तत्त्व अलग-अलग पाए जाते है, अतः आयुर्वेदिक दृष्टि से उनके गुण भी अलग-अलग होते हैं। कोई भी रत्न विशेष किसी एक रासायनिक द्रव्य से नहीं बना होता है, बल्कि भिन्न-भिन्न रत्नों में, भिन्न-भिन्न मात्रा में विभिन्न रासायनिक द्रव्यों का मिश्रण रहता है। उनसे निकलने वाली किरणों से उनका रंग, चमक, कठोरता अलग-अलग निर्धारित होती है। ज्योतिषशास्त्र के अनुसार रत्नों से जो

अलग-अलग प्रकार की किरणें निकलती हैं उनका स्वास्थ्य पर अलग-अलग प्रभाव पड़ता है। इसलिए, उनका उपयोग आयुर्वेद के साथ ज्योतिष में भी प्रचुरता से होता है।

रत्न दो प्रकार के होते हैं मुख्य रत्न तथा उपरत्न। मुख्य रत्न नौ प्रकार के होते हैं, इनके अलावा 75 उपरत्न होते हैं। कुछ उपरत्न आभूषणों में लगाए जाते हैं, कुछ दवाइयों में इस्तेमाल किए जाते हैं तथा कुछ का कोई विशेष महत्त्व नहीं है।

जो नौ रत्न मुख्य हैं उन्हें नव-रत्न कहते हैं। उनके नाम हैं :

माणिक्य, मोती, मूँगा, पन्ना, पुखराज, हीरा, नीलम, गोमेद और लहसुनिया। इन नवरत्नों में से भी (मोती, माणिक, नीलम, हीरा और पन्ना) महारत्न माना गया है। बाकी को केवल रत्न माना गया है।

हर रत्न का ग्रह, राशि और धारण करने का दिन अलग-अलग होता है। इनका ब्यौरा नीचे सारिणी में दिया गया है।

रत्न	ग्रह	राशि	धारण का दिन	धातु
माणिक्य	सूर्य	सिंह	रविवार	स्वर्ण
मोती	चन्द्रमा	कर्क	सोमवार	चाँदी
मूँगा	मंगल	मेष/वृश्चिक	मंगलवार	स्वर्ण
पन्ना	बुध	मिथुन/कर्क	बुधवार	स्वर्ण, कांसा
पुखराज	गुरु	धनु/मीन	गुरुवार	चाँदी, सोना
हीरा	शुक्र	वृषभ/तुला	शुक्रवार	चाँदी
नीलम	शनि	मकर/कुम्भ	शनिवार	लोही, सोना
गोमेद	राहु	–	–	पंचधातु, लोहा
लहसुनिया	केतु	–	–	पंचधातु, लोहा

राहु या केतु वास्तविक भौतिक ग्रह न होकर छाया ग्रह माने जाते हैं। अतः इनके कोई दिन निर्धारित नहीं हैं। कुछ ज्योतिषी बुध एवं शुक्र को इसका दिन मानते हैं।

ज्योतिष शास्त्र के अनुसार रत्न अपने चमत्कारिक प्रभाव दिखाते रहते हैं। यह भी माना जाता रहा है कि रत्न ग्रहों के कुप्रभावों को कम करते हैं।

प्राचीन समय में रत्नों के वजन हेतु कई माप की विधियाँ थी किन्तु अब रत्न को 'कैरेट' में मापा जाता है। एक कैरेट 1/5 ग्राम वजन के बराबर होता है।

किसी भी रत्न को इस्तेमाल करने से पूर्व उसके प्रभावों की जाँच करके देख लेना चाहिए। इसके लिए रत्न जिस रंग का हो उसी रंग का रेशमी कपड़ा लेकर शुभ दिन अपनी भुजा पर बाँध लें। स्त्रियों को बाईं भुजा पर और पुरुषों को दाईं भुजा या कंठ में पहनना चाहिए। इसे एक माह तक पहन कर देखें यदि लाभ का अनुभव हो तो इस्तेमाल करें यदि किसी प्रकार का नुकसान होता नज़र आए तो धारण न करें।

14.2 मुख्य नौ रत्नों का विवरण

1. माणिक्य और उसका ग्रह सूर्य : सूर्य को ग्रहों में प्रधान ग्रह माना जाता है उसी प्रकार से रत्नों में माणिक्य को प्रधान रत्न माना जाता है। उर्दू में इसे याकूत एवं अंग्रेजी में रूबी कहते हैं। यह कबूतर के खून के समान लाल रंग का एक मूल्यवान रत्न होता है इसमें आयरन आक्साइड की उपस्थिति लाल रंग की मात्रा को बढ़ाती है।यह सूर्य की राशि सिंह से सम्बन्धित है। लाल रंग होने पर भी इसमें बैंगनी रंग झलकता है और ऐसा माणिक्य उत्तम माना जाता है।

सबसे अच्छा माणिक्य उत्तरी म्यांमार के मोगोल में मिलता है। यहाँ पर माणिक्य की सबसे पुरानी खान है। म्यांमार में मोगोल के अलावा गीबिन, खाबिन, वेरनार डिनियों में भी इसकी खाने हैं। इसके अलावा यह श्रीलंका एवं श्याम में, बैंकाक के निकट चाटबुन में भी पाया जाता है। भारत में यह दक्षिण भारत में पाया जाता है।

किन लोगों को धारण करना चाहिए : जिन लोगों की कुंडली में सूर्य निर्बल या दोषी हो उसके लिए माणिक्य धारण करना अच्छा रहता है। पाश्चात्य मतानुसार जिनका जन्म 15 अगस्त से 4 सितम्बर के बीच हुआ हो उसको माणिक्य धारण करना चाहिए।

धारण करने की विधि : सूर्य 24 वर्ष की उम्र से अपना प्रभाव दिखाता है। इसे सूर्य की उपासना और निम्न मन्त्र का जाप करते हुए धारण करना चाहिए। *'ऊँ हीं हीं हीं सः सूर्याय नमः'* माणिक्य कम-से-कम तीन कैरेट का होना चाहिए और सोने में जड़वाना चाहिए। यदि सोने में जड़वाना सम्भव न हो तो सूर्य की धातु ताँबे में ही जड़वाना चाहिए। इसे इस प्रकार जड़वाएँ कि इसका निचला हिस्सा त्वचा को छूता रहे। इसे दाएँ हाथ की अनामिका अँगूली में रविवार के दिन पुष्य या कृतिका में से किसी एक नक्षत्र में रविवार को 12 बजे से पहले धारण करें।

पाश्चात्य मत के अनुसार इसे जनवरी, मार्च, मई, जुलाई, अगस्त, सितम्बर, अक्टूबर, दिसम्बर के महीने में रविवार के दिन धारण करना चाहिए।

पहचान कैसे करें :

- काँच के बर्तन में रखने पर चारों ओर हल्की लाल किरणें-सी दिखती हैं।
- असली माणिक्य देखने की सतह चिकनी एवं रंगीन तथा नकली की रूखी एवं सफेद होती है।
- असली माणिक्य देखने से आँखों में ठंडक-सी महसूस होती है परन्तु नकली जल्दी ही गरम हो जाता है।
- चाँदी के थाल में मोतियों के साथ एक माणिक्य सूर्य के सामने रखने पर चाँदी काली और सभी मोती लाल रग के दिखाई देंगे।
- अंधकार में उत्तम माणिक्य सूर्य की तरह चमकने लगता है।
- गाय के दूध में माणिक्य डालने से दूध गुलाबी एवं लाल रंग का हो जाता है।
- उत्तम माणिक्य को पत्थर पर घिसने से पत्थर तो घिस जाता है परन्तु माणिक्य

नहीं घिसता और न इस पर कोई बुरा प्रभाव ही पड़ता है बल्कि चमकने लगता है।

- उत्तम माणिक्य पारदर्शक होता है।

उपयोग

- माणिक्य को आभूषणों में जड़वाते हैं।
- ग्रह पीड़ा की शान्ति के लिए अंगूठी में जड़वाते हैं।
- औषधि रूप में इस्तेमाल किया जाता है।

सामान्य प्रभाव : इसे धारण करने से डर, व्याधि एवं दुखों से छुटकारा मिलता है। धन, सम्पत्ति, यश एवं सुख की प्राप्ति होती है। इसे वंश वृद्धिकारक भी माना जाता है। इसे घर में रखने से अग्नि, चोरों, शत्रु एवं रोगों का भय दूर होता है।

औषधीय प्रभाव : इसकी पिष्ठी बाजार में मिलती है। इसे दूध की मलाई या शहद के साथ एक या दो रत्ती सुबह-शाम लिया जाता है। ये हृदय रोग, संग्रहणी, नपुंसकता, सिरदर्द, अतिसार, मन्दाग्नि, चक्षुरोग, पांडु रोग, खूनी दस्त, क्षयरोग, हिचकी, पेट दर्द, शारीरिक अंगों में दर्द, आंत उतरना, पक्षाघात, रक्तचाप तथा रक्त प्रवाह में लाभकारी माना जाता है।

साथ ही यह भूतोन्माद, वात-विकार, मस्तिष्क की ऊष्णता को दूर करता है। संक्रामक रोगों के कीटाणु भी नष्ट करता है। मधुमेह के लिए माणिक्य पिष्टी पाँच ग्राम, मुक्तापिष्ठी दो ग्राम एवं प्रेमहगज केसरी 10 ग्राम मिलाकर 40 पुड़िया बनाएँ। एक-एक पुड़िया पानी के साथ लें। इसके सेवन से रक्त एवं मधुमेह नियन्त्रित रहती है। माणिक्य भस्म को यूनानी भाषा में कुश्ता याइत कहते हैं। भस्म के मुकाबले पिष्टी अधिक गुणकारी रहती है। इसकी पिष्टी या भस्म का इस्तेमाल किसी वैद्य या हकीम से पूछकर ही करना चाहिए।

2. मोती एवं उसका ग्रह चन्द्रमा : मोती एक बहुमूल्य रत्न है जो समुद्र की गोद से निकलता है। संस्कृत में इसे मुक्ता कहा जाता है। इसकी उत्पत्ति कार्बनिक (जैविक) होती है। मोती एक आकर्षक, नाजुक एवं अत्यन्त लुभावना रत्न है जिसका उपयोग मालाओं एवं आभूषणों में होता है।

मोती चन्द्रमा का रत्न है और चन्द्रमा मानव के चित्त का स्वामी है। इसका अधिकार मानव के मन पर रहता है। मोती चन्द्रमा की ही तरह शुभ और गोलाकार होता है। इसकी चमक आँखों को सुहाती है और रूप मन को मुग्ध कर लेता है। इसी वजह से यह सर्वाधिक प्रचलित रत्न है। प्राचीन भारत में सूर्यवंशी राजाओं से लेकर चन्द्रवंशी आर्यों तक, यह सबका प्रिय रत्न रहा है। आज भी जितना अधिक उपयोग मोती का किया जाता है उतना शायद किसी अन्य रत्न का। मोती धारण करना जहाँ सुख, शान्ति और समृद्धि का स्त्रोत समझा जाता है, वहीं चिरयौवन को देनेवाला राजयोग यानी राजकृपा का प्रतीक भी माना जाता है।

चन्द्रमा ही एक ऐसा ग्रह है जो भगवान शंकर के मस्तिष्क पर विराजमान है। यह भगवान शंकर को शीतलता प्रदान करता है। इसके अलावा चन्द्रमा पृथ्वी के सबसे

नजदीक भी है।

मोती न केवल मन को नियन्त्रित करता है बल्कि दैवीय शक्ति के प्रभाव के कारण रोगों का निवारण भी करता है। अक्सर छोटे बच्चों को ठंड जल्दी लग जाती है और लगातार इलाज के बावजूद परेशानी कम नहीं होती। ऐसे में मोती धारण करने से काफी आराम मिलता है। यही नहीं जिनके शरीर में कैल्शियम कम बनता है, उन्हें भी मोती धारण करने की सलाह दी जाती है। आधुनिक रसायनशास्त्र की दृष्टि से मोती कैल्शियम, कार्बन और ऑक्सीजन का यौगिक है और इसमें मुख्यतः कैल्शियम कारबोनेट होता है।

मोती का रंग सामान्यतः हल्का सफेद, हल्का पीला या हल्का नीला होता है परन्तु गुलाबी, पीली, बैंगनी, लाल, हरे, नीले-भूरे या काले रंग के भी मोती पाए जाते हैं।

आकाश के तारों के समान चमकनेवाला, चिकना, गोल, चन्द्रमा जैसा सफेद और तौल में भारी मोती सबसे उत्तम होता है। ऐसे ही उत्तम मोती की पिष्ठी आयुर्वेद में चिकित्सा के लिए प्रयोग में लाई जाती है।

फारस की खाड़ी में बसरा नामक स्थान से निकला हुआ मोती कुदरती तौर पर निर्मल, सबसे कीमती एवं उत्तम माना जाता है। यह मुश्किल से ही मिलता है। बसरा नामक मोती श्रेष्ठ, चिकना, सफेद, चन्द्रमा के समान कान्तिवाला, स्थिर और सुन्दर होता है। ये आभूषणों की सुन्दरता को तो बढ़ाता ही है साथ ही औषधि के लिए भी उपयुक्त होता है। आजकल बसरा का मोती यदा-कदा ही मिलता है या यह कहें कि अब इसका मिलना दुर्लभ हो गया है। बसरा में इसकी उपलब्धता लगभग खत्म हो गई है और दूसरे कल्चर्ड मोती के आ जाने से लोगों में बसरा के मोती की माँग न के बराबर गई है। आजकल बाजार में चाइना का मोती अधिक उपलब्ध है।

बसरा के मोती में इतनी अधिक परतें होती हैं कि ऊपर की परतें उतरने के बाद भी चमक बरकरार रहती है जबकि कल्चर्ड मोती में इतनी परतें नहीं होती इसलिए जैसे ही उसकी परतें उतरने लगती है उसकी खूबसूरती नष्ट होने लगती है। बसरा के मोती में एक खासियत और भी होती है, वह एकदम गोल नहीं होता है, क्योंकि सीप कीड़ा किसी योजनाबद्ध तरीके से इसे नहीं बनाता।

किन लोगों को धारण करना चाहिए : जिन लोगों की कुंडली में चन्द्रमा निर्बल या दूषित हो तथा जिसकी कुंडली में चन्द्रमा शुभ भावों का अधिपति हो, उनको मोती पहनना लाभकारी होता है।

- अंग्रेजी मतानुसार 15 अप्रैल से 14 मई और 15 नवम्बर से 14 दिसम्बर के बीच पैदा हुए लोगों को भी यह धारण करना चाहिए।
- अंकविद्या के अनुसार 2 नम्बर वाले व्यक्ति को अर्थात् जिनका जन्म 2, 11, 20, 29 को हुआ है उन्हें मोती पहनना शुभ रहता है।

धारण करने की विधि : मोती कम-से-कम 4, 6, 11 रत्ती का होना चाहिए। 7 एवं 8 रत्ती का अशुभ माना जाता है। सबसे अच्छा मोती 4 रत्ती का होता है। इसे

चाँदी की अंगूठी में जड़वाना चाहिए। इसे इस प्रकार जड़वाना चाहिए कि निचला हिस्सा त्वचा को छूता रहे।

मोती अगर सोमवार के दिन खरीदें और अंगूठी में जड़वाया जाए तो उत्तम होता है। अंगूठी को स्वाति नक्षत्र में या शुक्लपक्ष के सोमवार को चन्द्रमा का दर्शन करने के बाद कनिष्ठिका में धारण करना चाहिए। इसे धारण करने से पूर्व किसी चावल से भरे बर्तन जैसे कटोरी में रख देना चाहिए। फिर चावल से निकालकर उसे दूध और गंगाजल में स्नान कराकर तत्पश्चात् शुद्ध जल में स्नान कराना चाहिए। इसके बाद पुष्प, चन्दन और धूपबत्ती से उपासना करने के पश्चात् *'ऊँ सो सोमाय नमः'* का 11,000 बार जाप करने के पश्चात मन में शंकर भगवान् का ध्यान करके संध्या के समय धारण करना चाहिए। यदि चन्द्रमा के दर्शन करके धारण करें तो और भी अच्छा होगा। अंगूठी को दाएँ हाथ की कनिष्ठिका में धारण करना चाहिए। यदि दाहिने हाथ का प्रयोग करते हों। अन्यथा बाएँ हाथ में धारण करना चाहिए।

मोती जिस दिन जड़वाया जाता है उस दिन से वह दो वर्ष, एक माह, 27 दिन तक प्रभावकारी रहता है। उसके बाद यह प्रभावहीन हो जाता है। अतः इसके बाद इसे बेच कर पुनः बनवाना चाहिए। दूसरे व्यक्ति के पास पहुँचकर यह पुनः उतने समय के लिए प्रभाव देने लगता है।

पहचान कैसे करें :

- मिट्टी के बर्तन में गोमूत्र भरकर उसमें रात भर के लिए मोती रख दें। सुबह यदि यह टूटा मिले तो नकली है।
- धान की भूसी में मोती डालकर कपड़े से खूब मसलें। नकली होने पर वह चूर्ण हो जाएगा। असली होगा तो और चमकने लगेगा।
- असली मोती में किया जानेवाला सुराख एकसार होता है, जबकि नकली मोती का सुराख बीच में चौड़ा होता है।
- नकली मोती पर हाइड्रोक्लोरिक एसिड का प्रभाव नहीं होता पर असली मोती पर डालने से झाग उठने लगता है।
- काँच के गिलास में साफ पानी में मोती डालें यदि पानी में किरणें दिखाई दें तो यह असली होगा।
- जमे हुए घी में असली मोती डालने से घी पिघलने लगता है।

उपयोग :

- इसके आभूषण बनाए जाते हैं।
- ग्रह पीड़ा की शान्ति के लिए पहनते हैं।
- चिकित्सा के काम में आता है।
- मोती का पाउडर शारीरिक सौन्दर्य एवं कान्ति को बढ़ानेवाला होता है।
- चीन के लोग मृतक के मुख में मोती रखकर दाह-संस्कार करते हैं, जिससे मृतक को स्वर्ग की प्राप्ति हो।

- जापानी बौद्धों का विश्वास है कि मोती ईश्वर के द्वारा उत्पन्न किया गया है, अतः इसको पास रखने से ईश्वरीय शक्ति प्राप्त होती है।
- अथर्ववेद के अनुसार मोती भस्म के सेवन से धर्म, अर्थ, काम और मोक्ष की प्राप्ति होती है।

मोती कैसे बनता है : मोती जल के जीवन मोलस्का परिवार के एक सदस्य घोंधे के अंदर बनता है। मोती बनाना घोंघे का सामान्य कार्य नहीं है। सच्चे मोती के लिए घोंघों को झीलों में पाला जाता है। भारत में कर्नाटक, तमिलनाडु तथा हैदराबाद में मोती पाए जाते हैं। यहाँ के मोती सुन्दरता में बसरा के मोती के बराबर होते हैं। भारत में मुख्यतः मोतियों का व्यापार हैदराबाद में होता है। मोतियों के लिए हैदराबाद पूरे विश्व में विख्यात है।

प्राकृतिक मोती को निकालने की तलाश में गोताखोर समुद्र तल में जाते हैं और वहाँ से सीपियाँ लाते हैं। सभी सीपियों में मोती नहीं निकलते हैं। आजकल कल्चर्ड मोती बनाने की आसान प्रक्रिया ढूँढ़ ली गई है। इसमें एक तालाब बनाकर उसमें सीपियाँ पाली जाती हैं और जिस साइज का मोती बनाना होता है, बना लिया जाता है। इस तरह सुन्दर, गोल आकृति के सबसे लोकप्रिय मोती जापान और चीन का है। जिस मोती में जितनी अधिक परत होती है, वह उतना ही अधिक सुन्दर दिखता है।

मोती की चमक निखारने के लिए प्राचीन समय की विधियाँ :

- रीठे के पानी से धोने से मोती चमकदार हो जाता है।
- मूली में गड्ढ़ा करके उसमें बूरा या शक्कर के साथ मोती भर दें,थोड़ी देर बाद वह साफ हो जाता है।
- मोती को अच्छे चावलों के साथ मसलकर फिर ताजे जुशांदे से धोने पर वह चमक उठता है।
- चावल और पानी को किसी बर्तन में भरकर आग पर रख दें। जब पानी गुनगुना हो जाए तब उतार कर उसे साफ कर लें।
- यह सारी विधियाँ प्राचीन समय की हैं। आजकल हाइड्रोजन परा ऑक्साइड एवं द्वारा मोती साफ किया जाता है।

सामान्य प्रभाव : मोती से शारीरिक तेज, मन की शान्ति, प्रसन्नता, रूप, सौंदर्य, कान्ति, बल, ज्ञान एवं बुद्धि की वृद्धि होती है। यश देता है और मनोकामनाएँ पूर्ण करता है। यह आयुर्वेद का बढ़िया कैल्शियम है इसलिए कैल्शियम की कमी से होनेवाली जितनी बीमारियाँ हैं उनकी चिकित्सा में इनकी पिष्ठी लाभकारी होती है।

औषधीय प्रभाव : मोती की पिष्ठी का सेवन करने से हृदय रोग, मानसिक व्याधियाँ, रक्तचाप, मूर्छा, उन्माद, पेशाब में जलन, पथरी, अर्श एवं बवासीर, दंतरोग, खाँसी, पायरिया, मुँह के रोग, उदर विकार, पेट दर्द, सिर दर्द, जोड़ों में दर्द और फोड़े-फुँसी में लाभ होता है।

इसके अतिरिक्त यह वायु विकार, पाचन शक्ति बढ़ाने, मूत्रकृच्छ, श्वेत रक्त प्रदर,

शुक्रमेह, हृदय की कमजोरी, ज्वर, कैंसर, पित्त, मस्तिष्क ज्वर में लाभकारी है। इसमें 90 प्रतिशत चूना होने से यह कैल्शियम की कमी वाले रोगों में लाभदायक है।

हृदय की धड़कन सामान्य करने के लिए मोती पिष्ठी एक रत्ती, सोने का वर्क चौथाई रत्ती, खमीरे गाजवां अम्बरी या शहद में मिलाकर चाटें। नेत्र ज्योति के लिए मोती पिष्ठी एक रत्ती, त्रिफला, धृत एवं पिसी मिश्री मिलाकर सेवन करें।

अपच एवं गैस में मोती पिष्ठी को केवड़ा जल के साथ देने पर अतिलाभ होता है।

मोती पिष्ठी एक रत्ती और बंग भस्म मिलाकर मक्खन या धी के साथ सेवन करने से नपुंसकता, ध्वज भंग एवं यौनांग की शिथिलता दूर होती है।

मानसिक स्थिति का उपचार करने के लिए मोती को चाँदी में जड़कर पहनने की सलाह दी जाती है। इसका पानी भी पिया जाता है। रात भर चाँदी के ग्लास में मोती डालकर रखिए और सुबह उठते ही उस पानी को पी जाइए। लगातार छह माह तक ये प्रयोग करने से रक्त प्रवाह सामान्य हो जाता है।

नोट : पिष्ठी का इस्तेमाल किसी वैद्य से पूछकर करना चाहिए।

3. मूँगा रत्न और उसका ग्रह मंगल : मूँगा जिसे अंग्रेजी में कोरल कहते हैं, यह एक समुद्री जीव के स्राव से बनता है। ये स्राव वृक्ष की शाखाओं जैसे शक्ल ले लेता है। जिस प्रकार दीमक मिट्टी को अपना घर बनाता है वैसे ही यह जीव भी वृक्ष की शाखाओं की शक्ल का ढाँचा बनाता है। इन शाखाओं को समुद्र से निकालकर उन्हें मशीन द्वारा दानों की शक्ल दे दी जाती है, ये ही दाना मूँगा रत्न कहलाता है।

यह जीव गहरे पानी में ही अपना यह आधार बनाता है, जो लाल रंग का होता है।

यह भूमध्य सागर के तट पर अधिक पाया जाता है। अल्जीरिया, ट्यूनीसिया, कारसिका, साडीनिया और सिसली के तटों पर भी पाया जाता है। मूँगा अधिकतर बैल के खून के रंग का होता है। इसे 'मोरो कोरल' कहते हैं। इसके अलावा ये सफेद, गुलाबी, नारंगी, लाल व काले रंगों में भी पाए जाते हैं। मूँगा अपारदर्शी या पारदर्शी होता है। असली मूँगा लकड़ी का होने के कारण बहुत भारी नहीं होता है। यह आग की गर्मी सहन नहीं कर पाता है, इससे इसका रंग उड़ जाता है।

धन, दैवीय शक्ति, शान्ति और अच्छे स्वास्थ्य के लिए इसे पहना जाता है। ज्योतिषशास्त्र के अनुसार संतानहीन स्त्री मूँगा को धारण करने से गर्भवती हो सकती है।

किन लोगों को धारण करना चाहिए :

- मंगल किसी भी भाव में राहु या शनि के साथ बैठा हो।
- मंगल चन्द्रमा के साथ किसी भी भाव में बैठा हो।
- मंगल तृतीय भाव में हो तो इस भाव में ये भाइयों के साथ विरोध करने वाला होता है।
- मंगल लग्न में बैठा हो। लग्नस्थ मंगल पत्नी के लिए घातक एवं जातक के लिए शारीरिक कष्टप्रद होता है।
- मंगल चतुर्थ भाव में हो।

धारण करने की विधि : अंगूठी में मूँगा को जड़वाने के लिए उसका वजन कम-से-कम 8 रत्ती का होना चाहिए। 9, 11, 12 रत्ती का मूँगा शुभ होता है। वैसे अधिक भारी वजन का मूँगा और भी शुभ होता है किंतु 5 एवं 14 रत्ती का मूँगा अशुभ होता है। यदि 8 रत्ती का मूँगा न मिले तो 6 रत्ती का धारण किया जा सकता है। इसे सोने से जड़वाना चाहिए और सोने का वजन भी 6 रत्ती से कम न हो तथा उसमें ताँबे के अलावा और कोई धातु मिश्रित न हो।

इसे मंगलवार के दिन जब मेष एवं वृश्चिक राशि चंद्रमा गत हो, उस दिन सूर्यास्त से लेकर रात 11 बजे तक सोने की अंगूठी में मूँगा लगवाना चाहिए। इसे इस प्रकार जड़वाएँ कि उसका निचला भाग उँगली को छूता रहे।

पहचान कैसे करें :

- असली मूँगे को यदि गाय के दूध में डाला जाए तो लाल रंग की दिखायी देती है।
- आई ग्लास से देखने पर नकली मूँगे में महीन तथा मोटे रवे स्पष्ट दिखाई देते हैं जो ढले काँच जैसे होते हैं।
- असली मूँगे को खून में डालने पर उसके चारो ओर गाढ़ा रक्त जमा हो जाता है।
- असली मूँगे को यदि सफेद कागज अथवा धुनी हुई साफ रूई के ऊपर धूप में रखें तो थोड़ी देर बाद कागज या रूई में आग लग जाती है।

उपयोग : मूँगे के दानों की मालाएँ तथा अंगूठी बनाई जाती है। चिकित्सा में इसका भस्म एवं पिष्ठी का उपयोग करते हैं।

मूँगे की प्रभाव विधि : मूँगा जिस दिन जड़वाया जाता है, उसी दिन से आरम्भ करने पर यह तीन वर्ष तीन दिन तक प्रभावशाली रहता है और दूसरे व्यक्ति के पास जाकर पुनः उतने समय के लिए प्रभावशाली हो जाता है। अतः उक्त समय के बाद इसे बेच देना चाहिए और पुनः विधिपूर्वक दूसरा जड़वा लेना चाहिए।

इसे पहनने से पूर्व सुबह दस बजे के बाद *'ॐ भौ भौमाय नमः'* का जाप कराएँ फिर बाएँ हाथ की मध्यमा उँगली में इसे धारण करें।

इस प्रकार धारण की गई अंगूठी मंगलकृत अनिष्ठ को नष्ट कर जीवन को सुखमय बनाती है।

सामान्य प्रभाव : हृदय रोग और दृष्टि सम्बन्धी रोग दूर होते हैं। बच्चों को पहनाने पेटदर्द में आराम मिलता है। गर्भवती महिला के पेट पर मूँगा घिसकर लगाने से गर्भपात रुक जाता है। साथ ही भूत-प्रेत का डर नहीं रहता है। मूँगे वाले स्थान पर आँधी, तूफान, बिजली, छल, माया आदि का प्रभाव नहीं पड़ता है।

औषधीय प्रभाव : मूँगे की पिष्ठी या भस्म बनती है जिसमें पिष्ठी अधिक गुणकारी होती है। आयुर्वेदिक दवा की दुकानों पर यह प्रवाल पिष्ठी के नाम से मिलती है। उसके सेवन से रक्त विकार, दुर्बलता, मंदाग्नि, दमा, खूनी पेचिस, पुराना जुकाम,

शुक्रमेह, मूत्रकृच्छ, बवासीर आदि दूर होता है। साथ ही खुजली, कुष्ठ आदि विकारों में भी विविध प्रकार से प्रयोग किया जाता है। मलाई के साथ प्रवाल पिष्ठी का सेवन करने से हृदय रोग दूर होते हैं, शहद के साथ सेवन करने से शारीरिक दौर्बल्यता तथा पान के साथ खाने से कफ रोग नष्ट होता है। यह रत्न रक्त, प्रजनन तंत्र, थायराइड, हड्डी के पुनः निर्माण में मदद करता है। मगर उच्च रक्तचाप वालों को इसे पहनने से कोई फायदा नहीं होता।

4. पन्ना और उसका ग्रह बुध : पन्ना को संस्कृत में मरकत एवं उर्दू में जमुर्रद कहा जाता है। यह हरे रंग का होता है। सबसे अच्छा पन्ना नीम की पत्ती के रंग का होता है। और यह अमेरिका में पाया जाता है। भारत में यह अजमेर एवं उदयपुर में मिलता है। इसके अलावा अफ्रीका, रूस, पाकिस्तान, मिश्र आदि में भी इसकी खाने हैं। कहा जाता है कि हुमायूँ के पास पन्ने का प्याला था। मुगल बादशाहों का पसंदीदा नगीना पन्ना था। विश्व का सबसे बड़ा पन्ना इंग्लैंड में है जो 1347 कैरेट का है।

किन लोगों को धारण करना चाहिए :

- जन्म कुंडली में बुध मीन राशि पर बैठा हो।
- बुध की महादशा या अंतर्दशा चल रही हो।
- बुध, मंगल, शनि, राहु अथवा केतु के साथ बैठा हो।
- बुध छठे, आठवें या बारहवें भाग में बैठा हो।
- जातक का लग्न मिथुन कन्या हो।
- पाश्चात्य मतानुसार जिनका जन्म 15 जून से 14 जुलाई के बीच या 15 सितम्बर से 14 अक्टूबर के बीच हुआ हो।

धारण करने की विधि : इसे इस प्रकार जड़वाएँ कि निचला हिस्सा त्वचा को स्पर्श करता रहे। इसे रविवार को या मिथुन अथवा कन्या राशि, ज्येष्ठा एवं रेवती नक्षत्र एवं बुध अथवा सूर्य नवमांश में बुध होने पर प्रातः सूर्योदय से लेकर 10 बजे दिन के बीच में धारण करना चाहिए। इसे धारण करते समय उक्त मंत्र का जाप *'ॐ बुं बुंधाय नमः'* करते हुए अंगूठी को अभिमंत्रितकर करके *'ॐ ब्रां ब्रीं ब्र सः'बुध य नमः'* का जाप 8000 बार करके धारण करना चाहिए।

इसका प्रभाव जड़वाने के दिन से शुरू होकर दो वर्ष तक रहता है। इसलिए दो वर्ष बाद इसे बेच कर पुनः दूसरा जड़वाना चाहिए। दूसरे व्यक्ति के पास जाकर यह पुनः शक्तिशाली हो जाता है।

पहचान कैसे करें :

- असली पन्ना सोने में जड़ाने से चमक जाती है।
- लकड़ी पर घिसने से चमक बढ़ जाती है।
- असली पन्ने को आँखों के समक्ष रखने पर शीतलता महसूस होती है तथा नकली पन्ने को कुछ देर आँखों के सामने रखने पर गर्मी महसूस होती है।
- पानी भरे कांच के गिलास में डालने पर हरे रंग की किरणें निकलती हैं।

- सूरज के सामने करने से उसकी छाया हरे रंग की पड़ती है। सफेद कपड़े पर पन्ने को कुछ ऊँचाई से रखें तो कपड़ा हरे रंग का दिखाई देगा।
- पन्ने पर पानी की बूँद डालने से वह वैसी ही बनी रहती है जबकि नकली पन्ने पर पानी की बूँद फैल-सी जाती है।
- नकली पन्ने को हल्दी के साथ पत्थर पर घिसें तो हल्दी का रंग भी लाल हो जाता है।

उपयोग :

- खाने में फलों जैसे पपीता, अमरूद
- आभूषण के लिए प्रयुक्त किया जाता है।
- पीड़ा निवारण हेतु अंगूठी में जड़वाया जाता है।
- चिकित्सा हेतु प्रयोग किया जाता है।

सामान्य प्रभाव : पन्ना धारण करने से बल, बुद्धि एवं शरीर की पुष्टि होती है। साथ ही यह अन्न, धन, सम्पत्ति एवं वंश की वृद्धि भी करता है। भूत प्रेत आदि की बाधाएँ दूर करता है। यह स्वप्नदोष नाशक है।

औषधीय प्रभाव : इसकी भस्म अथवा पिष्ठी का सेवन करने से पथरी, गुर्दे के विकार, आधासीसी, संग्रहणी, खाँसी, वमन, विष, दमा, शोथ, अपच आदि रोगों का नाश होता है। यह बल वीर्यवर्द्धक होता है।

केवड़ा जल में पन्ने को 21 दिन तक डुबोए रखें तत्पश्चात उसे घिसकर मलाई के साथ खाने से बल-बुद्धि और वीर्य की आश्चर्यजनक वृद्धि होती है। लैंगिक रोग, मूत्रकृच्छ, प्रमेह और अश्वरी रोग में पन्ना भस्म का प्रयोग करने से अचूक लाभ होता है। इस रत्न का असर अधिकतर बुद्धि, त्वचा और कफ सम्बन्धी अवयवों पर पड़ता है। पन्ना पहनने से बहुमूत्रता, खाँसी, पथरी, पित्त ज्वर, संग्रहणी जैसे रोगों से राहत मिलती है। वह श्वसन तंत्र, हृदय रोग, रक्त आदि सम्बन्धित रोगों में फायदेमंद होता है। डिप्रेशन और नींद की बीमारी दूर करता है।

5. पुखराज और उसका ग्रह गुरु : पुखराज रत्न को पुष्पराज यानी फूलों का राजा कहा जाता है। इसमें भी फूलों के समान ही रंग होते हैं। यह सभी रत्नों में सर्वाधिक लोकप्रिय होता है। पुखराज ग्रेनाइट और पैग्मेटाइड शिलाओं पर मिलता है। ब्राजील में सबसे अच्छा पुखराज पाया जाता है। इसके अलावा यह श्रीलंका, जापान, मैक्सिको, तस्मानिया आदि देशों में भी मिलता है।

किन लोगों को धारण करना चाहिए :

- गुरु की महादशा चल रही हो।
- कुंडली में गुरु प्रधान हो।
- गुरु मेष, वृष, सिंह, वृश्चिक, तुला, मकर या कुम्भ राशि में हो।

धारण करने की विधि : पुखराज 6, 11, 15 रत्ती के वजन का नहीं धारण करना चाहिए। 5, 7, 8, 10, 12, 14, रत्ती का शुभ होता है। इसे सोने में जड़वाना चाहिए।

सोने का वजन भी 8, 10, 12, 14 रत्ती होना चाहिए। इसे गुरुवार एवं पुष्य नक्षत्र में या किसी शुभ मुहूर्त में हाथ की तर्जनी या अनामिका उँगली में धारण करना चाहिए।

पुखराज केवल चार वर्ष, तीन माह, 18 दिन तक ही प्रभावी होता है। इसके बाद दूसरा धारण करें। पहले वाला बेच देना चाहिए क्योंकि दूसरे व्यक्ति के पास जाकर यह पुनः शक्तिशाली हो जाता है।

पुखराज का प्रभाव 40 वर्ष अवस्था में दिखाई देता है। इसके लिए निम्न मंत्र है—

'ॐ ज्ञां ज्ञीं ज्ञ सः गुरुवे नमः'

मंत्र का 19,000 बार जाप करें।

इस उपरोक्त मंत्र को धारण करने से मनुष्य सुख-समृद्धि, स्वास्थ्य, दान-शीलता, सांसारिक सुख समृद्धि आदि सुखों को प्राप्त करता है।

पहचान कैसे करें :

- कसौटी पर घिसने से उसका रंग और निखरता है।
- 24 घंटे तक इसे दूध में डाल दें, फिर भी चमक में कोई अन्तर नहीं पड़ता हो।
- असली पुखराज सफेद कपड़े पर रखें तो कपड़े पर पीली झाइयाँ सी दिखेंगी।
- विषैला कीड़ा यदि काट ले तो वहाँ पुखराज घिस कर लगाने से विष उतर जाता है।

उपयोग एवं प्रभाव :

- खाने में फलों जैसे पपीता, अमरूद
- इसके आभूषण बनाए जाते हैं।
- पुखराज बृहस्पति ग्रह के दोषों को शांत करने एवं उनके यश को बढ़ाने के लिए धारण करते हैं।
- दमा, हृदय रोग एवं मस्तिष्क ज्वर को अच्छा करता है। दृष्टि की वृद्धि करता है।
- धन एवं मानसिक शान्ति का दाता है।

सामान्य प्रभाव : पुखराज को धारण करने से बल-बुद्धि, अन्न, धन, आयु, यश तथा स्वास्थ्य की वृद्धि होती है। अगर कन्या के विवाह में अड़चन हो तो पुखराज धारण करना बताया जाता है। साथ ही भूत, प्रेत बाधा, पागलपन, क्रोध, शान्ति एवं कार्यरता आदि भी दूर करता है। लगातार इसे पहनने से औरतों को शोहरत और खुशी के साथ-साथ गर्भ धारण करने में भी मदद करता है।

औषधीय प्रभाव : इसकी भस्म एवं पिष्ठी का सेवन करने से सामान्य ज्वर, कुकुर खाँसी, तिल्ली, दमा, खाँसी, कुष्ठ रोग, मुख दुर्गन्ध, नेत्र रोग, नकसीर, बवासीर, कफ विकार, आंतों की सूजन, पित्त ज्वर आदि दूर होता है।

6. हीरा और उसका ग्रह शुक्र : हीरा रत्नों में सबसे बहुमूल्य रत्न है जो अपनी चमक एवं कठोरता के लिए मशहूर है। इसे संस्कृत में वज्र, अर्क एवं उर्दू में अलपास

के नाम से जाना जाता है। इस संसार में 95 प्रतिशत हीरे का उत्पादक दक्षिण अफ्रीका में होता है। भारत में यह मध्य प्रदेश तथा दक्षिण भारत में अनंतपुर, बेल्लारी, बन्नूर देवपुर, गोलकुंडा आदि क्षेत्रों में प्राप्त होता है। यह उड़ीसा एवं बिहार में भी पाया जाता है। भारत ऐसा देश है जहाँ की खानों में दुनिया के सबसे अनोखे हीरे निकले हैं, जैसे ग्रेट मुगल (280 कैरेट), कोहिनूर (108 कैरेट), फ्लोरेहाइन (137 कैरेट), निगम (217 कैरेट), और रीजेंट (140) कैरेट।

भारत का प्रसिद्ध हीरा कोहिनूर 1937 में ब्रिटिश रानी एलिजाबेथ के ताज में शोभायमान कर दिया गया था। यह कोहिनूर हीरा दक्षिण भारत की गोलकुंडा खान से निकला था। इस हीरे को नादिरशाह दिल्ली पर आक्रमण करके मुगल बादशाह मुहम्मदशाह से लेकर ईरान गया था। हीरा जितना ही बड़ा होगा उतना ही कीमती होगा। इसका रंग भी कीमत बढ़ाता है। रंगहीन से लेकर बर्फ की तरह सफेद तथा नीला, हरा, लाल कैसा भी हो सकता है। काला हीरा बहुत महँगा होता है। यह मिलता भी बहुत कम है।

हीरों में पड़े धब्बों एवं बुलबुलों की जाँच दूरबीन से की जाती है क्योंकि यह जितने कम होंगे उतना ही हीरा कीमती होगा। हीरा तराशते समय इन्हीं बातों का ध्यान रखा जाता है। यह गोल, अंडाकार, नाशपाती, दिल के आकार में बहुत प्रचलन में है। हीरा तराशनेवाले सबसे अधिक सूरत एवं जयपुर में रहते हैं।

किन लोगों को धारण करना चाहिए : जिन लोगों की जन्म कुंडली में शुक्र निर्बल अथवा दोषयुक्त हो, उनके लिए हीरा और उसका उपरत्न धारण करना शुभ होता है। निम्न स्थितियों में भी इसे धारण कर सकते हैं—

- जिनका जन्म तुला अथवा वृष लग्न में हुआ हो।
- कुंडली में शुक्र छठे एवं आठवें भाव में हो।
- यदि किसी ग्रह की महादशा में शुक्र की अंतर्दशा चल रही हो।

धारण करने की विधि : अंगूठी सोने की होनी चाहिए। सोने का वजन जितना अधिक हो अच्छा होता है किंतु सात रत्ती से कम न हो। हीरे का वजन भी अधिक हो तो अच्छा फल देता है। इसे चाँदी में भी जड़वा सकते हैं।

शुक्रवार के दिन जब भरणी, पूर्वा फाल्गुनी, पूर्वाषाढ़ा नक्षत्र हो अथवा शुक्र, वृष, तुला या मेष, मीन राशि पर हो तब सूर्योदय से प्रातः 11 बजे के बीच सोने की अंगूठी में हीरा न जड़वाएँ तत्पश्चात यज्ञ मंडल का निर्माण कर उसमें पंचकोणाकार शुक्र स्थल बनाएँ। सात तोले वजन के चाँदी के पत्र पर इसकी यंत्र संख्या खुदवाकर उसमें एक छोटा-सा हीरा भी जड़वा दें। उक्त स्थलमंडल पर स्थापित करें और अंगूठी को रखकर *'ॐ ऐं जंगी शुक्राय नमः'* का जाप 4000 की संख्या में करें।

प्रतिष्ठा करके अपने दाएँ या बाएँ हाथ की अनामिका में धारण करें।

यदि अंगूठी धारण करते समय शुक्रवार के साथ ही पुष्य नक्षत्र भी हो तो वह मुहूर्त अति शुभकारी होता है।

पहचान कैसे करें :

- असली हीरे को गर्म दूध, पानी या घी में डालने से वह पदार्थ तुरंत ठंडा हो जाता है।
- असली हीरे को गर्म घी में डालने से वह जमने लगता है।
- असली हीरे को धूप में रखें तो इसमें से इन्द्रधनुषी रंग निकलने लगते हैं।
- असली हीरे को धारण करनेवाले की ओर विपरीत लिंगी का सहज आकर्षण होता है।
- असली हीरे पर असली हीरे के अलावा किसी अन्य वस्तु की खरोंच नहीं पड़ती है।
- काँच से बने नकली हीरे के भीतर बुलबुले से होते हैं। यह स्पर्श में गर्म लगते हैं।
- असली हीरे की चमक खराब नहीं होती है जबकि नकली हीरा पानी और पसीना आदि में चमक खो देता है।

हीरे के गुण : हीरा सबसे कठोर रत्न है। यह न तो किसी दूसरे पदार्थ द्वारा घिसा जा सकता है और न ही खुरचा जा सकता है। अत्यधिक कठोर के कारण ही यह अपनी चमक नहीं खोता है। लेकिन इतना कठोरता होते हुए भी यह शीघ्र टूट जानेवाला रत्न है। यदि यह किसी पक्के फर्श पर गिरे तो टूट जाता है। हीरे के भीतर गया प्रकाश पूर्ण रूप से वापस आ जाता है। यह प्रकाश का पूर्ण परावर्तन करनेवाला रत्न है। इसलिए, यह सबसे चमकदार होता है। पानी में डुबोने से इसकी चमक में अंतर नहीं पड़ता है और वह पानी में तैरता-सा प्रतीत होता है।

हीरे की खरीदारी : हीरे की खरीदारी से पूर्व यदि हीरे के विषय में कुछ जानकारी ले ली जाए तो अच्छा रहता है। हीरे कई रंगों में उपलब्ध हैं, सफेद हीरा सबसे कीमती माना जाता है। हीरे की परख मुख्यतः आधारों पर होती है। यह आधार ज्वेलरी के बीच में 4 सी के नाम से पुकारे जाते हैं। यह 4 सी है रंग, स्वच्छता, कैरेट और कट।

हीरे की खरीदारी में हीरे के रंग का बहुत महत्त्व है। यदि हीरे नीले, भूरे आदि हैं तो अच्छे तो वो भी हैं, परंतु दाग-धब्बों रहित, चमकदार सफेद हीरा सबसे बढ़िया क्वालिटी का माना जाता है। इसलिए हीरे को खरीदते समय आभूषण में जड़े प्रत्येक हीरे का रंग काफी ध्यान से परखें। क्योंकि कुछ ज्वैलर मुनाफा कमाने के चक्कर में ज्वैलरी में कुछ हीरे घटिया किस्म के भी लगा देते हैं।

हीरा जितना साफ और चमकदार होगा, उतना ही अच्छा माना जाएगा। धुंधले से हीरे उतने अच्छे नहीं माने जाते। इसलिए हीरे की खरीदारी के समय प्रत्येक नग की स्वच्छता एवं चमक को अच्छी तरह से परखें।

हीरे की क्वालिटी को तय करनेवाला तीसरा आधार है कैरेट। हीरे कितने कैरेट के हैं, यह तो कोई पारखी ही बता सकता है। हो सके तो हीरे के जेवर खरीदते समय किसी अनुभवी व्यक्ति को साथ ले जाएँ। हीरे की ज्वैलरी अधिकतर 18 कैरेट सोने

में जड़कर बनायी जाती है। मजबूती के लिए 18 कैरेट सोना ही उचित रहता है। किंतु दक्षिण भारत में आज भी हीरे के गहने 22 कैरेट सोने में जड़कर बनाए जाते हैं।

हीरे की कटिंग अर्थात कटाई एक बहुत महत्त्वपूर्ण पहलू है। हीरे की ज्वैलरी खरीदते समय ध्यान रखें, हीरा कितना ही साफ क्यों न हो यदि उसकी कटिंग अच्छी नहीं हुई तो वह घटिया किस्म का हीरा माना जाएगा। अपनी बेहतरी के आधार पर हीरा अच्छे से अच्छा माना जाता है। कटिंग से पहले हीरे की कोई खास कीमत नहीं होती है। दक्ष हाथों की कटिग ही हीरे को हीरा बनाती है।

हीरे के प्रयोग एवं उपयोग के सामान्य प्रभाव : हीरा धारण करने वालों को जादू टोने का, विष आदि का प्रभाव कम होता है। इसके अलावा बिजली का झटका बहुत हल्का लगता है। युद्ध में विजय दिलाता है।

इससे बुद्धि, श्रद्धा, मान, यश, पुत्र सुख, अन्न एवं धन आदि में वृद्धि होती है। हीरा धारण करनेवाले व्यक्ति के चेहरे पर सदैव मुस्कान खिली रहती है तथा झुंझलाहट एवं परेशानी नहीं रहती है।

औषधीय प्रभाव : हीरे की भस्म का सेवन करने से मिरगी, पागलपन, नपुंसकता, वायु प्रकोप, वीर्य की कमी, अतिसार, संग्रहणी, आधासीसी, मंदाग्नि, स्वर भंग, हिस्टीरिया, भगन्दर, रक्तातिसार, अन्धत्व, प्रमेह, राजयक्षमा, पांडुरोग, सूखा रोग, हृदय रोग, मोतियाबिंद, श्वेत प्रदर, फेफड़े का रोग आदि में लाभ होता है। कहा जाता है कि यदि कोई व्यक्ति लगातार छह माह तक हीरे की भस्म ले तो वह कैंसर और एड्स जैसी भयंकर बीमारियों से भी छुटकारा पा सकता हैं बशर्ते कि बीमारी पहले स्तर पर हो।

हीरे की नई खोज : वैज्ञानिकों ने एक लूसी नामक ऐसे तारे की खोज की है जो पूरा का पूरा हीरा है। यह तारा पृथ्वी से बड़ा है इसका वजन लगभग 10 बिलियन कैरेट है। इसका व्यास 2500 मील है। इसका लूसी नाम बीटिल्स (Beetles) के एक गाने जिसका शीर्षक है 'लूसी इन द स्काइ विद डायमंड' पर पड़ा है। इस तारे पर पहुँचने के लिए लगभग 50 प्रकाश वर्ष चाहिए। इसके मायने हुए कि अगर आप प्रकाश की रफ्तार से चलें तो भी इस तक पहुँचने में 50 साल लगेंगे। हो सकता है कि कुछ अरसे बाद सूर्य भी जलकर खत्म हो जाए और भस्म होने के बाद वह भी एक हीरा बन जाए।

7. नीलम और उसका ग्रह शनि : नीलम नीले रंग का होता है। संस्कृत में इसे नीलमणि एवं उर्दू में याकूत कहा जाता है। यह कश्मीर, दक्षिण भारत, म्यांमार, श्रीलंका, स्याम, थाईलैंड, कम्बोडिया, कोरिया, चीन, वियतनाम एवं आस्ट्रेलिया में अधिक पाया जाता है। कश्मीर का नीलम सर्वश्रेष्ठ माना जाता है। इसे मयूर नीलम कहा जाता है। इसका रंग मोर की गर्दन के रंग का होता है। चिकना, चमकदार, साफ मोर पंख के समान रंगवाला नीलम उत्तम होता है।

कहते हैं प्रिंस चार्ल्स ने प्रिन्सेस डायना को नीलम से जड़ित इंगेजमेंट रिंग पहनाई थी। नीलम एक कठोर रत्न है, इसलिए टिकाऊ भी है। नीलम सभी के लिए प्रभावकारी

नहीं होता है, किंतु जिस पर यह प्रभाव दिखाता है उसका भाग्य ही पलट देता है।

किन लोगों को धारण करना चाहिए : जिनकी कुंडली निर्बल या दोषपूर्ण हो उनके लिए नीलम या शनि के उपरत्नों को धारण करना शुभ फल देता है। निम्न स्थितियाँ होने पर नीलम धारण करना चाहिए।

- खाने में फलों जैसे पपीता, अमरूद
- कुंडली में शनि प्रधान ग्रह हो।
- शनि की दोनों राशियाँ शुभ भाव वाली हों तो नीलम पहनना चाहिए।
- यदि शनि की एक राशि शुभ एवं दूसरी अशुभ हो तो नीलम नहीं पहनना चाहिए।
- जन्म लग्न मेष, वृष तुला अथवा वृश्चिक हो।
- शनि की महादशा में शनि की अंतर्दशा चल रही हो।
- शनि सूर्य की सिंह राशि में बैठा हो।

धारण करने की विधि : नीलम को धारण करने से पहले उसे किसी साफ श्वेत वस्त्र में लपेटकर भुजा पर बाँध कर तीन दिन तक उसके प्रभाव का अध्ययन करें। यदि 24 घंटे में निम्नलिखित प्रभाव दिखाई दे तो उसे अशुभ समझ कर उतार देना चाहिए—

- धारण करने वाले के चेहरे की बनावट में अन्तर आने लगे।
- कोई नेत्र रोग हो जाए।
- आकस्मिक घटना जैसे चोरी, हानि, रोग, भय, अग्नि, शास्त्राघात आदि हो जाए तो या अन्य कोई हानिकर प्रभाव प्रकट हो। यदि अशुभ प्रभाव हो तो इसे वापस कर दें। नीलम खरीदते हुए पहले ही रत्न विक्रेता से प्रभाव जाँच कर वापस करने का अनुबन्ध कर लेना चाहिए।

अब यदि नीलम आपके अनुरुप हो तो शनिवार के दिन मध्य समय में दूध, जल एवं चंदन से स्नान कराकर अक्षत डालकर विधिवत पूजन कर धारण करने से शनि की साढ़े साती का दुष्प्रभाव दूर हो जाता है। पाँच या छह कैरेट का नीलम अधिक शुभ होता है। इसे शनि यज्ञ करवा कर *'ॐ ऐं ही श्री शनैश्चराय नमः'* मंत्र से 6000 आहूतियाँ देकर पहनें।

पहचान कैसे करें :

- असली नीलम को पानी से भरे स्वच्छ काँच के गिलास में डालने से पानी से नीले रंग की किरणें निकलती दिखाई पड़ती हैं।
- असली नीलम के समीप तिनके को लाने पर यह चिपक जाता है।
- गाय के दूध में डालने से असली नीलम के कारण दूध का रंग नीला हो जाता है।
- असली नीलम को धूप में रखने पर नीले रंग की तीव्र किरणें-सी निकलती दिखाई देती है।
- नकली नीलम के रंग की धारियाँ मुड़ी हुई होती हैं, जबकि असली नीलम में सीधी होती है।

उपयोग एवं प्रभाव :

- आभूषण आदि बनाए जाते हैं।
- ग्रह निवारण के लिए इसे अंगूठी में जड़वाते हैं।
- चिकित्सा के लिए भी इसका प्रयोग करते हैं।

प्रकार : नीलम पाँच प्रकार का होता है—

गेरनो—आकार में छोटा एवं वजन में भारी होता है। यह नीलम धारण करनेवालों की मनोकामनाएँ पूरी करता है।

संगत— यह नीलम बहुत चमकीला होता है। इसे धारण करने से धन और प्रेम सम्बन्धों की वृद्धि होती है।

पारस्वृत—इस नीलम से सुनहरे रंग की और रूपहली तथा बिल्लोरी किरणें प्रस्फुटित होती हैं। इस नीलम को धारण करनेवाला ख्याति और लाभ में शीघ्रता से वृद्धि पाता है

वरनाड़ी- इसे सूर्य के सामने रखने से नीले रंग की किरणें निकलती हैं। इसे धारण करने से धन-धान्य की वृद्धि होती है।

राजकेतु—इस नीलम की चमक से बरतन नीला दिखाई देता है। इसे धारण करने से संतान की उन्नति होती है।

इन पाँच प्रकार के नीलमों के अतिरिक्त एक महा नामक नीलम भी होता है। वैसे तो नीलम का रंग नीला होता है लेकिन चार अन्य रंग भी पाए जाते हैं। इनमें से सफेदी लिए नीला, सुर्ख रंग, जर्दी नीलम एवं काला या स्याह रंग की झलक वाला।

नीलम के अवगुण : झाइयों, दूधिया रंग के दाग-धब्बे, सफेद शीशे जैसी धारियों, रंग का एक जगह केंद्रित हो जाना, रेशम जैसे धब्बे, खरोंच एवं दरारें आदि नीलम के अवगुण हैं। जिन्हें आसानी से पहली ही नज़र में देखकर पहचाना जा सकता है।

सामान्य प्रभाव : इसे धारण करने से धन्य-धान्य, सुख-सम्पत्ति, यश, कीर्ति, सम्मान, बल और वंश वृद्धि होती है। दुःख दारिद्रय तथा रोग दोष दूर करता है। इससे मुख की कान्ति और नेत्र ज्योति बढ़ती है। बौद्धगत के अनुसार इसे धारण करने से कुविचारों का अंत एवं मन शान्त होता है।

औषधीय प्रभाव : नीलम धारण करने तथा औषधीय रूप से सेवन करने से खाँसी, ज्वर, खुजली, विषम ज्वर, वमन, हिचकी, मुँह से खून आना, अजीर्ण, उपदंश, दिमागी गरमी, पागलपन, नेत्ररोग, क्षयरोग, दमा, कुष्ठरोग, प्रदाह, कटिशूल, स्नायुशूल, आधासीसी, जलोदर, मूत्राशय, कर्णमूल प्रदाह, हृदयरोग, रसौली, गंजापन, रूसी आदि में लाभ होता है। पैर-घुटनों में दर्द, संविधात, जलन, नकसीर फूटना, पैरों की नसों में खून का जमाव एवं हड्डियों का टूटना, बिच्छू या मधुमक्खी के काटने पर नीलम को पानी में डुबोकर रखें और उस पानी से बार-बार उस अंग को धोएँ तो राहत मिलती है। यहाँ तक कि क्षयरोग जैसी तकलीफ में भी आराम मिलता है। यह डिप्रेशन दूर कर आपकी सृजनात्मकता को भी बढ़ाता है।

8. गोमेद एवं उसका ग्रह राहु : गोमेद को संस्कृत में पिंग स्फटिक, राहु रत्न एवं अंग्रेजी में जिरकन कहते हैं। रासायनिक दृष्टि से यह जिर्कोनियम का सिलीकेट है। गोमेद का रंग गोमूत्र के समान पीला कुछ लालिमा एवं श्यामवर्ण लिए होता है। पीले रंग के अलावा वैसे गोमेद कई अन्य रंगों में भी पाया जाता है जैसे-सफेद, नीला, भूरा, हरा, लाल। पर बेहतरीन गोमेद वही होता है, जो रंगहीन हो।

इसमें शहद के रंग जैसी झाइयाँ-सी होती हैं। उच्च वर्ग का गोमेद का रवा चतुष्कोणीय होता है। इसकी द्विवर्णिता नग्न आँखों से भी देखी जा सकती है।

कई रंगों का होने के कारण इसका नाम भी अलग-अलग होता है। हरे,गहरे लाल एवं पीले रंग के गोमेद आकर्षक होते हैं। भूरे, हल्के हरे और आसमानी रंग भी प्रचुरता में पाए जाते हैं। रंगहीन गोमेद सर्वाधिक प्रचलित होता है, क्योंकि उसे हीरे के स्थान पर प्रयोग किया जाता है। यह पारदर्शक एवं अपारदर्शक होते हैं। गोमेदों में विभिन्न वर्ग के कारण कठोरता, घनत्व, ताप, व्यवहार एवं प्रकाशीय विशेषताएँ आदि के गुण भी भिन्न-भिन्न पाए जाते हैं। अच्छा गोमेद नार्वे, स्वीडन, आस्ट्रेलिया, ब्राजील एवं अमेरिका में पाया जाता है। जिन लोगों की कुंडली में राहु की स्थिति अशुभ हो वह गोमेद या उसका कोई उपरत्न धारण करें।

धारण करने की विधि : गोमेद अधिक वजन का अच्छा होता है। वैसे इसे चार रत्ती से कम नहीं पहनना चाहिए। इसे पंचधातु लोहे की अंगूठी में जड़वाना चाहिए। इसे स्वाति, शतभिष अथवा आर्द्रा नक्षत्रवाले दिन प्रातः काल 10 बजे तक जड़वा लेना चाहिए। राहू में मंत्र *'ॐ क्रों क्रों हूँ'* का उच्चारण करते हुए 1000 आहुतियाँ देकर हवन करके योगिनी चक्र बनाकर दीपदान कर मध्योत्तर साढ़े-चार बजे के लगभग अंगूठी को अपने बाएँ हाथ की मध्यमा उँगली में धारण करना चाहिए।

पाश्चात्य मतानुसार इसे 10 फरवरी से 14 मार्च के बीच ग्रहण करना चाहिए। गोमेद का प्रभाव जड़वाने के दिन से तीन वर्ष तक रहता है। अतः तीन वर्ष बाद बेचकर नया जड़वाना चाहिए। दूसरे व्यक्ति के पास जाकर यह पुनः तीन वर्षों के लिए प्रभावशाली हो जाता है।

पहचान कैसे करें :

- असली गोमेद को 24 घंटे के लिए गोमूत्र में डाल दें तो गोमूत्र का रंग बदल जाएगा।
- असली गोमेद कसौटी पर घिसने से उसकी चमक वैसी की वैसी बनी रहती है।
- लकड़ी के बुरादे से घिसने से चमक बढ़ जाती है।
- असली गोमेद का रंग बाज या उल्लू की आँख जैसा होता है।
- दूध से भरे बर्तन में रखने पर दूध का रंग गोमूत्र जैसा दिखता है।

सामान्य प्रभाव : गोमेद धारण करने से अनेक बीमारियाँ नष्ट होती हैं। धन, सुख, संतान की वृद्धि होती है। अगर कुंडली में यदि राहु सही स्थान पर न हो तो डरावने सपने आते हैं। भूत प्रेत का डर बना रहता है।

औषधीय प्रभाव : गोमेद धारण करने अथवा औषधीय रूप में सेवन करने से दुर्गन्ध, नकसीर, वायु गोला, कृमि रोग, कफ, ज्वर, बवासीर, क्षय, अपच, त्वचा रोग एवं मस्तिष्क की दुर्बलता आदि दूर होती है।

आयुर्वेद ग्रंथ में इसे पित्त नाशक, रुचिवर्द्धक, पाचन एवं त्वचा में कांति लाने वाला कहा गया है। गोमेद की भस्म को बल, वीर्य एवं वृद्धिवर्द्धक कहा जाता है।

9. लहसुनिया और उसका ग्रह केतु : अंग्रेजी में इसे *कैटस आई* कहते हैं और हिन्दी में इसे लहसुनिया कहा जाता है। यह अधिकतर हल्का पीला, भूरा एवं हरा-सा होता है। यह बेरियलियम का एल्युमीनेट है। अच्छे किस्म का लहसुनिया म्यांमार की मागोक खानों एवं पश्चिमी अफ्रीका के घाना राज्य में मिलता है। इसका रंग हरा होता है और चमक रेशम जैसी होती है। जिनकी कुंडली में केतु की स्थिति अशुभ हो उन लोगों को धारण करना चाहिए।

धारण करने की विधि : यह अधिक वजन का शुभ होता है, पर पाँच रत्ती से कम का नहीं होना चाहिए। 2,4,11रत्ती वजन का लहसुनिया नहीं धारण करना चाहिए। इसे लोहे या पंचधातु में जड़वाएँ। अंगूठी का वजन भी कम-से-कम पाँच-छह रत्ती का होना चाहिए।

जिस दिन मेष, धनु या मीन राशि का चन्द्रमा हो या जिस दिन मूल नक्षत्र हो या किसी भी बुधवार या शुक्रवार को सायं 6 से 8 बजे के बीच अंगूठी तैयार करवाएँ। फिर केतु को षोडशोपचार विधि से पूजन करें। इसके बाद *'ॐ क्लां क्लीं क्लू सः केतवे नमः'* मंत्र से 2600 आहुतियाँ देकर हवन करें। सूर्यास्त के बाद बुधवार या शुक्रवार को रात दस बजे से पहले इस अंगूठी को पहन लें। लहसुनिया जिस दिन अंगूठी में जड़वाया जाता है उस दिन से वह पाँच वर्ष तक प्रभावशाली होता है। पाँच वर्ष बाद इसे बेच कर पुनः दूसरा लहसुनिया विधिपूर्वक धारण करना चाहिए। दूसरे व्यक्ति के पास जाकर यह पुनः पाँच वर्ष के लिए प्रभावशाली हो जाता है।

पहचान कैसे करें :

- खाने में फलों जैसे पपीता, अमरूद
- हड्डी पर रखने से 24 घंटे बाद हड्डी में छेद हो जाएगा।
- अंधेरे में रखने से किरणें सी निकलती दिखाई देंगी।
- सफेद स्वच्छ कपड़े से रगड़ें तो चमक बढ़ जाती है।
- असली लहसुनिया में ढाई या तीन सफेद सूत्र होते हैं, जो बीच में इधर-उधर घूमते रहते हैं।
- रात्रि के समय बिल्ली की आँख के समान चमकता रहता है।

सामान्य प्रभाव : लहसुनिया धारण करने से बल, पराक्रम, सुख, आनन्द, सम्पत्ति एवं पुत्र की प्राप्ति होती है। शत्रु पर विजय एवं दुःख दारिद्रय नष्ट होता है। आकस्मिक दुर्धटना से बचाता है।

औषधीय प्रभाव : इससे वायु गोला, मूत्र कृच्छ, आमवात, अजीर्ण, संग्रहणी, खूनी दस्त, उपदंश, मधुमेह, बवासीर, नपुंसकता, पित्त दोष, आँखों के जख्म एवं कफ रोग दूर होते हैं।

14.3 राशि, रत्न एवं बीमारियाँ

ज्योतिष में कुल 12 राशियाँ होती हैं। उनके रत्न अलग-अलग होते हैं। पुराने जमाने में वैद्य ज्योतिष का भी ज्ञान रखते थे। वे राशि देखकर बीमारी भाँप जाते थे तथा ज्योतिष एवं मरीज के वर्णन से बीमारी चिह्नित कर लेते थे। नीचे राशियाँ, रत्न एवं बीमारियों के सम्बन्ध के बारे में बताया गया है।

(1) **राशि** : मेष।
रत्न : मूँगा।
स्वामी : मंगल।
अंग : मस्तक, चेहरा, दिमाग, चेहरे का हड्डियाँ, एड्रिनल ग्रंथियाँ।
बीमारी : मानसिक परेशानी, ब्रेन ट्यूमर, आधासीसी, हिस्टीरिया, चेचक,दाँतों में दर्द, गंजापन, गर्भाशय में गांठ।

(2) **राशि** : वृष/वृषभ।
रत्न : हीरा।
स्वामी : शुक्र।
अंग : गर्दन, गला, स्वरनलिका, गले की हड्डी, कान, मस्तिष्क का पिछला भाग, गले की मुख्य धमनी, थॉयराइड।
बीमारी : अनियमित मासिक धर्म, कब्ज, गले में सूजन, गले में सभी तरह के दर्द।

(3) **राशि** : मिथुन
रत्न : पन्ना।
स्वामी : बुध।
अंग : हाथ, उँगली, कन्धे, फेफड़े, कन्धे की हड्डी।
बीमारी : न्यूमोनिया, दमा, श्वास, ब्रॉन्काइटिस, ह्दय पर सूजन, अचानक हाथ में दर्द, खून की खराबी, मूर्च्छा आना, सांस की तकलीक।

(4) **राशि** : कर्क।
रत्न : मोती।
स्वामी : चन्द्रमा।
अंग : छाती, पेट, अन्न नली, श्वास पटल, यकृत, प्लीहा, स्तन में दूध की नलियाँ।
बीमारी : अपच, अजीर्ण, अम्लपित्त, कफ, जलोदर, हिस्टीरिया, प्लीहा, स्तन कैंसर, छाती में दर्द, पेट में अलसर, मधुमेह।

(5) **राशि** : सिंह।
रत्न : माणिक।
स्वामी : सूर्य।

अंग : पसली, हृदय, मुख्य धमनी, रीढ़।

बीमारी : हृदय रोग, छाती में दर्द, रक्त विकार, पीलिया, बुखार, फेफड़ों में सेप्टिक, बेहोशी, आँखों में सूजन, प्लेग।

(6) **राशि** : कन्या।

रत्न : पन्ना।

स्वामी : बुध।

अंग : पेट, आँत, यकृत, अपेंडिक्स, रीढ़ का मध्यम भाग।

बीमारी : कृमि, टायफाइड, कोलस्ट्रोल, पेट दर्द, गुप्तेन्द्रियों में दर्द।

(7) **राशि** : तुला।

रत्न : हीरा।

स्वामी : शुक्र।

अंग : गुर्दा, पीठ का निचला हिस्सा, पित्ताशय, गुहा की ग्रंथियां।

बीमारी : कमर दर्द, बहुमूत्रता, चमड़ी के विकार, खुजली के विभिन्न रोग, पथरी, मधुमेह, गुप्तेद्रिंय की परेशानी।

(8) **राशि** : वृश्चिक।

रत्न : मूँगा।

स्वामी : मंगल।

अंग : गुप्तेद्रिंय, मूत्राशय, लिंग, गुर्दा, प्रोस्टेट, गर्भाशय।

बीमारी : पथरी, श्वेत प्रदर, गर्भाशय के विभिन्न रोग, भगन्दर, मस्सा।

(9) **राशि** : धनु।

रत्न : पुखराज।

स्वामी : गुरु।

अंग : जंघा, नसें, प्रमुख धमनी, कमर की सबसे निचली हड्डी।

बीमारी : सायटिका, संधिवात, गुदाविकार, जंगली जानवरों से परेशानी, आग से जलना, थकान होना।

(10) **राशि** : मकर।

रत्न : नीलम।

स्वामी : शनि।

अंग : घुटनों में दर्द, जंघा का निचला एवं पिछला हिस्सा।

बीमारी : खाज-खुजली, पैर एवं घुटनों में दर्द, संविधात का दर्द।

(11) **राशि** : कुम्भ।

रत्न : नीलम।

स्वामी : शनि।

अंग : पैर, घुटनों के नीचे का हिस्सा, पैर की नसें।

बीमारी : पैर की हड्डी का टूटना, वायु के कारण दर्द, पोलियो या पैरों में टेढ़ापन।

(12) **राशि** : मीन।
रत्न : पुखराज।
स्वामी : गुरु।
अंग : अंगूठा, पैर का तलवा, उँगली।
बीमारी : गठिया, पैर के तलवे में दर्द, दमा, पुरुषों में वीर्य क्षय, दमा, गुदा द्वार में खुजली और मवाद निकलना, पैर की पिंडली में दर्द और खिंचाव।

14.3.1 राशि, जन्म-तिथि, नामों के प्रथम अक्षर, गृहस्वामी और रत्न के बीच पारस्परिक सम्बन्ध

जिस समय जो व्यक्ति पैदा होता है उस समय की राशि के मुताबिक उसका नाम रखा जाता है। वर्ष बारह राशि में बँटा होता है, उसकी तारीखें निश्चित रहती हैं। हर राशि के अलग-अलग नाम के पहले अक्षर होते हैं। जन्म-तिथि से राशि तय होती है और राशि से नाम का पहला अक्षर। राशि का ग्रहों एवं रत्नों से तो सम्बन्ध है ही परन्तु नाम के पहले अक्षर से भी सम्बन्ध होता है।

समाचार-पत्र में जो दिन-प्रतिदिन, साप्ताहिक तथा वार्षिक ज्योतिष के अनुसार फल दिया रहता है उसको लोग बड़े रुचि से पढ़ते हैं। राशि, जन्म-तिथि, नामों का प्रथम अक्षर, स्वामी तथा रत्नों का ब्योरा नीचे की सारणी में जानकारी के लिए दिया जा रहा है।

राशि	जन्म-तिथि	नामों का प्रथम अक्षर	स्वामी	रत्न
मेष	21 मार्च से 20 अप्रैल	चू, चे, चो, ला, ली, लू, ले, लो, आ	मंगल	मूँगा
वृष	21 अप्रैल से 20 मई	ई, ए, उ, ओ, वा, वी, वू, वे, वो	शुक्र	हीरा
मिथुन	21 मई से 21 जून	क, की, कु, घ, ड़, छ, को, हा, के,	बुध	पन्ना
कर्क	22 जून से 22 जुलाई	ही, हू, हे, हो, डा, डी, डे, डो, डू	चंद्र	मोती
सिंह	23 जुलाई से 23 अगस्त	मा, मी, मू, मे, मो, टा, टी, टू, टे	सूर्य	माणिक्य
कन्या	24 अगस्त से 23 सितम्बर	टो, पा, पी, पू, ष, ण, ठ, पे, पो	बुध	पन्ना
तुला	24 सितम्बर से 23 अक्तूबर	रा, री, रू, रे, रो, तू, त, ती, ते	शुक्र	हीरा

वृश्चिक	24 अक्तूबर से 22 नवम्बर	तो, ना, नी, नू, ने, नी, या, यी, यू,	मंगल	मूँगा
धनु	23 नवम्बर से 21 दिसम्बर	थे, थो, भा, भी, भू, धा, फ, ड़ा, भे	बृहस्पति	पुखराज
मकर	22 दिसम्बर से 21 जनवरी	भो, ज, जी, खे, खू, खी, खो, गा, गी	शनि	नीलम
कुम्भ	22 जनवरी से 9 फरवरी	गू, गे, गो, सा, सी, सू, से, सो, दा	शनि	नीलम
मीन	20 फरवरी से 20 मार्च	दू, दी, थ, था, झ, दे दो, चा, ची	बृहस्पति	पुखराज

कोई-कोई ज्योतिषी इन तारीखों में एक-दो दिन के अंतर से लिखते हैं।

अक्सर ज्योतिषी लोग नाम के पहले अक्षर, राशि और जन्म-तिथि से व्यक्ति के भाग्य की मोटी-मोटी बातें बतला देते हैं और हम समझते हैं कि अमुक ज्योतिषी बहुत काबिल है। हर राशि के व्यक्ति का व्यक्तित्व अलग-अलग होता है वह समय, खाना-पीना, संगत, वातावरण, देश जहाँ पैदा हुआ हो और रहता है उससे बदलता रहता है।

14.4 रत्नों के पारस्परिक सम्बन्ध

रत्नों में भी आपस में शत्रुता या मित्रता होती है। अगर दो रत्न आपस में शत्रु हैं तो उनका प्रभाव आपस में टकराएगा जिससे धारक को हानि होने की सम्भावना रहती है। अगर दो रत्न मित्र हैं तो दोनों मिलकर धारक को कल्याणकारी बनाएँगे। नीचे दी गई सारणी से पता चलेगा कि कौन-कौन से रत्न एक दूसरे के मित्र या शत्रु या एक दूसरे के प्रति उदासीन हैं।

रत्न	मित्र	शत्रु	समदर्शी
हीरा	पन्ना, नीलम	माणिक्य, मोती	मूँगा, पुखराज
मोती	माणिक्य, पन्ना	--	हीरा, मूँगा, नीलम, पुखराज
मूँगा	माणिक्य, मोती	पन्ना	हीरा, नीलम
पन्ना	माणिक्य, हीरा	मोती	मूँगा, पुखराज
नीलम	पन्ना, हीरा	मूँगा, माणिक्य मोती	नीलम, पुखराज
माणिक्य	मोती, मूँगा पुखराज	हीरा, नीलम	पन्ना

गोमेद	पन्ना, हीरा, नीलम	माणिक्य, मोती	मूँगा, पुखराज
वैदूर्ध्य	पन्ना, हीरा नीलम	माणिक्य	मूँगा, पुखराज

रत्न को किसी योग्य ज्योतिषी से सलाह लेकर ही विधि-पूर्वक धारण करना चाहिए।

14.5 जन्मपत्री में मांगलिक दोष

अक्सर लड़के-लड़कियों के जन्मपत्री में मांगलिक दोष पाए जाते हैं। ऐसा विश्वास है कि मंगली लड़के या लड़की की शादी मंगली लड़की या लड़के से ही होनी चाहिए। अगर ऐसा नहीं होता है तो दोनों में से किसी एक की दुर्घटना या बीमार होने की सम्भावना बनी रहती है। वैधव्य, विधुर तथा तलाक आदि दुष्प्रभाव भी हो सकते हैं। कभी लोगों को जब अच्छे लड़का-लड़की नहीं मिलते हैं तो मंगली से शादी कर देते हैं। मूलतः ऐसी भूल नहीं करना चाहिए। कुछ लोग मांगलिक दोष से युक्त कुंडली को कोई अच्छा वर न मिलने पर बदलवा देते हैं। ऐसा करना हितकर नहीं है।

आम आदमी को यह जानना आवश्यक है कि जन्मकुंडली में मंगली दोष है या नहीं। जन्म कुंडली 12 खाने की होती है। इनमें से 1, 4, 7, 8, 12 खानों में किसी एक में मंगल बैठा हो तो जातक मंगली होगा।

कुंडली में इन ग्रहों का खाका नीचे दिया जा रहा है।

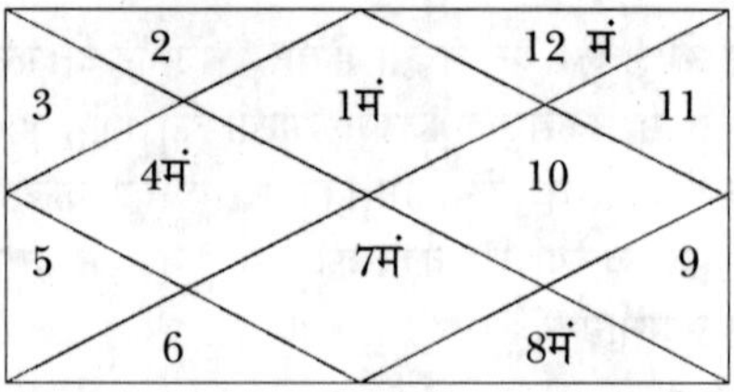

कुंडली में पाँच खानों में जो मंगल का दोष बताया जाता है, इनमें कुछ खानों का मंगल बहुत हानिकारक होता है और कुछ का कम। उसका ब्यौरा नीचे दिया गया है।

- 1, 7, 8वें खानों में बैठा मंगली विशेष रूप से हानिकारक होता है।
- 4, 12वें खाने में बैठा मंगल अपेक्षाकृत कम हानिकारक होता है।
- मुख्यतः एक कुंडली के जिस खाने में मंगल हो दूसरी कुंडली में उसी खाने में शनि हो तो मंगल की बराबरी हो जाती है और विवाह हो जाता है।
- मंगल 1, 7, 8वें में होने पर दूसरे में उत्तम स्थानों में शनि होने से विवाह हो सकता है।
- ऐसे ही एक कुंडली में 4वें या 12वें में मंगल हो तो दूसरी कुंडली में 1, 4, 7, 8, 12वें पापग्रह जैसे-सूर्य, राहुकेतु, शनि बैठे हों तो भी मंगली के न होने के

बावजूद विवाह हो सकता है।

- यदि बृहस्पति मंगल को देख रहा हो तो मंगली दोष नष्ट हो जाता है।
- यदि शनि मंगल को देख रहा हो तो मंगली दोष नष्ट हो जाता है।
- यदि केन्द्र चतुष्ट्य में बलवान चन्द्रमा हो तो मंगली दोष नष्ट हो जाता है।
- यदि बली शुक्र जन्म लग्न में हो तो मंगली दोष नष्ट हो जाता है।
- यदि बृहस्पति लग्न चतुर्थ, पंचम, सप्तम, नवम, एकादश भाव में हो तो मंगली दोष नष्ट हो जाता है।
- यदि राहु एकादश भाव में हो तो मंगली दोष नष्ट हो जाता है।
- मंगली दोष, चन्द्र-कुंडली और नवमांश कुंडली से भी विचार करना चाहिए।
- राहु-मंगल युति मंगली दोष नाशक है।
- शनि-मंगल की युति मंगली दोष नाशक है।
- चन्द्रमा-मंगल की युति मंगली दोष नाशक है।
- शुक्र-मंगल की युति मंगली दोष नष्ट करती है।

मंगली होना चिन्ता की कोई बात नहीं है, क्योंकि 100 बच्चों के जन्म होने पर 42 मंगली होते हैं। वैसे तो मंगली लड़के से मंगली लड़की की या मंगली लड़की से मंगली लड़के की शादी करना चाहिए परन्तु कभी अगर मंगल प्रवाह कम होता है तो पंडित लोग मांगलिक दोष निवारण के उपाय बतला देते हैं। कहाँ तक यह उपाय कारगर होते हैं, कहा नहीं जा सकता परन्तु अच्छा यही होगा कि हम मंगली लड़की-लड़के की शादी मंगली लड़के-लड़की से ही करें।

कुछ उपायों जैसा पंडित लोग बताते हैं, उनमें से एक उपाय है 6 रत्ती या उससे बड़ा मूँगा अंगूठी में पहनना और शालिग्राम, पीपल के वृक्ष से विवाह भी कल्याणकारी बताया जाता है।

रुद्राक्ष एवं उसका महत्त्व

रुद्राक्ष भगवान शिव की किंवदन्तियों से जुड़ा हुआ है। अतः भारतीयों में रुद्राक्ष के प्रति बड़ा सम्मान, श्रद्धा और आस्था का भाव है। ऐसा माना जाता है कि रुद्राक्ष में औषधीय एवं आध्यात्मिक शक्ति निहित है तथा रुद्राक्ष धारण करने से मानव का शरीर एवं मस्तिष्क प्रभावित होता है। इसका शरीर से स्पर्श होने से शरीर में स्फूर्ति आती है, बुद्धि स्थिर होती है और विवेक का विकास होता है, इसीलिए हमारे सन्त इसकी माला पहनते हैं या भजन के लिए रखते हैं।

रुद्राक्ष के बारे में शास्त्रों में कहा गया है कि रुद्राक्ष शंकर जी के अश्रुओं से उत्पन्न हुआ वृक्ष है। श्रीमद्भागवत् पुराण में इस सन्दर्भ में एक कथा इस प्रकार है–

कहा जाता है कि एक बार भगवान शंकर ने देवताओं एवं मनुष्यों की रक्षा के लिए त्रिपुरासुर राक्षस का वध करना चाहा और इस कार्य को पूर्ण करने के लिए एक सहस्त्र वर्ष तक तपस्या की। तपस्या के दौरान त्रिपुरासुर की क्रूरता का ध्यान आने पर शिवजी चिंतित हुए और इसी चिंता में उनकी आँखों से अश्रु गिर पड़े। इन्हीं अश्रुओं से रुद्राक्ष के महान वृक्ष की उत्पत्ति हुई।

रुद्राक्ष शब्द रुद्र और आक्ष शब्दों के जोड़ से बना है। रुद्र यानी शिव और आक्ष यानी आँसू, इसके अभिप्राय हैं।

15.1 रुद्राक्ष एक फल है

रुद्राक्ष लैटिन भाषा में ईलाकोकारपस (Elacocarpus) (जीनस) का पेड़ है। यह ईलाकोकारपस की दो स्पेसीज (Species) होती है, एक गैनीट्रस और दूसरी ट्यूबर कुलेट्स। रुद्राक्ष इन वृक्षों के फल का बीज या गुठली होता है। यह लगभग ढाई सें.मी. व्यास का होता है। इस फल का रंग हल्के नीले या बैंगनी रंग का होता है। छिलके हटाने पर काली शक्ल का बीज या गुठली निकलती है, जो बहुत सख्त होती है। इसी को रुद्राक्ष कहते हैं।

15.1.1 कहाँ पाया जाता है

रुद्राक्ष के वृक्षों का जन्म स्थान नेपाल कहा जा सकता है। इसके वृक्ष नेपाल के अलावा अरुणाचल प्रदेश, तिब्बत, असम, बंगाल, बिहार, महाराष्ट्र, केरल, कर्नाटक, आंध्र प्रदेश, तमिलनाडु एवं उत्तरांचल में देहरादून तथा उत्तरकाशी जिले में गंगोत्री, यमुनोत्री के क्षेत्रों में पाए जाते हैं। वैसे इसके पेड़ चीन और ऑस्ट्रेलिया में भी पाए जाते हैं। इस फल के ऊपर मोटे छिलके होते हैं। नेपाल में रुद्राक्ष सबसे अधिक पैदा होते हैं। वहाँ के नियमानुसार नेपाल में जो भी एक मुँह के रुद्राक्ष पैदा होते हैं, वह राब शाही खजाने में जमा कराने पड़ते हैं। उनको बाजार में बेचने पर प्रतिबन्ध है। यदि कोई व्यक्ति एक मुखी रुद्राक्ष को नेपाल नरेश के कोश में जमा नहीं करवाता है, तो उसे दंडित किया जाता है।

15.1.2 पेड़ कितने बड़े होते हैं

ऊपर बताया गया है कि इस वृक्ष की दो किस्में होती हैं एक गैनीट्रस एवं दूसरी ट्यूबर कुलेट्स। गैनीट्रस जाति के पेड़ को विकसित होने में आठ से नौ वर्ष लगते हैं। इसकी ऊँचाई लगभग 40 फीट होती है। यह नवम्बर से फरवरी में फूलता है। फल अप्रैल तक पक जाते हैं। ट्यूबर कुलेट्स जाति के पेड़ गैनीट्रस वृक्षों की अपेक्षा अधिक लम्बे होते हैं।

यह गोल, खुरदुरा तथा सख्त होता है और वर्षों तक खराब न होनेवाला एक पर्वतीय वृक्ष का बीज है। रुद्राक्ष का वृक्ष ऊपरी हिमालय की पर्वत शृंखला के अतिरिक्त गढ़वाल की पहाड़ियों तथा असम के जंगलों में भी पाया जाता है। यह वृक्ष लम्बा होता है अधिक फैलता नहीं है। मानसून के आते ही इसके फूलों की सुगन्ध से सारा वातावरण महक जाता है। इसी वृक्ष का बीज है रुद्राक्ष, जिसको बींधकर माला के रूप में पहना जाता है।

रुद्राक्ष दो आकार के पाए जाते हैं छोटे और बड़े। बड़ा रुद्राक्ष 15 से 25 मिमी मीटर आकार का और छोटा 4 से 15 मिली मीटर तक होता है। बड़े रुद्राक्ष में एक लकीर होती है, जिसे मुख कहा जाता है। प्राचीन ग्रंथों में एक मुखी से लेकर चौदह मुखी रुद्राक्षों का वर्णन पाया जाता है। पाँच मुखी रुद्राक्ष तो सामान्यतया मिल ही जाता है, परंतु एक मुखी एवं चौदह मुखी रुद्राक्ष काफी दुर्लभ हैं। इसलिए इसका मूल्य भी अधिक होता है। रुद्राक्षों में एक मुखी रुद्राक्ष सर्वश्रेष्ठ माना जाता है।

15.1.3 जुड़वाँ, रुद्राक्ष

कभी-कभी दो जुड़े हुए रुद्राक्ष मिल जाते हैं, ऐसे रुद्राक्षों को गोरी-शंकर रुद्राक्ष कहते हैं, ऐसे रुद्राक्ष शिव एवं शक्ति के प्रतीक माने जाते हैं।

रुद्राक्ष कहीं से भी चटका या टूटा नहीं होना चाहिए। अपने रुद्राक्ष को किसी दूसरे व्यक्ति के रुद्राक्ष से नहीं बदलना चाहिए। बताया जाता है कि रुद्राक्ष पहनने से रक्तचाप नियंत्रित होता है, इसे रोग अवरोध भी मानते हैं तथा शिव के साथ इसका सम्बन्ध जुड़ने से इसे समग्र रूप से गुणकारी माना जाता है।

लोक मान्यता एवं धार्मिक ग्रंथों के अनुसार रुद्राक्ष केवल भौतिक वस्तु ही नहीं, बल्कि चमत्कारिक शक्तियों का प्रतीक भी है। हर रुद्राक्ष का अलग-अलग महत्त्व एवं स्थान है। शास्त्रों के अनुसार एक मुखी रुद्राक्ष शिव तथा परातत्व स्वरूप है। दो मुखी रुद्राक्ष साक्षात् अर्धनारीश्वर का रूप है, इसको धारण करने से शिव-पार्वती प्रसन्न हो जाते हैं। तीन मुखी रुद्राक्ष तीनों अग्नियों का स्वरूप है। इससे ऐश्वर्य की प्राप्ति होती है। चार मुखी रुद्राक्ष ब्रह्माणी अर्थात् देवी का स्वरूप माना गया है। इसको धारण करने से संतति की प्राप्ति होती है। पाँच मुखी रुद्राक्ष कालाग्नि नामक रुद्र अर्थात शिव जी का स्वरूप है। छह मुखी रुद्राक्ष कार्तिकेय का स्वरूप है, इसे धारण करने से स्वर्ण श्री एवं आरोग्य की प्राप्ति होती है। सात मुखी रुद्राक्ष अनंग नामक शिव का प्रतीक है, इसको धारण करने से स्वर्णस्तेयी, स्वर्णचोरी के पाप से मुक्ति मिलती है। आठ मुखी रुद्राक्ष साक्षात् विनायक का स्वरूप है। इससे पंच पातको का विनाश होता है। नौ मुखी रुद्राक्ष नौ दुर्गा का प्रतीक माना जाता है, इसे बाएँ हाथ पर धारण करने से पूर्व नव शक्तियाँ प्रसन्न हो जाती हैं। दस मुखी रुद्राक्ष साक्षात् भगवान जनार्दन अर्थात विष्णु का प्रतीक है, यह शांति प्रदान करता है। ग्यारह मुखी रुद्राक्ष रुद्र का प्रतीक है। इसके धारक साक्षात रुद्र रूप से होकर सर्वत्र विजयी होता है। बारह मुखी रुद्राक्ष महाविष्णु का स्वरूप है। इसके बारह मुखों में बारह आदित्य निवास करते हैं। इसे कान में धारण करना श्रेयस्कर रहता है। तेरह मुखी रुद्राक्ष इन्द्र का स्वरूप है। इसके धारण करने से संपूर्ण कामनाओं की पूर्ति होता है। कामदेव प्रसन्न हो जाते हैं। चौदह मुखी रुद्राक्ष हनुमान जी का स्वरूप है। यह सभी व्याधियों को हर लेता है। इसी प्रकार रुद्राक्ष कोई न कोई देवताओं के प्रतीक माने गए हैं।

आजकल नकली रुद्राक्ष बाजारों में आने लगे हैं। क्योंकि खरीददारों को इसकी पहचान नहीं होती है, अतः उन्हें धोखा देकर बेच दिया जाता है। असली रुद्राक्ष को पहनने के लिए उसे पानी से भरी कटोरी में डाल दें। अगर असली है तो वह पानी में डूब जाएगा, अगर नकली है तो पानी पर तैरने लगेगा। एक अन्य तरीका यह है कि दो ताँबें के सिक्कों के बीच में रुद्राक्ष रख दें। असली रुद्राक्ष हिलने लगेगा। सम्भवतः इसमें कोई विशिष्ट चुम्बकीय शक्ति होती है। आजकल बहुत से लोग जालसाजी द्वारा नकली रुद्राक्ष थमा जाते हैं, इसलिए इनकी जाँच करना आवश्यक है।

रुद्राक्ष भारतीय के लिए बहुमूल्य चमत्कारिक चीज है। जिसके बारे में अनेकों धारणाएँ प्रचलित है। इन धार्मिक धारणाओं एवं औषधियों पर विधिवत् अनुसंधान की आवश्यकता है।

15.2 रुद्राक्ष का औषधियों में प्रयोग

रुद्राक्ष का प्रयोग केवल पूजा-पाठ, जप-तप के लिए नहीं होता, बल्कि रुद्राक्ष में औषधीय गुण भी पाए जाते हैं, जो कई रोगों में आराम पहुँचाते हैं। रुद्राक्ष धारण करने से कई प्रकार के स्नायुविक कष्ट दूर हो जाते हैं। यह उच्च रक्तचाप या निम्न रक्तचाप तथा वात रोग में भी आराम पहुँचाता है।

रुद्राक्ष का औषधियों में प्रयोग तथा शरीर पर धारण करने से निम्न प्रकार से लाभान्वित हो सकते हैं -

- रुद्राक्ष को कंठ में धारण करने से गले के सारे रोग खत्म हो जाते हैं। टान्सिल नहीं बढ़ता तथा स्वर का भारीपन दूर हो जाता है।
- रुद्राक्ष को दाहिनी भुजा पर बाँधने से वीर्य शक्ति बढ़ती है तथा वात रोग में आराम मिलता है।
- दोनों भुजाओं पर रुद्राक्ष धारण करनेवाला व्यक्ति कभी पक्षाघात यानी लकवा का शिकार नहीं होता।
- साफ रुद्राक्ष को तीन-चार घंटे पानी में डालें। इस पानी को पीने से बेचैनी, घबराहट तथा उल्टियों में आराम मिलता है।
- यदि आँखों में जलन हो तथा धुँधला दिखाई दे रहा हो तो रुद्राक्ष के उपरोक्त जल से आँखों में छीटें मारे तथा आँखें कुछ पल के लिए बन्द रखें। सब कुछ स्पष्ट दिखाई देने लगेगा।
- रुद्राक्ष को पानी के साथ चन्दन की तरह घिसें। इस लेप को फुंसियों पर लगाने से फुंसियाँ ठीक हो जातीं हैं।
- पेट दर्द हो तो रुद्राक्ष से दोगुना कुटकी और मैनफल तीनों के कांजी के साथ पीसकर लेप बनाकर गुनगुना कर नाभि पर लगाएँ। पेट दर्द से आराम मिलेगा।
- रुद्राक्ष से चार गुना पिप्ली लेकर दोनों को पीसकर चूर्ण बनाकर छान लें। आवश्यतानुसार शहद मिला लें। साँस सम्बन्धी तकलीक, खाँसी, बुखार आदि होने पर इसे चटा देने से आराम मिलता है।
- चोट, मोच या सूजन आ जाने पर रुद्राक्ष, सोंठ, देवदारु, सहजन और सफेद सरसों समान मात्रा में कांजी के साथ पीसकर लेप बनाकर उस स्थान पर लगाएँ। सूजन ठीक हो जाएगी।
- रुद्राक्ष की पत्तियों को नीम की पत्तियों के साथ पानी में डालकर खौलाएँ। फिर इस जल से घाव को धोकर रुद्राक्ष पीसकर उस पर बुरक दें। इससे हर तरह का घाव ठीक हो जाता है।
- यदि बुखार हो तो रुद्राक्ष, पितपापड़, मुनक्का, महुआ, अडूसा, धनिया प्रत्येक को 25 ग्राम की मात्रा में लेकर सबको पीसकर चूर्ण बनाकर चार गुना पानी में डालकर मिट्टी के बर्तन में रखें। प्रातः छान लें। शक्कर के साथ रोगी को 5-7 ग्राम की मात्रा में सुबह-शाम दें। इससे ज्वर ठीक हो जाता है।

- यदि सर्दी-जुकाम हो तो उपरोक्त जल नाक के दोनों छिद्रों से सुड़क लें। कुछ छींके आएँगी और सर्दी-जुकाम ठीक हो जाएगा।
- जले हुए स्थान पर रुद्राक्ष को पीसकर नारियल के तेल में मिलाकर लगाने से तुरन्त जलन शान्त हो जाती है और आराम मिल जाता है।
- जले हुए स्थान पर रुद्राक्ष, सफेद चंदन, गिलोय को बराबर मात्रा में लेकर चूने के पानी में पीसें, इसमें नारियल का तेल मिलाकर लगाने से शीघ्र आराम मिलता है।
- यदि सिरदर्द हो तो रुद्राक्ष को पानी के साथ घिसकर उसी में कपूर भी घिस लें तथा माथे पर लगाएँ। सिरदर्द में आराम मिलता है।
- सिरदर्द में रुद्राक्ष और कांजी में पीसकर अरंडी के तेल में मिलाकर मस्तक पर लेप करें। तुरंत आराम मिलेगा।
- सिरदर्द में रुद्राक्ष, शतावरी, दूब, नीलकमल, पुनर्नवा, काले तिल समान मात्रा में लेकर पानी में पीसकर लेप को माथे पर लगाएँ। हवा लग जाने से जो सिरदर्द हो जाता है। इससे वह ठीक हो जाता है।
- यदि कान पक गया हो, कम सुनाई पड़ता हो तो प्रतिदिन रुद्राक्ष जल की कुछ बूंदें कान में डालें। इससे लाभ होता है तथा कान का दर्द भी ठीक हो जाता है।
- बवासीर ठीक करने के लिए रुद्राक्ष के वजन से चार गुना अपामार्ग के बीज लेकर काढ़ा बनाएं। 10-12 बूँद रोज पीने से बवासीर में आराम मिलता है।
- खूनी बवासीर के लिए रुद्राक्ष से पाँच गुनी ज्यादा तोरई के जड़ लेकर पानी में पीसकर लेप बनाएँ। लेप को मस्सों पर लगाने से आराम मिलता है।
- रुद्राक्ष, करंज की छाल और कड़वी तुम्बी के पत्ती तीनों को, बकरे के मूत्र में मिलाकर लेप बनाएँ। इसका लेप करने से बवासीर के मस्से गिर जाते हैं।
- कफ की शिकायत होने पर रुद्राक्ष, नीलकमल, लाल चंदन, कमल, मुलहठी, देवदारु और खरैटी समान मात्रा में लेकर चूर्ण बनाएँ। इसमें गाय का घी और दूध मिलाकर लेप को छाती पर लगाने से कफ की अधिकता कम हो जाती है।
- रुद्राक्ष का काढ़ा भी बनता है। यह अनेक रोगों को नष्ट करता है तथा शरीर को निरोग रखता है तथा रक्त शुद्ध करता है।
- रुद्राक्ष का काढ़ा बनाने के लिए रुद्राक्ष, किशमिश, हरड़ और अडूसा की जड़ को समान मात्रा में लेकर 32 गुना पानी में डालकर उबालें। 1/8 अंश रह जाने पर उतार लें। शहद मिलाकर दो से तीन ग्राम की मात्रा में प्रातःकाल सेवन करें। सांस से सम्बन्धित बीमारियों और रक्तापित्त में लाभदायक है।
- कुछ महिलाओं के स्तन छोटे रह जाते हैं या उनमें उभार नहीं होता। नाक, कान या स्तन के उभार के लिए रुद्राक्ष, तिल, उड़द, कूट, अपामार्ग, जौ, काली

मिर्च, पिप्पली, बड़ी कटेरी के फूल, सेंधा नमक, असगंध समान मात्र में लेकर चूर्ण बनाकर कपड़े से छान लें। फिर शहद मिलाकर लेप लगाएँ। स्तनों पर लगाने से वह बड़े और सुडौल बनते हैं। बेहतर होगा कि लेप रात को लगाएँ और सुबह उठने के बाद धो लें।

- पेशाब का रूकना एक खतरनाक बीमारी है। इसके लिए रुद्राक्ष से दोगुना गोखरू के जड़, गोखरू के बीज तथा रुद्राक्ष से चार गुना ककड़ी के बीज कांजी के साथ पीसकर लेप बनाकर फोतें पर लगाएँ। महिला हैं तो पेड़ू पर लगाएँ। इससे रूका हुआ मूत्र थोड़ी देर में ही बाहर आ जाता है।
- लगातार दस्त लगने पर रुद्राक्ष, पिन खजूर का गूदा, अफीम समान मात्रा में लेकर पानी के साथ खरल करें। आधी रत्ती की गोलियाँ बना लें। गोली दिन में तीन बार लेने पर आराम मिलता है।
- यह रक्तचाप को नियंत्रित करता है। इसके लिए शुद्ध रुद्राक्ष के दस दाने ताम्र पात्र में 50 ग्राम जल में भिगोकर प्रातःकाल नियमित रूप से सेवन करने से लाभ होता है।
- उच्च रक्तचाप के रोगियों को रुद्राक्ष की माला धारण करना चाहिए, इसके लिए यह आवश्यक है कि रुद्राक्ष की माला रोगी के हृदय तक ही हो। रुद्राक्ष की माला के दाने रोगी के हृदय से अवश्य छूते रहने चाहिए।
- रुद्राक्ष की भस्म को स्वर्णमाक्षिक भस्म के साथ बराबर मात्रा में एक-एक रत्ती सुबह-शाम, दूध, दही या मलाई के साथ रोगी को दिया जाए तो यह चमत्कारी प्रभाव दिखाता है। अतः इसकी चुम्बकीय शक्ति हृदय रोग एवं रक्तचाप में रामबाण का काम करती है।
- शीतला रोग में रुद्राक्ष के दानों को गाय के दूध में भिगोकर प्रातः नित्य कर्म से निवृत्त होकर लेने से शीतला रोग में फायदा होता है, साथ ही उसके द्वारा उत्पन्न गर्मी को शान्त भी करता है।
- तिल के तेल में इस 21 दिन भींगा रहने दें, तत्पश्चात् जहाँ जोड़ों में दर्द हो धीरे-धीरे मलें, कई दिन तक, तत्पश्चात दर्द में कमी हो जाती है।
- उदर का कष्ट दूर करने के लिए एक गिलास पानी में रुद्राक्ष के कुछ दाने रात्रि होते ही भिगों दें, प्रातःकाल इसे पीएँ।
- नींद न आने की बीमारी में, यदि रुद्राक्ष की माला तकिए के नीचे रखकर सोंए तो नींद आ जाती है।
- ट्यूबर कुलेट्स जाति के रुद्राक्ष को घिसकर शहद में औषधि के रूप में देने से सन्निपात, मियादी बुखार, मूर्छा, मिर्गी आदि रोगों में फायदा होता है।
- अगर खाँसी हो तो 10 मुखी रुद्राक्ष को दूध के साथ घिसकर दिन में तीन बार लिया जाए तो खाँसी में आश्चर्यजनक फायदा होता है।
- चतुर्मुखी रुद्राक्ष दूध में उबालकर बीस दिन निरन्तर सेवन करने से मन एवं

मस्तिष्क के सब विकार दूर हो जाते हैं तथा स्मरण शक्ति बढ़ती है।

- पता चला है कि उत्तरकाशी के उत्तर पश्चिमी भाग में एक प्रकार का आंवला-सा रुद्राक्ष मिलता है जो सर्वरोग निवारक कहा जाता है। यह रुद्राक्ष कैंसर के रोगों में भी लाभकारी है।

15.3 रुद्राक्ष कब पहने

रुद्राक्ष सोमवार को या शिवरात्रि के दिन दूध, शहद एवं घी के मिश्रण में डुबोकर पहनें। इसके पहले *'ओम नमः शिवाय'* का 108 बाद जप करें। रुद्राक्ष हमारे धार्मिक ग्रंथों में एक चमत्कारिक चीज कहीं गई है । इसे ऋषियों ने अपने अनुभव एवं प्रयोग के आधार पर इसको अमूल्य तथा अतुलनीय वस्तु कहा है। रुद्राक्ष का नाम चारों वेदों में अंकित है। रुद्राक्ष की इतनी धार्मिक महत्ता तथा औषधीय गुण होने के कारण यह आवश्यक हो जाता है कि हमारे देश में इसके धार्मिक एवं औषधीय गुणों पर अनुसन्धान हों। अगर इसके सभी गुण अनुसन्धानों द्वारा पुष्ट होते हैं तो दुनिया में इसका अधिकाधिक प्रचार किया जा सकता है और हमारा देश इस पर आधारित बहुत-सी औषधियाँ बनाकर दूसरे देशों में बेच सकता है।

घर एवं वास्तु

मनुष्य की अनेकों आवश्यकताओं में से तीन मुख्य हैं, वे हैं रोटी, कपड़ा और मकान। रोटी, कपड़े के बाद मकान की आवश्यकता आती है। 24 घंटे में मनुष्य 8-10 घंटे काम के सिलसिले में घर के बाहर रहता है, बाकी समय वह घर में ही बिताता है। इसलिए उसका घर ऐसा होना चाहिए जो आरामदेह, सुविधाजनक हो तथा परिवार के सभी लोगों की आवश्यकताओं की पूर्ति करता हो। कभी-कभी लोग वर्तमान आवश्यकताओं को देखते हुए तो मकान बना लेते हैं, परन्तु बढ़ते परिवार की आवश्यकताओं को देखते हुए योजना नहीं करते। बढ़ते परिवार के साथ घर छोटा पड़ने लगता है और सुविधाएँ कम होने लगती हैं।

घर अगर वास्तुशास्त्र के सिद्धान्तों के मुताबिक बनाया जाए तो परिवार के लोगों का स्वास्थ्य, यश, प्रतिष्ठा बनी रहेगी तथा वे धन्य-धान्य से पूरित रहेंगे। अच्छा होगा यदि आप जब भी घर बनाएँ या खरीदें, वास्तुशास्त्र के नियमों का जहाँ तक सम्भव हो सके पालन करें। वैसे आजकल के जमाने में जब सरकार या सहकारी समितियों तथा अन्य कालोनी बनानेवाली फर्मों द्वारा कालोनियाँ बनाई जा रही हैं तो उसमें वास्तुशास्त्र के सिद्धान्तों का ध्यान रख पाना बड़ा मुश्किल हो जाता है। परंतु स्थिति जैसी भी हो उसका ध्यान करते हुए वास्तुशास्त्र के सिद्धान्तों को अपनाकर विशेष लाभ उठाएँ। नीचे इन सिद्धान्तों का संक्षेप में वर्णन किया जा रहा है :

16.1 ब्रह्ममांडीय ऊर्जाएँ

वास्तु की शब्दावली में दो प्रकार की ब्रह्ममांडीय ऊर्जाएँ होती हैं—एक सकारात्मक ब्रह्ममांडीय ऊर्जा और दूसरी नकारात्मक ब्रह्ममांडीय ऊर्जा। ये दोनों प्रकार की ऊर्जाएँ प्रकृति में स्वाभाविक रूप से सदैव विद्यमान रहती हैं।

यह सर्वविदित है कि हमारे शरीर की ये कोशिकाएँ किसी भी सकारात्मक अथवा नकारात्मक ऊर्जा तरंगों के प्रति अत्यन्त संवेदनशील होती हैं। अतः प्रकृति का

छोटा-सा असन्तुलन भी इन कोशिकाओं पर प्रतिकूल प्रभाव डाल सकता है। एक दीर्घ अवधि तक बने रहनेवाले ये प्रभाव हमारे स्वास्थ्य एवं जीवन के सुख-दुख के निर्धारण में भी महत्त्वपूर्ण भूमिका निभा सकते हैं। अतः हमें ऐसे उपाय अपनाने चाहिए जिसमें सकारात्मक ऊर्जा को बल मिले और नकारात्मक ऊर्जा क्षीण हो।

नकारात्मक ब्रह्ममांडीय ऊर्जा : कुछ ऐसी नकारात्मक ऊर्जाएँ आपके घर के सामने, भीतर या आसपास विद्यमान रहती हैं, जो आपके जीवन में अस्थिरता पैदा कर सकती हैं। ऐसी ऊर्जाओं की दिशा बदलकर इनके दुष्प्रभावों में कमी करके उन्हें लाभकारी बनाएँ। ऐसी ऊर्जा के उदाहरण दक्षिण, दक्षिण-पश्चिम (नैऋत्य) या पश्चिम दिशा में पहले से बने मुख्य द्वार, रास्ते की बीच खड़ा बिजली का खम्भा या पेड़, सामने धुआँ उगलती चिमनी, मकान के सामने ट्रांसफार्मर, सीधे भवन के सामने से आकर आपके घर पर समाप्त होता हुआ मार्ग अथवा टी-जंक्शन आदि हैं। इन्हें वास्तुशास्त्र में मार्ग-शूल की संज्ञा दी गई है। ऐसी नकारात्मक ऊर्जाओं के कारण भवन में रहनेवाले परिवार के सदस्यों के जीवन में सदा उथल-पुथल और अस्थिरता की सी स्थिति बनी रहती है। ऐसे नकारात्मक तत्त्वों के प्रभाव को दूर करने के लिए आप अपने भवन के उस भाग पर एक अष्टकोणीय दर्पण या फेंगशुई का बागुआ-दर्पण प्रयोग करें। परम्परागत भारतीय पद्धतियों में घर के सामने किसी भी ऐसी नकारात्मक शक्ति के दुष्प्रभावों को दूर करने के लिए भवन के प्रवेश द्वार के दोनों ओर वाममुखी गणेश (जिसमें गणेश की सूँड़ उनके अपने बाईं ओर हो) को द्वार के ऊपर लगाएँ। स्वस्तिक, ओम एवं त्रिशुल के चिह्न को भवन के बाहर मुख्य दरवाजे पर लगाना। यह बाहर से भवन की ओर आनेवाली नकारात्मक ऊर्जाओं को भवन में प्रवेश नहीं करने देगा।

कुछ नकारात्मक ऊर्जाएँ जो भवन के अन्दर रहती हैं। हमारे जीवन के लिए बड़ी कष्टदायक होती हैं। उदाहरणार्थ भवन के अन्दर उत्तर-पूर्व में शौचालय, गटर या सीवर का मेन होल या अन्य कोई ऐसा दूषित स्थान जो कि उस स्थान की पवित्रता को भंग करता हो तो ऐसे स्थान पर एक शीशे की प्लेट में कच्चे समुद्री नमक के क्रिस्टल रखना वहाँ के दुष्प्रभाव को समाप्त करने का सरल, सर्वोत्तम और सस्ता उपाय है। इस प्रकार की नकारात्मकता वाले स्थानों पर एक मिट्‌टी की प्याली में कपूर की टिकिया रख दें। इससे नकारात्मक ऊर्जाएँ दूर की जा सकेंगी।

सकारात्मक ब्रह्ममांडीय ऊर्जा : विभिन्न सकारात्मक ऊर्जाओं में वृद्धि करने के लिए आप भवन के पूर्व और उत्तर एवं पूर्वोत्तर दिशाओं में प्रकाश की समुचित व्यवस्था करें और काली तुलसी के पौधे लगाएँ। सुबह उठते ही सोने के कमरे या ड्राइंग रूम में धार्मिक या पवित्र धुन वाली ध्वनि, आरती, भजन आदि के कैसेट चलाकर दिन की शुरुआत करें। धार्मिक उत्सवों जन्मदिन आदि के अवसर पर मुख्य द्वार को रंग-बिरंगी रंगोली से सजाएँ। भवन में या आसपास देखने में टेढ़े-मेढ़े पेड़-पौधे, कैक्टस, रबड़ का पौधा, सूखे ठूँठ, बोनसाई, कूड़ा-करकट, खाली घड़े आदि न रखें। इन तरीकों को अपनाकर आप अपने भवन और जीवन को सकारात्मक ऊर्जा से परिपूर्ण कर

सकते हैं। घर के सामने, पीछे एवं रास्ते के दोनों ओर फल या फूलों के पौधे लगाएँ। इनसे सकारात्मक ऊर्जा का स्रोत विकसित होगा।

सकारात्मक ऊर्जा बढ़ाने के कुछ और उपाय नीचे दिए जा रहे हैं :

- घर का उत्तर-पूर्व का भाग खुला रखें, क्योंकि ईश्वर का आशीर्वाद और अनुकम्पा इसी दिशा से मिलती है।
- शाम के समय बैठक के दक्षिण-पूर्व में प्रतिदिन दीपक जलाएँ।
- जल सकारात्मक ऊर्जा को संचित करती है, इसलिए उत्तर दिशा में फव्वारा या एक्वेरियम रखें।
- टपकते नल, खराब बल्ब और टूटे शीशे आदि चीजें अशुभ फलदायी होती हैं।
- बिगड़े उपकरण, टूटी टाइलें, टूटी तथा चटकी हुई क्रॉकरी, खराब घड़ियाँ आदि घर में न रखें, क्योंकि इनसे नकारात्मक शक्ति को बढ़ावा मिलता है और सम्बन्धों में दरार बढ़ती है।
- बच्चों की अच्छी पढ़ाई के लिए पढ़ने की मेज के उत्तर-पूर्व कोने में क्रिस्टल का बॉल न रखें।
- घर के मुख्य द्वार या खिड़की के सामने कोई पेड़ हो तो बाहरी दीवार पर पेड़ की ओर अभिमुख करके एक उत्तल दर्पण लगा दें।
- सूर्य येंग ऊर्जा का परिचायक है। सूर्य का चित्र घर में लगाने से नए-नए मित्र बनते हैं और सामाजिक दायरा बढ़ता है।
- फेंगशुई के अनुसार मुख्य द्वार पर विंडचाइम की मधुर आवाज को शुभ माना जाता है।
- अपने घर में फालतू एवं अनुपयोगी चीजों का संग्रह न करें, इससे परिवार की आर्थिक तरक्की रूक जाती है।
- प्रवेश द्वार पर बंदनवार लगाएँ। मंगल कलश स्थापित करें। श्री गणेश जी की प्रतिमा, स्वस्तिक चिह्न या सभी अन्य धर्मों का अपने विश्वास एवं मत की परम्परा के अनुरूप द्वार पर मांगलिक चिह्न लगाएँ। इससे भवन का प्रवेश द्वार वास्तु की कल्याणकारी ऊर्जाओं में वृद्धि करके सम्पूर्ण भवन को शुभ ऊर्जा से परिपूर्ण कर देता है। प्रवेश करने के मार्ग को यदि आप तरह-तरह के पेड़-पौधों और फूलों की क्यारी से सजाएँ तो घर में प्रवेश करते समय स्वयं आपका और आगन्तुकों का मन प्रफुल्लित हो उठेगा।
- दरवाजा खोलने पर अगर उसमें बाँसुरी या तुरही का स्वर गूँजे तो इसे सकारात्मक समझा जाता है। दरवाजा खोलते या बंद करते समय अगर चरमराने की आवाज निकले तो अशुभ माना जाता है। दरवाजा पूरा-पूरा खुलना चाहिए।
- घर के किसी भी दरवाजे के पीछे फर्श पर बिछे हुए गलीचे का उभरा हिस्सा या रैक आदि के कारण दरवाजा पूरी तरह नहीं खुलता है तो शुभ नहीं है।

- आपका घर यदि भूतल पर है, तो आप घर में पिरामिड जमीन में गाड़कर सकारात्मक ऊर्जाओं को प्राप्त कर सकते हैं। इस हेतु किसी विशेषज्ञ से सलाह लेकर ही कार्य कराएँ अन्यथा समय एवं पैसा दोनों की बर्बादी होगी।

16.2 वास्तु और दिशाएँ

पुराने जमाने में हमारे पूर्वज वास्तु की दृष्टि से दिशाओं को बहुत अहमियत देते थे। कभी-कभी कहीं जाने से पहले कहते थे कि अमुक दिन उस तरफ (किसी विशेष दिशा) में न जाएँ। इसी तरह मकान के अन्दर रसोई, शयन कक्ष, ड्राइंग रूम इत्यादि किधर हों, उस पर भी बहुत महत्त्व देते थे। उनकी दृष्टि में दिशाओं तथा ऊर्जा में एक भारी सम्बन्ध था। इसी दृष्टि में वास्तु विधा का जन्म हुआ।

दिशाएँ चार प्रकार की होती हैं—पूर्व, पश्चिम, उत्तर और दक्षिण तथा इसके चार कोण होते हैं—उत्तर-पूर्व, दक्षिण-पूर्व, उत्तर-पश्चिम, दक्षिण-पश्चिम जिन्हें क्रमशः ईशान कोण, आग्नेय कोण, वायव्य कोण तथा नैऋत्य कोण कहते हैं। इसके अलावा एक खुला हुआ केन्द्र होता है जिसका स्वामी आकाश होता है। सभी ऊर्जा आकाश के द्वारा आती है। उपरोक्त का वर्णन नीचे दिया जा रहा है

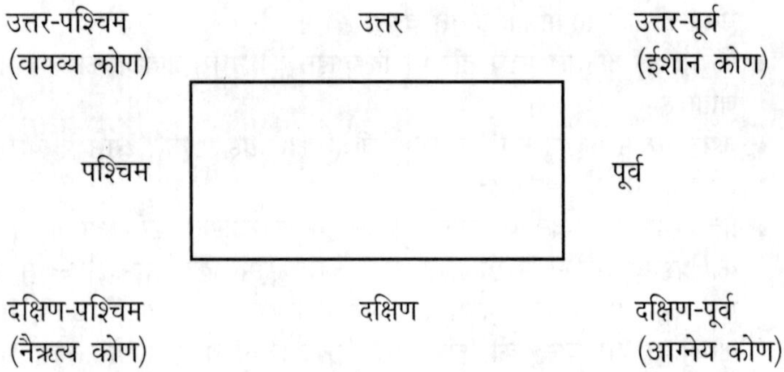

उत्तर-पूर्व (ईशान कोण) : इसका स्वामी जल है। ईशान कोण वास्तु की दृष्टि से सबसे महत्त्वपूर्ण है। यदि यह कोण दूषित रहता है तो सभी दिशाएँ सही होने पर भी कोई लाभ नहीं मिलता है। पानी का कुआँ अथवा जल स्रोत इस दिशा में रखें। इस दिशा को हमेशा साफ रखें, क्योंकि यह देवस्थान माना जाता है। अतः यहाँ पूजा-स्थल रखना चाहिए। इस दिशा में झाड़ू भूलकर भी न रखें।

दक्षिण-पूर्व (आग्नेय कोण) : इसका स्वामी अग्नि है। रसोईघर, रसोई भंडार तथा भट्टी इस दिशा में रखें। इस दिशा में भारी सामान न रखें। हमेशा सफाई रखें। भूमिगत पानी टंकी इधर नहीं होनी चाहिए।

उत्तर-पश्चिम (वायव्य कोण) : इसका स्वामी वायु है। यहाँ पर अतिथियों के लिए कमरा या बढ़िया सामान रखें। यह दिशा शौचालय, सेप्टिक टैंक, अध्ययन कक्ष, गैराज के लिए लाभदायक है। इस दिशा में कैश बॉक्स नहीं रखना चाहिए।

दक्षिण-पश्चिम (नैऋत्य कोण) : इसका स्वामी पृथ्वी है। यह सब तत्त्वों से स्थिर है। परिवार के मुखिया का शयनकक्ष हेतु सर्वाधिक उपयुक्त है। इस दिशा में भारी सामान रखा जा सकता है। इस कोण में किसी भी प्रकार का बेसमेंट या कुआँ नहीं होना चाहिए।

केन्द्र : इसका स्वामी आकाश है। कोशिश करें कि इस स्थान पर कोई सामान न रखें। यह भूखंड के बीच का स्थान (आँगन) है। यह खुला और साफ रखना चाहिए। जूठे बर्तन आँगन में न रखें। इसे बिलकुल साफ रखें।

16.3 भूमि चयन में वास्तुशास्त्र

भूमि का चयन वास्तुशास्त्र के अनुसार बड़ी सावधानी से करना चाहिए। उत्तम भूमि वह भूमि है जहाँ सड़क, बिजली, पानी तथा उसके निकारा की सुविधा उपलब्ध हो। शुष्क, बंजर भूमि, घर, व्यापारिक तथा औद्योगिक प्रतिष्ठान, फैक्टरी के लिए अशुभ मानी जाती है। अतः भूमि का चयन सभी सुविधाओं को देखते हुए करना चाहिए।

भूखंड की आकृति : ऐसा भूमि जो ईशान कोण (उत्तर-पूर्व) में हो शुभ मानी जाती है। वर्गाकार या आयताकार भूमि अच्छी मानी जाती है। यदि कोई विकल्प न हो तो सिंह मुखाकार, षट्कोणाकार वाली भूमि भी उपयोग में लाई जा सकती है। परंतु यह द्वितीय श्रेणी की भूमि मानी जाएगी। व्यापार, उद्योग आदि के लिए भूखंड का ढाल पूर्व या उत्तर दिशा की ओर रखना चाहिए। भूमि के चारों दिशाओं में टेढ़ी-मेढ़ी, कटी-फटी आकृति, शल्य दोष, पोली, छिद्र दोष आदि कमियों को दूर कर लेना चाहिए।

भूमि के आसपास, सामने कोई बड़ा मंदिर, मजार, वृक्ष आदि नहीं होना चाहिए। कोई भी मार्ग मुख्य द्वार पर आकर समाप्त न हो। यदि भूमि के चारों ओर मार्ग हो तो अत्यन्त शुभ होता है।

भूखंड को उपयोगी कैसे बनाएँ : भूखंड को उपयोगी बनाने के लिए उत्तर-पूर्व से ज्यादा जगह छोड़ी जाए। वहाँ पर पेड़-पौधे और दूब आदि लगाकर सुन्दर बनाएँ। इसी स्थान पर पानी की उचित व्यवस्था, स्विमिंग पुल आदि बनाएँ। जहाँ तक हो सके इस दिशा में अन्य निर्माण न करना ही लाभदायक होता है।

सभी स्थानों पर ऐसी व्यवस्था हो पाना कठिन है, इसलिए यदि दक्षिण या पश्चिम-मुखी भूखंड हों तो उसकी योजना इस प्रकार से करें कि उत्तर एवं पूर्व का भाग ज्यादा से ज्यादा खाली हो तथा पश्चिम और दक्षिण में कम स्थान छोड़ें।

भवन में लकड़ी का प्रयोग : भवन में जहाँ तक हो सके एक ही प्रकार की लकड़ी का प्रयोग करना चाहिए। सागौन, साल, शीशम, अशोक, अर्जुन तथा कदम्ब

की लकड़ी के दरवाजा, खिड़की, चौखट बनवाना शुभ है। आम की लकड़ी ईश्वर की अनुकम्पा-आशीर्वाद देती है। सागौन की लकड़ी का प्रयोग करने से धन-धान्य तथा यश में वृद्धि होती है। नीम की लकड़ी कलाओं-दस्तकारियों में सिद्धहस्त और दक्षता देती है तथा शिक्षा, ज्ञान और प्रसिद्धि के लिए शुभ होती है।

पीपल, वट, ताड़, इमली आदि की लकड़ी प्रयोग में नहीं लाना चाहिए। इनके प्रयोग करने से रोग तथा कई अन्य समस्याओं का सामना करना पड़ता है। प्राकृतिक आपदा, आग से जली हुई, वर्षा, तूफान, भूकम्प आदि से गिरे हुए वृक्षों की लकड़ी का प्रयोग नहीं करना चाहिए।

वास्तुशास्त्र के अनुसार एक ही प्रकार की लकड़ी का प्रयोग श्रेष्ठ एवं शुभ होता है, जो शल्य दोष भी दूर करता है। दो या तीन प्रकार की लकड़ी का प्रयोग मध्यम फलदायी होता है।

16.4 घर के विभिन्न भाग तथा वास्तुशास्त्र

घर में सबसे मुख्य होता है प्रवेश द्वार, उसके बाद ड्राइंगरूम, बेडरूम, रसोईघर, पूजाघर, अध्ययन कक्ष, बाथरूम और टॉयलेट, घर की सीढ़ियाँ, बेसमेंट आदि आते हैं। ये कैसे तथा किस दिशा में बनाए जाएँ इनके बारे में आगे जानकारी दी जा रही है–

16.4.1 कैसा हो घर का प्रवेश द्वार

वास्तुशास्त्र में घर का प्रवेश द्वार बहुत महत्त्वपूर्ण माना जाता है। अगर प्रवेश द्वार वास्तु के नियमों के अनुकूल बनाया जाए तो इससे परिवार की सुख-समृद्धि में वृद्धि होती है।

भवन के मुख्य द्वार को हमेशा साफ-सुथरा रखना चाहिए। द्वार के बाहर या भीतर एक पायदान होना चाहिए जिससे जो कोई आए वह अपने जूते एवं चप्पल रगड़कर आए। मुख्य द्वार में घुसते ही सामने स्वस्तिक या लक्ष्मी-गणेश तथा अपने-अपने धर्मानुसार कोई मूर्ति, शुभ-चिह्न लगाना चाहिए, जिससे घर में सकारात्मक ऊर्जा मिलती रहे।

हर व्यक्ति यश कमाना तथा सफलता प्राप्त करना चाहता है, लेकिन कभी-कभी मेहनत और संघर्ष के बावजूद सफलता नहीं मिलती। हो सकता है इसका कारण आपके घर के मुख्य द्वार का सही दिशा में न होना हो। मुख्य द्वार वास्तु के अनुकूल न होने पर कई तरह की परेशानियों और व्याधियों से आप घिर जाते हैं। इसके लिए क्या करें–

प्रवेश द्वार सदा आयताकार होना चाहिए। यह कभी भी वर्गाकार, तिकोना, गोल या बहुभुज आकृति का न हो। सामान्यतया मुख्य द्वार लकड़ी का बना हो और इसे बनाने में किसी पुराने भवन से उतारी हुई चौखट या पुरानी लकड़ी का प्रयोग न करें।

प्रवेश द्वार की ऊँचाई चौड़ाई से दोगुनी रखना शुभ होता है। प्रवेश द्वार को अन्य भीतरी दरवाजों की तुलना में सबसे बड़ा होना चाहिए।

घर का मुख्य दरवाजा अन्य दरवाजों की अपेक्षा ऊँचा और मोटा होना चाहिए। इसे सुन्दर एवं आकर्षक बनाना चाहिए। इससे घर में सुख, ऐश्वर्य, समृद्धि, धन-वैभव रहता है। बड़े-बड़े शहरों में व्यावसायिकता के चलते बिल्डर आदि इन पहुलओं पर ध्यान ही नहीं देते। भवन बनानेवाली संस्थाएँ जब किसी योजना का ले आउट बनाए तो उन्हें वास्तुशास्त्र के मुताबिक घर बनाना चाहिए।

आमतौर पर किसी भी भवन में मुख्य रूप से एक या दो प्रवेश द्वार होते हैं। इनमें से प्रथम प्रवेशद्वार से हम भवन की चहारदीवारी में प्रवेश करते हैं और द्वितीय द्वार से हम भवन की इमारत में प्रवेश करते हैं। जहाँ तक भवन में प्रवेश के लिए बनाई गई चहारदीवारी के मुख्य दरवाजों का सम्बन्ध है तो इसे सम्पूर्ण भवन के सभी दरवाजों में सबसे बड़ा होना चाहिए जिससे कि कार एवं ट्रक आदि वाहन आसानी से भवन की चहारदीवारी में प्रवेश कर सकें। प्रवेश करने के मार्ग में कोई गड्ढ़ा, टीला, पेड़ की रूकावट, सीवर का मेनहोल आदि होना वास्तु की दृष्टि से नकारात्मक स्थिति पैदा करता है। नकारात्मक मुख्य द्वार जीवन में अनेकों समस्याओं को उत्पन्न करता है। अतः इनसे बचें।

16.4.2 घर के सामने वर्जित है रूकावट

भवन के मुख्य द्वार के सामने या आसपास कभी-कभी कुछ द्वार-वेध या मार्ग-वेध भी हो सकते हैं जैसे सामने से आकर आपके भवन पर 'टी' बनाती सड़क या गली, कोई बिजली का खम्भा, प्रवेश द्वार के बीचोबीच में कोई पेड़, सामने के भवन में बने हुए नुकीले कोने, जो आपके द्वार की ओर चुभने जैसे अनुभूति देते हों। ये घर में सदस्यों के पारस्परिक सौहार्द में कमी कर सकते हैं। ऐसे नकारात्मक लक्षणों से बचने के लिए आपको चाहिए कि उन नुकीले कोनों को मार्ग के सामने से हटाने का प्रयास करें, फिर भी यदि किन्हीं कारणों से इनको हिलाना-डुलाना सम्भव न हो तो अपने प्रवेश द्वार या गेट का ही स्थान थोड़ा हटाकर बना लें। फ्लैटों या बहुमंजिली इमारतों के सन्दर्भ में एक बड़ी विवशता यह आती है कि हम न तो किसी द्वार वेध को हटा सकते हैं और न ही अपने प्रवेश द्वार का स्थान कहीं दाएँ-बाएँ खिसका सकते हैं, तो ऐसी स्थिति में भी प्रवेश द्वार के अशुभ लक्षणों या वेधों का प्रभाव समाप्त कर सकते हैं। कोरीडोर के अंतिम छोर पर स्थित मुख्य द्वार के ऊपर वाममुखी गणेश जी (जिनकी सूँड़ गणेश जी के अपने बाईं ओर हो) के एक जैसे दो प्रतिरूप चौखट के ऊपर एक बाहर एक अन्दर लगा दें। ऐसा करना मुख्य द्वार को कल्याणकारी बनाएगा। यदि फ्लैट पश्चिम मुखी हो तो शनि के प्रभाव को अनुकूल बनाने के लिए काले घोड़े की नाल को द्वार की चौखट के ऊपर इस तरह लगाएँ कि इसका खुला सिरा नीचे की

ओर हो। दक्षिणमुखी फ्लैट से वास्तु लाभ प्राप्त करने के लिए मुख्य द्वार की चौखट के नीचे एक पतली-सी चाँदी अथवा ताँबे का तार दबा देने से वास्तु के भूमि तत्त्व की दक्षिण दिशा की नकारात्मकता को पूर्णतः ठीक किया जा सकता है।

दरवाजे प्रायः भीतर को खुलने वाले हों तो अच्छा रहता है। जहाँ तक सम्भव हो पूर्व एवं उत्तरमुखी भवन का मुख्य द्वार पूर्वोत्तर अर्थात ईशान कोण में बनाएँ। पश्चिम-मुखी भवन में उत्तर-पश्चिमी के कोण में और दक्षिणमुखी भवन में द्वार दक्षिण-पूर्व में होना चाहिए। यदि किसी कारणवश आप उपरोक्त दिशा में प्रवेश द्वार का निर्माण न कर सकें तो भवन के मुख्य (आंतरिक) ढाँचे में प्रवेश के लिए उपरोक्त में से किसी एक दिशा को चुन लेने से भवन के प्रवेश द्वार का वास्तु दोष समाप्त हो जाता है।

16.4.3 मुख्य द्वार किस दिशा में :

- यदि घर का मुख्य दरवाजा उत्तर दिशा में हो तो यहाँ रहने वालों के पास हमेशा धन-वैभव रहता है। समय-समय पर सफलताएँ हाथ लगती हैं।
- यदि पूर्व दिशा में दरवाजे हों तो यहाँ रहनेवाले को नाम, यश, ऐश्वर्य मिलने के साथ वंश में भी वृद्धि होती है। कम समय में तरक्की की कई सीढ़ियाँ पार करते हैं। साथ ही ये सुखी जीवन भी व्यतीत करते हैं।
- यदि घर के आग्नेय कोण में दक्षिण दिशा की तरफ दरवाजे हों तो यहाँ रहनेवालों की आर्थिक स्थिति ठीक रहती है।
- जिस भवन की दक्षिण दिशा में दरवाजे हों तो वहाँ के रहने वालों के पास धन-दौलत तो रहता है, पर वे अक्सर बीमार रहते हैं।
- ईशान कोण में दरवाजे हों तो वहाँ रहनेवालों की वंश वृद्धि के लिए शुभ होता है।
- यदि भवन के नैऋत्य कोण के पश्चिम दिशा में दरवाजे हों तो उनके पास धन की कमी नहीं होती, लेकिन दूसरे लोग उनकी दौलत को लूट भी लेते हैं। इसलिए सावधानी बरतना जरूरी है।
- यदि भवन के पश्चिम दिशा में खिड़की या दरवाजे हों तो यहाँ रहनेवाले को अधिक खर्च उठाना पड़ता है। सुख, धन-वैभव सब सामान्य रहता है।
- यदि भवन के वायव्य कोण की पश्चिम दिशा में दरवाजे हों तो यहाँ रहनेवालों को सुख, ऐश्वर्य, सफलता और धन-दौलत मिलता है।
- यदि भवन के आग्नेय कोण में पूर्व दिशा की तरफ दरवाजे हों तो यहाँ रहनेवाले हमेशा बीमारी का सामना करते हैं और दूसरे लोग इन लोगों का पैसा लूट ले जाते हैं।
- यदि भवन के वायव्य कोण की उत्तर दिशा में दरवाजे हों तो यहाँ रहनेवालों को गृह-क्लेश, कोर्ट केस, कर्ज, चिंता, दुश्मनी झेलनी पड़ती है।
- यदि घर का मुख्य द्वार उत्तर या पूर्व दिशा की ओर है, तो वह घर की दीवारों के बीचोबीच कभी नहीं बनवाना चाहिए। वास्तुशास्त्र के मुताबिक इसका

विपरीत असर पूरे परिवार को तबाह कर देता है। इस दिशा में मुख्य द्वार बनवाने की जगह उत्तर-पूर्व कोण है।

- घरों के मुख्य द्वार एक-दूसरे के आमने-सामने नहीं होने चाहिए। अगर ऐसा है तो पड़ोसियों से तकरार की स्थिति पैदा हो सकती है।
- घर के कमरों के अंदरूनी द्वार एक-दूसरे के आमने-सामने नहीं होने चाहिए। इससे घर के सदस्य आपस में उलझ सकते हैं। यदि ऐसी स्थिति है तो द्वारों की स्थिति को बदलना आवश्यक है, ताकि अच्छी ऊर्जाएँ आपस में न टकराएँ।
- ऐसे दरवाजे लगाएँ जो खोलने तथा बंद करने के बाद अपनी पुरानी स्थिति में वापस आ जाएँ। यदि दरवाजे के पले ने हिलते-डुलते हैं अथवा अपनी जगह स्थिर नहीं रहते हैं तो घर में परेशानियाँ तथा विपत्तियाँ आती हैं।
- दरवाजा खोलते समय आँखों के सामने कुछ भी अशोभनीय वस्तु नहीं होनी चाहिए। दरवाजे के एकदम सामने की दीवार पर भव्य लैंडस्केप या किताबों के अलमारी अथवा फूलों के गमले हों तो भीतर आनेवाले पर उसका अच्छा प्रभाव पड़ता है।
- निम्न कोटि के स्थान पर मुख्य द्वार कदापि न बनाएं, अन्यथा भवन में निवास करनेवाले अनेक विकारों एवं परेशानियों के शिकार हो जाएँगे।
- जल से भरा हुआ कलश मुख्य द्वार पर रखने से कई प्रकार की व्याधि घर के बाहर ही रह जाती है।
- मुख्य द्वार से अन्दर प्रवेश करने पर बाईं ओर कुछ भी नहीं रखें इससे वायु का प्रवाह मुख्य द्वार से सही तरीके से घर में नहीं होगा। जूते का रैक मुख्य द्वार के बाईं तरफ न रखें।

16.4.4 मुख्य द्वार की संख्या

भवन में कितने प्रवेश द्वार हों तथा कहाँ बने, इसके बारे में वास्तुशास्त्र के निर्देश निम्न हैं–

- अगर किसी भवन में एक ही मुख्य द्वार बनाना हो तो उसे पूर्व दिशा अथवा उत्तर दिशा में ही बनवाएँ। इससे शुभ फल प्राप्त होगा।
- अगर भवन दक्षिणमुखी अथवा पश्चिममुखी है तो उसमें एक से ज्यादा प्रवेश द्वार बनवाएँ।
- अगर भवन में दो मुख्य द्वारा बनवाने हों तो उन्हें पूर्व एवं दक्षिण दिशा, पूर्व एवं पश्चिमी दिशा अथवा उत्तर तथा दक्षिण दिशा में ही बनवाएँ। दक्षिण एवं पश्चिम दिशा में दो द्वार कभी भी न बनवाएँ, क्योंकि भवन में एक प्रवेश द्वार पूर्व दिशा अथवा उत्तर दिशा में होना अनिवार्य है।
- कभी भी नैऋत्य कोण में मुख्य द्वार न बनवाएं।

16.4.5 ड्राइंगरूम

ड्राइंगरूम उत्तर-पश्चिम (वायव्य) दिशा में होना चाहिए, जहाँ पर आप स्वयं सदैव पूर्व अथवा उत्तराभिमुख होकर बैठें। उत्तर एवं पूर्व की दीवार पर सुन्दर प्राकृतिक दृश्यवाले चित्र लगाएँ और पश्चिम एवं दक्षिण-पश्चिम में भारी शो केस बनाएँ। यहाँ दक्षिण की दीवार पर परिवार का एक ऐसा चित्र लगाएँ जिसमें घर के सभी सदस्य मौजूद हों। ड्राइंगरूम के पूर्वोत्तर कोने में छोटा-सा पानी का झरना, इक्वेरियम या अन्य जलपात्र रखने से इस क्षेत्र की ऊर्जा के स्तर में चमत्कारिक वृद्धि होगी और इससे जीवन में विकास के नए अवसर प्राप्त होंगे। ऐसे सकारात्मक क्षेत्र में आनेवाले आगंतुक का व्यवहार भी आपके प्रति सकारात्मक, सहयोगपूर्ण एवं मधुर होगा।

ड्राइंगरूम में भारी परदे न लगाएँ, क्योंकि इन पर धूल-मिट्टी अधिक चिपकती है जो रहनेवालों को नुकसानदायक है।

नकली फूल ड्राइंगरूम में न रखें। इनके बदले ताजे फूल ही लगाएँ। इनकी सुगन्ध से घर का वातावरण अच्छा रहता है।

ड्राइंगरूम में जहाँ तक हो सके सभी फर्नीचर लकड़ी का होना चाहिए। ड्राइंगरूम में हल्का हरा, हल्का स्लेटी, सफेद या क्रीम रंग का प्रयोग किया जाना चाहिए। यदि ड्राइंगरूम में उत्तर दिशा में खिड़कियाँ-दरवाजे हों तो उन पर हरे पर्दे जिन पर नीले रंग की डिजाइन बनी हो, लगाएँ।

16.4.6 बेडरूम

बेडरूम एक ऐसी जगह होती है जहाँ व्यक्ति सोता और आराम करता है, लेकिन यदि वहाँ का वास्तु सही नहीं होता है तो यह जगह तनाव का कारण बन जाती है। वहाँ नकारात्मक शक्तियाँ उत्पन्न होकर नकारात्मक प्रभाव डालती हैं, जिससे व्यक्ति की मानसिक दशा प्रभावित होती है और आपसी सम्बन्धों को प्रभावित करती है। बेडरूम में वास्तु की दृष्टि से निम्नलिखित बातों का ख्याल रखना चाहिए ताकि अधिक से अधिक सकारात्मक ऊर्जा को ग्रहण किया जा सके और नकारात्मक ऊर्जा को दूर किया जा सके।

वास्तु के अनुसार परिवार के वरिष्ठ या मुख्य सदस्यों के बेडरूम की सर्वोत्तम दिशा मकान के दक्षिण-पश्चिम में स्थित नैऋत्य कोण में होती है। इससे परिवार के मुखिया को जीवन में चहुँमुखी लाभ मिलते हैं और सभी सदस्यों को स्थिरता मिलती है। इस दिशा में रहनेवाले सदस्य सुगमता से सम्पूर्ण परिवार की एकजुटता एवं परस्पर प्रेम बनाए रखते हैं। परंतु यदि किन्हीं कारणों से आपका बेडरूम नैऋत्य कोण में सम्भव न हो तो आप अन्य दिशा में बने बेडरूम के दक्षिण-पश्चिम के कोने में क्रिस्टल रॉक या कट ग्लास के कुछ शो पीस आदि रखकर इस दिशा का लाभ ले सकते हैं।

- बेडरूम में दरवाजे की दिशा दक्षिण-पश्चिम की ओर होनी चाहिए।
- बेडरूम दक्षिण-पश्चिम कोण में होना चाहिए।
- बेडरूम में गहरे रंगों के प्रयोग से बचें। कमरे में सदैव हल्के रंग का प्रयोग करें। दीवारों का रंग ग्रे, ब्लैक या ब्लू नहीं होना चाहिए, क्योंकि ये रंग नकारात्मक भावनाएँ उत्पन्न करती हैं तथा जीवन में नीरसता लाती हैं।
- बेडरूम में आइना कभी भी बेड के ठीक सामने नहीं होना चाहिए। क्योंकि उसके प्रतिबिम्ब से नींद में रूकावट पड़ती है। जाहिर है नींद सही नहीं होगी तो उसका नकारात्मक प्रभाव हमारी मानसिक दशा, दिनचर्या और जीवन से जुड़े तमाम पहलुओं पर पड़ेगा जिसमें सेक्स भी शामिल है। थकान भी अधिक महसूस होगी। वास्तु के अनुसार बिछावन पर लेटकर अपनी शक्ल शीशे में नज़र नहीं आनी चाहिए।
- फेंगशुई के अनुसार भी बेडरूम में ड्रेसिंग टेबल या शीशा नहीं रखना चाहिए। बेडरूम में पति-पत्नी के बीच किसी तीसरे के होने का प्रतीक माना जाता है और इसका दाम्पत्य सम्बन्धों पर नकारात्मक प्रभाव पड़ता है। अगर बेडरूम में शीशा रहता भी है तो उसे इस तरह रखना चाहिए कि बेड पर सोते समय आपकी छाया उस पर न पड़े।
- जहाँ तक हो सके बेडरूम में कोई भी इलेक्ट्रानिक सामान जैसे कंप्यूटर, फ्रिज, टी.वी. न रखें। वैसे भी टी.वी. वगैरह से आपसी सम्बन्ध बहुत प्रभावित होते हैं, क्योंकि अधिक विद्युत ऊर्जा से चलनेवाले ये उपकरण अग्नि तत्त्व को सबल बनाते हैं जिससे पति-पत्नी के बीच तनाव और कलह की आशंका बनी रहती है। सिरहाने घड़ी या इलेक्ट्रानिक सामान न रखें।
- कमरे का प्रकाश बहुत तेज नहीं होना चाहिए, इससे मूड प्रभावित होता है और स्वभाव पर असर पड़ता है। कमरे में यदि रोशनी उचित मात्रा में रहती है तो सकारात्मक ऊर्जा बढ़ेगी और नकारात्मक चीजें जल्दी प्रभावित नहीं करेंगी।

कमरे में कलात्मक चीजें जैसे पेंटिग या फूलों के गुलदस्ते रखें इससे एक ताजगी का अहसास बना रहेगा।

- जहाँ स्वच्छता रहती है वहाँ ईश्वर का वास रहता है, इसलिए कमरा हमेशा साफ-सुथरा रहना चाहिए।
- बेडरूम में जीवित पौधे न रखें, क्योंकि ये पौधे रात्रि में कार्बन-डाइऑक्साइड गैस निकालते हैं जो हानि पहुँचा सकते हैं।
- बेडरूम में अपने किसी मित्र का चित्र न लगाएँ, इससे रिश्तों में मनमुटाव पैदा होता है।
- छत की बीम के नीचे नहीं सोना चाहिए।
- बेडरूम में मंदिर या पूजा स्थल नहीं होना चाहिए। अगर घर में और कोई स्थान नहीं हो तो लकड़ी का मंदिर बनाकर इसमें पर्दा टांग दें।

बेड कैसा तथा कहाँ हो :

- आपका बेड लकड़ी का होना चाहिए। धातुओं के बेड का प्रयोग करने से पति-पत्नी के बीच इगो प्रॉब्लम होती है।
- बेड दीवार को सपोर्ट करते हुए होना चाहिए इससे रिश्ते में मजबूती आती है।
- बेड के पीछे दीवार पर कोई खिड़की नहीं होनी चाहिए, इससे विवाहेत्तर सम्बन्धों की सम्भावना बढ़ जाती है, क्योंकि दीवार का सपोर्ट चला जाता है।

सेक्स और दिशा :

- सिर को उत्तर दिशा में रखकर सोने से न सिर्फ सेक्स लाइफ प्रभावित होती है, बल्कि स्वास्थ्य सम्बन्धी परेशानियाँ भी पैदा होती हैं। सेक्स के बाद थकान भी अधिक महसूस होती है। इसकी मुख्य वजह मैगेनेटिक वैव्स यानी चुम्बकीय तरंगें जो हमें प्रभावित करती हैं।
- दक्षिण की ओर सिर रखकर सोने से सेक्स लाइफ प्रभावित नहीं होता है।
- पश्चिम की ओर सिर रखने से सेक्स लाइफ सामान्य रहती है और सेक्स के बाद नींद अच्छी आती है।
- पूर्व दिशा में सिर रखने से दोनों में से एक पार्टनर/उदासीन होगा जबकि दूसरा कुंठित हो जाएगा।

बेडरूम के भीतर की नकारात्मक ऊर्जा को दूर करने के लिए और सकारात्मक ऊर्जा बढ़ाने के लिए बेडरूम की खिड़की में क्रिस्टल बॉल का एक जोड़ा इस प्रकार लटकाएँ कि वे दोनों एक-दूसरे से छूते हों। यदि पति-पत्नी का शयनकक्ष उत्तर-पश्चिम (वायव्य) दिशा में हो तो इसके दरवाजे में सात पाइपों वाली धातु की विंडचाइम लटकाएँ। इसकी ध्वनि आपके बेडरूम के भीतर और आसपास की ऊर्जा को अपनी मधुर ध्वनि तरंगों द्वारा सकारात्मक बनाएगी। नव-विवाहित के बेडरूम में हल्का गुलाबी और बच्चों के कमरे में हल्का बैगनी या हल्के हरे रंग का भी प्रयोग करें। बेडरूम के भीतर हल्के-फुल्के चित्र जो कि परस्पर प्रेम, स्नेह, अपनेपन आदि के प्रतीक हों लगाएँ। यहाँ की दीवारों पर पेस्टल या बहुत हल्के रंगों का जैसे सफेद, क्रीम, ऑफ ह्वाइट, आइवरी क्रीम आदि रंगों का इस्तेमाल करना चाहिए।

16.4.7 रसोईघर

रसोईघर घर का एक प्रमुख अंग है जहाँ गृहिणी दिन-रात में आठ-दस घंटे समय व्यतीत करती हैं, क्योंकि खाना बनाने का काम रसोई घर में होता है, वहाँ सफाई की परम आवश्यकता होती है। गाँवों में अधिकतर घरों में रसोई के फर्श कच्चे होते हैं। ये हानिकारक हैं, क्योंकि इनसे संक्रमण फैलने का डर रहता है। गाँवों के विकास में रसोई का विकास मुख्य मुद्दा होना चाहिए। रसोई का फर्श पक्का होना चाहिए तथा लगभग डेढ़ मीटर दीवारें भी पक्की होनी चाहिए। शहरों में अधिकतर रसोईघर पक्के

होते हैं। सम्पन्न लोग रसोई के फर्श में मारबल या टाइल्स लगवाकर बनवाते हैं, क्योंकि गृहिणी का काफी समय रसोईघर में बीतता है, अतः रसोईघर बनाते समय वास्तुशास्त्र और फेंगशुई सम्बन्धी नीचे लिखे सामान्य नियमों का पालन करें तो भवन में रहनेवाले काफी सुखद एवं तनाव रहित जीवन व्यतीत कर सकते हैं।

घर में रसोईघर कहाँ तथा कैसा हो : रसोईघर हमेशा पूर्व-दक्षिण (आग्नेय) दिशा में ही होनी चाहिए। इसके अलावा रसोईघर उत्तर-पश्चिम में भी बनाई जा सकती है। यदि घर में अग्नि आग्नेय कोण में हो तो यहाँ रहनेवाले कभी भी बीमार नहीं होते। ये लोग हमेशा सुखी जीवन व्यतीत करते हैं। यदि रसोईधर दक्षिण दिशा में हो तो परिवार वाले हमेशा स्वस्थ एवं सेहतमंद रहते हैं। उनके यहाँ धन-वैभव बरकरार रहता है।

रसोईघर पूर्व-दक्षिण दिशा में होने से प्रातःकाल से दोपहर तक सूर्य की किरणों का प्राकृतिक लाभ प्राप्त होता है। दिन में पूर्व दिशा की खिड़की खोलकर प्राकृतिक प्रकाश का प्रयोग करें। रसोई में कृत्रिम प्रकाश के स्रोत दाईं, बाईं या सामने की ओर स्थित होने चाहिए। अगर प्रकाश पीठ पीछे से आता है तो प्रकाशपुंज गृहिणी की परछाईं को स्टोव या चूल्हे पर डालता रहेगा और ऐसे में पकता हुआ भोजन भी स्पष्ट दिखाई नहीं देगा।

रसोईघर के फर्श पर ग्रेनाइट कभी न लगाएँ। सिर्फ रसोई के प्लेटफार्म पर काले रंग का ग्रेनाइट लगा सकते हैं। यदि आपका रसोईघर भवन के पूर्व-दक्षिण (आग्नेय) कोण में स्थित नहीं है तो आप अपने गैस स्टोव को कुछ इस प्रकार व्यवस्थित करें कि खाना पकाते समय आपका मुख पूर्व दिशा की ओर हो। यह भी ध्यान रखें कि रसोई में अग्नि और जल के स्थान के मध्य एक उपयुक्त दूरी हो। इन दोनों तत्त्वों के पास-पास होने से घर में कलह या पति-पत्नी में व्यर्थ का अनबन होने की सम्भावना बढ़ जाती है। फिर भी यदि इन दोनों को दूर करना सम्भव न हो तो दोनों के बीच में एक खड़े पत्थर, लकड़ी या गमले में लगे पौधे से एक रूकावट खड़ी कर दें, ताकि इन दोनों के बीच परस्पर विरोधी तत्त्वों के बीच की दूरी कायम रहे। ज्योतिष शास्त्र की दृष्टि से जल तत्त्व बृहस्पति एवं अग्नि तत्त्व मंगल का प्रतीक तत्त्व है। अतः इनकी प्रकृति एवं दिशाएँ भी भिन्न होती हैं। रसोईघर में जल तत्त्व का संतुलन बनाने के लिए आप रसोई के भीतर उत्तर दिशा में कोई जल पात्र जैसे घड़ा, वाटर फिल्टर आदि रखें।

16.4.8 रसोई सम्बन्धी वास्तु-दोष कैसे दूर करें

- रसोईघर में बर्तन और अन्य सामान रखने के लिए रैक या अलगारी दक्षिण-पश्चिम दीवारों पर ही बनाना चाहिए। पूर्व और उत्तर की दीवारों पर कभी न बनवाएँ।
- रसोईघर में पानी पीने के मटके और नल उत्तरी-पूर्व कोने में होने चाहिए।

बर्तन इत्यादि धोने का सिंक रसोई के उत्तर में होना शुभ होता है।

- रसोई में चूल्हा रखने का प्लेटफार्म पूर्व दिशा में बनाना चाहिए, ताकि चूल्हा पश्चिम मुखी रखा जा सके और भोजन बनानेवाला पूर्वमुखी होकर भोजन बना सके।
- रसोईघर में फ्रिज उत्तर-पश्चिम दिशा में रखना शुभ होता है। फ्रिज को हमेशा भरा हुआ रखना चाहिए। मिक्सर एवं अन्य विद्युत उपकरण दक्षिण दिशा में प्लेटफार्म बनाकर रखें।
- गैस या चूल्हे के पास पानी का मटका न रखें। फ्रिज के ऊपर ओवन या टोस्टर कभी न रखें।
- रसोईघर या मकान में किसी भी नल का टपकना शुभ नहीं होता इसकी तुरन्त मरम्मत करानी चाहिए। माना जाता है कि इससे पैसा पानी की तरह बह जाता है। वास्तुशास्त्र में जल को सम्पत्ति माना गया है।
- रसोईघर में टूटे-फूटे बर्तन, क्राकरी इत्यादि कभी न रखें, इससे नकारात्मक ऊर्जा उत्पन्न होती है। रसोईघर में झाडू दिखना अशुभ होता है, अतः इसको छुपाकर रखें।
- रसोईघर के स्टोर रूम में कभी भी खाली डिब्बे/कंटेनर नहीं रखने चाहिए। यदि खाली डिब्बे हों तो भरे हुए डिब्बे से थोड़ा सामान उनमें डालकर रखें।
- रसोईघर एवं स्टोररूम अलग-अलग ही होने चाहिए। जिस रसोईघर के अन्दर ही स्टोर रूम हो वहाँ के गृहस्वामी को अपने नौकरी में, व्यापार में काफी कठिनाइयों का सामना करना पड़ता है।
- झाडू-पोंछा, ब्रुश एवं साफ-सफाई के अन्य उपकरण रसोईघर के नैऋत्य कोण (दक्षिण-पश्चिम) में रखने चाहिए। ईशान कोण में थोड़ी देर के लिए भी नहीं रखना चाहिए।
- रसोईघर के दक्षिण-पश्चिम भाग में गेहूँ, आटा, चावल आदि अनाज रखें।
- रसोई घर के बीचोबीच कभी भी गैस, चूल्हा आदि नहीं जलाएँ और न ही रखें।
- कभी भी उत्तर दिशा की तरफ मुख करके खाना नहीं पकाना चाहिए।
- रसाईघर के द्वार के सामने चूल्हा नहीं होना चाहिए। ऐसे चूल्हे पर खाना बनानेवाली महिला को कमर दर्द या घुटनों में दर्द होने की शिकायत रहती है। अतः चूल्हा इस तरह रखें कि खाना बनाते समय गृहिणी का मुख पूर्व दिशा की तरफ रहे।
- रसोईघर में पूजा स्थान बनाना वर्जित है।

16.4.9 पूजाघर

वास्तुशास्त्र के मुताबिक पूजाघर हमेशा ईशान कोण एवं उत्तर दिशा के मध्य अथवा ईशान कोण एवं पूर्व दिशा के मध्य बनवाना चाहिए, क्योंकि ईशान कोण का स्वामी

ईश को माना गया है, साथ ही यह कोण पूर्व एवं उत्तर दिशाओं के शुभ कोणों से युक्त होता है। घर में पूजा की जगह निर्धारित करते समय निम्न बातों का ध्यान रखें–

- पूजाघर कभी भी शयनकक्ष में नहीं बनवाना चाहिए। यदि परिस्थितिवश ऐसा करना पड़ता है तो परदे डालकर सभी ओर से ढक दें।
- पूजाघर हमेशा शुद्ध, स्वच्छ एवं पवित्र जगह रखें।
- पूजा स्थान में जल का कलश सदैव आपके बाईं ओर अर्थात् पूजा-स्थल के उत्तर में हो, अच्छा हो यदि आप गंगा जल भरकर ईशान कोण में रखें।
- ज्योति या धूप अगरबत्ती के ज्वलित करने का स्थान सदा आपके दाईं ओर हो।
- पूजा करते समय पूजा करनेवाले व्यक्ति का मुँह पूर्व अथवा उत्तर दिशा की ओर रहना चाहिए।
- पूजाघर के निकट एवं भवन के ईशान कोण में झाड़ू एवं कूड़ेदान आदि नहीं रखने चाहिए। अच्छा हो अगर पूजाघर को साफ करने की झाड़ू घर के अन्य कमरों को साफ करने की झाड़ू से अलग रखें।
- किसी प्राचीन मंदिर से लाई गई प्रतिमा की स्थापना पूजाघर में नहीं करनी चाहिए।
- हमारे धार्मिक एवं वास्तु ग्रंथों में कहा गया है कि पूजा धन प्राप्ति के लिए उत्तर दिशा की ओर और ज्ञान प्राप्ति के लिए पूर्व दिशा की ओर मुँह करके करनी चाहिए।
- पूजाघर में देवताओं का मुख पूर्व दिशा अथवा पश्चिम दिशा की ओर होना चाहिए।
- प्रतिमाएँ कभी भी पूजाघर के प्रवेशद्वार के सम्मुख नहीं होनी चाहिए।
- पूजाघर में हवन आदि करना हो तो उसके आग्नेय कोण में होनी चाहिए।
- पूजाघर का फर्श सफेद अथवा हल्के पीले रंग का होना चाहिए।
- यहाँ की दीवारों का रंग सफेद, हल्का पीला अथवा हल्का नीला होना चाहिए। भड़कीले रंग कभी इस्तेमाल न करें।
- पूजाघर में गणेश, कुबेर, दुर्गा का मुख दक्षिण दिशा की ओर तथा हनुमान जी का मुख नैऋत्य कोण में होना चाहिए।
- पूजाघर में अलमारी बनवाकर किसी कोर्ट केस सम्बन्धी कागजात रखने से उसमें विजय प्राप्ति की सम्भावना बढ़ती है।
- पूजाघर में लाल रंगों के बल्बों को न लगाएँ। लाल रंग की जगह सफेद, पीले या नीले रंग का प्रयोग करना चाहिए।
- पूजा में शुद्ध बाँस की बनी हुई बाँसुरी रखें। पूजा के द्वार पर ओम लगाएँ।
- घर में शौच और अन्य प्रदूषित स्थल पूजा घर से कम से कम पाँच फीट की दूरी पर होना चाहिए।

16.4.10 अध्ययन कक्ष

बच्चों के अध्ययन कक्ष में पढ़ाई वाली मेज को कुछ इस प्रकार रखें कि पढ़ते समय बच्चों का मुख सदा पूर्व अथवा उत्तर की ओर हो। सबसे शुभ पूर्व होता है, क्योंकि यहाँ से सूर्य का प्रकाश आता है। मेज के सामने थोड़ा स्थान होना चाहिए और सीट के पीछे दीवार का होना सर्वोत्तम है। चंचल मन सदा पढ़ाई में बाधा डालता है, इसलिए आपकी पीठ के पीछे कोई खिड़की, दरवाजा या किसी प्रकार का खुला स्थान नहीं होना चाहिए। बल्कि आपके मुख के सामने दायीं या बायीं ओर कोई खिड़की या दरवाजा न हो तो सर्वोत्तम है। इस कक्ष में पेस्टल ग्रीन, क्रीम, सफेद या हल्का नीला रंग होना चाहिए। पढ़ने के क्षेत्र के आसपास टूटी-फूटी चीजें, गंदगी, जूते आदि नहीं होने चाहिए। किताबों की आलमारी कमरे की दक्षिण या पश्चिम की दीवारों पर होनी चाहिए। बच्चों के कमरे में प्रसिद्ध व्यक्तियों के चित्र लगाएँ। बच्चों से कभी नकारात्मक बातें न करें, हमेशा सकारात्मक बात ही करें। बच्चों को सोते समय पूर्व अथवा दक्षिण की तरफ सिर रखकर सोना चाहिए।

16.4.11 बाथरूम और टॉयलेट

बाथरूम पूर्व दिशा में और टॉयलेट दक्षिण और पश्चिम दिशा में होना चाहिए। बाथरूम में पानी का नल उत्तर अथवा पूर्व की दीवारों पर होना चाहिए तथा कमोड या सीट इस प्रकार लगाई जाए कि प्रयोग करनेवाले व्यक्ति का मुख सदा दक्षिण अथवा उत्तर में रहे। ईशान और नैऋत्य कोण में बाथरूम हमेशा अशुभ होता है। फर्श पर उजले रंग के टाइल्स लगवाएँ। नहाने का टब उत्तर अथवा पूर्व की दीवार के साथ लगवाएँ तथा बाथरूम का दरवाजा हमेशा पूर्वोत्तर के कोने में होना चाहिए। शीशे के लिए सर्वोत्तम दिशा पूर्व अथवा उत्तर की दीवार होती है। आजकल बाथरूम के साथ ड्रेसिंग रूम भी बनाए जाते हैं। ड्रेसिंग रूम में अलमारी दक्षिण या पश्चिम की दीवार के साथ लगाई जानी चाहिए। दीवारों की टाइल्स सफेद लगवाएँ। टॉयलेट के दरवाजे को हमेशा बंद रखना चाहिए। बाथरूम में वाटर प्रूफ दरवाजे लगवाएँ।

16.4.12 घर की सीढ़ियाँ कैसी बनाएँ

- भवनों में सीढ़ियाँ वास्तु के अनुरूप बनानी चाहिए। वास्तु अनुसार बनी सीढ़ियाँ सफलता की कुँजी हो सकती हैं।
- मकान की सीढ़ियाँ पूर्व से पश्चिम या उत्तर से दक्षिण की ओर जानेवाली होनी चाहिए।
- सीढ़ियों का द्वार पूर्व एवं दक्षिण दिशा में होना चाहिए।

- बड़े मकानों में सीढ़ियाँ मकान के दक्षिण या दक्षिण-पश्चिम हिस्से में होनी चाहिए। मकान के उत्तर-पूर्व कोने में तो कभी नहीं बनानी चाहिए।
- दो मंजिला मकान में अक्सर लोग ऊपर का घर किराए पर दे देते हैं और नीचे की मंजिल में स्वयं रहते हैं। ऊपर की मंजिल तक पहुँचने के लिए सीढ़ियाँ अक्सर घर के सामने ही बना देते हैं जो एकदम गलत है। ऐसे में मकान मालिक को आर्थिक तकलीफ से गुजरना पड़ता है, जबकि किरायेदार फायदे में रहता है।
- इस बात का ध्यान भी रखें कि सीढ़ियाँ उत्तर से दक्षिण की ओर तथा पूर्व से पश्चिम की ओर जाती हो और जब पहली मंजिल की ओर निकलती हो तो हमारा मुख उत्तर-पश्चिम या दक्षिण-पूर्व दिशा में होना चाहिए।
- अगर घुमावदार सीढ़ियाँ बनानी हों तो घुमाव सदैव पूर्व से दक्षिण, दक्षिण से पश्चिम, पश्चिम से उत्तर और उत्तर से पूर्व दिशा में हो।
- सीढ़ियों में घुमाव चाहे कितने भी हों, संख्या विषम ही रहे जैसे 5, 7, 11, 17, 23 आदि। सीढ़ियों के शुरू और अंत में द्वार बनाना चाहिए।
- वास्तुशास्त्र के अनुसार अगर गलत स्थान पर गलत ढंग से गलत नियमों के आधार पर सीढ़ियों का निर्माण होता है तो पागलपन, विवाद, नीलामी, आयकर और सेलटैक्स के छापे, बीमारियाँ एवं निर्धनता का प्रवेश धीरे-धीरे होने लगता है।

16.4.13 सीढ़ियों के नीचे की जमीन का इस्तेमाल

आजकल आबादी के बढ़ते दबाव से जो लोग बड़े-बड़े घरों में रहते थे, उनको अब छोटे-छोटे घरों में रहना पड़ रहा है। बड़े-बड़े आँगन, गलियारे, दलान, रसोईघर और समान रखने की जगह यह सब तो बस बीते दिनों की बात हो गई है। अब तो बदलते समय ने लगभग हर वस्तु को छोटा कर दिया है। लैपटॉप के इस युग में छोटे घर और कॉम्पेक्ट होने लगे हैं। देश के शहरी प्राधिकरण जो अब फ्लैट या घर बना रहे हैं उनका आकार 100 से 300 वर्ग मीटर तक आ गया है जबकि पहले 500 से लेकर 1000 वर्ग मीटर तक होता था। बदलते समय की यही माँग और जरूरत भी है। ऐसे में इन छोटे घरों में घर के हर कोने पर हर जगह का प्रयोग अति आवश्यक हो जाता है। अगर आप इन छोटे घरों पर ध्यान दें तो इनमें आपको कई ऐसी जगह और कोने मिल जाएँगे जो आमतौर पर बिना प्रयोग के अनछुए छूट जाते हैं। ऐसा ही एक जगह है सीढ़ी के नीचे का स्थान ज्यादातर घरों में यह जगह बेकार ही पड़ी रहती है परंतु आजकल के परिवेश में इस जगह का भी उत्तम एवं कारगर उपयोग हो सकता है।

सीढ़ी के नीचे की जगह एक बहुत अच्छी स्टोरेज स्पेस के रूप में प्रयोग हो सकती है। इसमें लकड़ी का काम कराकर आप शू-रेक, प्रतिदिन उपयोग की वस्तुएँ,

फर्स्ट एड का सामान, टॉवेल, बिजली का सामान, अन्य उपकरण, पुराने अखबार, घर की सफाई में प्रयोग होनेवाले समान आदि रख सकते हैं। इस स्टोरेज में आप अलग-अलग दरवाजे, दरवाजे आदि बना सकते हैं। भीतर पाटर्शिन करके इन दराजों को ओर उपयोगी बनाया जा सकता है। सामने से शानदार लैमिनेट, बीनियर या शीशा लगा इस आलमारी को आकर्षक और सुन्दर बनाया जा सकता है।

सीढ़ी के नीचे की जगह यदि थोड़ी बड़ी हो तो इस आरामदायक कोने के रूप में भी विकसित किया जा सकता है। कुछ पेड़-पौधों, कुछ सजावटी मिट्टी के घड़े या सजाने के लिए कुछ सजावटी टेराकोटा के खिलौने सजाकर रखे जा सकते हैं। इस छोटी-सी जगह को आप लटकते हुए लैम्पों और पौधों की मदद से और आकर्षक बना सकते हैं। इस जगह को आप अपनी सिलाई, कढ़ाई से लेकर कपड़े धोने की मशीन, इस्तरी करने, गन्दे कपड़े रखने आदि के रखने के लिए भी इस्तेमाल कर सकते हैं।

सीढ़ी के नीचे की इस जगह को एक स्टडी रूम में भी बदला जा सकता है। ढाई फीट ऊँची स्टडी की मेज या कंप्यूटर की मेज इस सीढ़ी के नीचे आसानी से आ सकती है। इस मेज के आगे दो फीट ऊँचाई तक बोर्ड लगाकर उस पर ओवरहेड कैबिनेट बना सकते हैं। इस स्टडी एरिया का कम्प्यूटर कार्नर को आप घर की कलर स्कीम से मैच भी करा सकते हैं या एकदम अलग तरह के रंग देकर आकर्षक बिंदु के रूप में भी बदल सकते हैं। लकड़ी के पैलमैट के पीछे छिपी रोशनी इस जगह को और भी आकर्षण बना सकती है।

उपरोक्त के मुताबिक आप अपनी सीढ़ी के नीचे की जगह को अनगिनत तरीकों से प्रयोग कर सकते हैं। वैसे ऊपर सुझाए गए सभी प्रयोग सीढ़ी की चौड़ाई, आकार और ऊँचाई की उपलब्धता पर ही निर्भर करते हैं अतः इस जगह का उपयोग भी इन सभी चीजों का ध्यान रखने के बाद ही किया जा सकता है। इस तरह सीढ़ी के नीचे ही क्यों आप मकान में अनेक ऐसे कोने ढूँढ़ सकते हैं जिनका समझदारी से प्रयोग किया जा सकता है।

16.4.14 बेसमेंट कैसा हो

आबादी के बढ़ते कदमों से घरों का आकार छोटा होता जा रहा है। जब जगह की कभी हो तो घर में बेसमेंट होना जरूरी हो जाता है। घर में बना बेसमेंट व्यक्ति के लिए लाभदायक सिद्ध होगा या नहीं इस बात पर निर्भर करता है कि उसका इस्तेमाल किस रूप में किया जाता है।

बेसमेंट बनवाते समय कुछ खास बातों का ध्यान रखना चाहिए—

- दक्षिण तथा पश्चिम दिशाओं में बेसमेंट नहीं बनवाना चाहिए।
- बेसमेंट का प्रवेश हमेशा पूर्व या उत्तर दिशा की ओर होना चाहिए।

- इसका उत्तर तथा पूर्वी भाग खाली होना चाहिए। बेसमेंट में जो भी समान रख रहे हैं उसे दक्षिण या पश्चिम दिशा में रखना चाहिए।
- इसकी दक्षिण तथा पश्चिम दिशा में खिड़की नहीं होनी चाहिए। वहाँ से रोशनी का प्रवेश समृद्धि को नुकसान पहुँचाता है।
- बेसमेंट का उपयोग कोचिंग दफ्तर या गोदाम के रूप में ठीक रहता है, पर इसमें कभी रहने की जगह नहीं बनवानी चाहिए। इसमें बेडरूम भी नहीं रखना चाहिए इसमें सोने से व्यक्ति निस्तेज हो जाता है। बेसमेंट के बीम के नीचे बिस्तर नहीं लगवाना चाहिए। अगर दफ्तर बनाया है तो बीम के नीचे कुर्सी नहीं होना चाहिए, उस पर बैठनेवाला व्यक्ति मानसिक तनाव का शिकार हो सकता है।
- इसका फर्श समतल होना चाहिए। ऊँचा-नीचा फर्श अशुभ समझा जाता है।
- बेसमेंट की छत हमेशा दक्षिण तथा पश्चिम के उत्तर व पूर्व की ओर ढलावदार होनी चाहिए।
- इसकी सीढ़ियों का निर्माण या पश्चिम दिशा की ओर किया जाना चाहिए। सीढ़ियाँ इस प्रकार बनी हो कि दक्षिण से नीचे जानेवाले व्यक्ति का चेहरा उत्तर की ओर हो या पश्चिम से नीचे जानेवाले का चेहरा पूर्व की ओर हो।
- बेसमेंट में शौचालय या स्नानघर नहीं होना चाहिए। क्योंकि वहाँ जल निकासी की समस्या रहती है। ऐसी जगह के शौचालय ऊपर बनाकर सीढ़ी चढ़ने के लिए बेसमेंट में सीढ़ी बना दें।
- यहाँ अक्सर सीलन आ जाती है इसलिए इसकी पहले ही व्यवस्था कर लेनी चाहिए।
- इसमें जेनेरटर आदि विद्युत उपकरणों को दक्षिण पूर्व के आग्नेय कोण में रखना चाहिए।
- बेसमेंट में अगर पार्किंग है तो वाहनों का प्रवेश पूर्व तथा उत्तर दिशा की ओर तथा ढलान भी उत्तर पूर्व की ओर ही होनी चाहिए।
- दक्षिण की ओर ढलान होने से मालिक को आर्थिक नुकसान झेलना पड़ सकता है। पश्चिम की ओर ढलान होने से व्यक्ति के मान-सम्मान में कमी आएगी।
- बेसमेंट में हवा-पानी एवं रोशनी की पर्याप्त व्यवस्था होनी चाहिए। नहीं तो व्यक्ति डिप्रेशन का शिकार हो सकता है।
- इसके ऊपर बने मकान में यदि रह रहे हैं तो बेसमेंट में बहुत सामान नहीं भरना चाहिए। इससे व्यक्ति दबाव में रहता है। उसकी मानसिक ऊर्जा खत्म होती है।

16.5 वास्तुशास्त्र से जुड़े कुछ जरूरी सुझाव

- घर के पश्चिम क्षेत्र में पारिवारिक फोटो लगाकर घर में चल रहे आरोप-प्रत्यारोप के सिलसिले को कुछ हद तक कम करके शांति कायम की जा सकती है।
- कैरियर में सफलता के लिए घर तथा दफ्तर का प्रवेश द्वार पूर्व तथा उत्तर की ओर होना चाहिए।
- ऑफिस में आपकी कुर्सी के पीछे दीवार जरूर होनी चाहिए, ये आपको निर्णय लेने की क्षमता प्रदान करती है।
- घर का दक्षिण-पश्चिम क्षेत्र मजबूत होना चाहिए, वरना परिवार को अस्थायित्व का सामना करना पड़ सकता है और घर का मुखिया भी प्रभावशाली स्थिति में नहीं रह पाएगा।
- कोशिश करें कि घर के सभी सदस्य साथ बैठकर भोजन करें। यह स्वास्थ्य और समृद्धि दोनों ही दृष्टि से लाभदायक है। इससे एक-दूसरे तक बात पहुँचती है और आपके रिश्ते और मजबूत बनते हैं।
- घर में आभूषण, ब्रांड पेपर, महत्त्वपूर्ण कागजातों को दक्षिण-पश्चिम क्षेत्र में रखना चाहिए। इससे जरूरत से ज्यादा का खर्च नहीं होता और घर में बरकत बनी रहती है।
- रसोईघर में पूजा का मंदिर नहीं होना चाहिए। इस बात का भी ध्यान रखें कि पश्चिम में सिर्फ देवी का ही मंदिर स्थापित करें, क्योंकि वह शक्ति का प्रतीक मानी जाती है।
- घर में एक भगवान की एक से ज्यादा प्रतिमा नहीं रखनी चाहिए, साथ ही बहुत ज्यादा प्रतिमाएँ रखना भी उचित नहीं माना जाता। कुल देवता, आराध्य देव, गणेश जी इस तरह से कुछेक प्रतिमाएँ ही रखनी चाहिए।
- बिजनेस में साझीदार को हमेशा बराबर की कुर्सी पर बैठाकर ही व्यावसायिक बातें करनी चाहिए इससे बराबरी की भावना बनी रहती है।
- घर में उत्तरी-पूर्वी हिस्से में पानी का बहाव होने से परिवार की आर्थिक स्थिति अच्छी रहती है, इसलिए बेरोजगारों को सबसे पहले अपने घर के पानी का बहाव देखना चाहिए। यदि पानी का बहाव सही दिशा में नहीं है तो आपको काम मिलने में दिक्कत आ सकती है।
- घर या दफ्तर में दक्षिण-पश्चिम का पिछवाड़ा या खिड़की खुली रहती है तो भी धन की कमी रहती है, विपदाएँ व्यक्ति को घेरे रहती हैं।
- कमरे के दरवाजे या फिर बेडरूम से लगे बाथरूम के दरवाजे की ओर सिर करके कभी न सोएँ, इससे रातभर नकारात्मक हवा सांस के जरिए आपके अन्दर जाती रहेगी और ये नकारात्मक स्थितियाँ आपके व्यवसाय में भी बाधाएँ उत्पन्न करेगी।

- कमरे के ड्रेसिंग टेबल का मुख भी व्यवसाय, यश या सम्पदा क्षेत्र की ओर होना चाहिए। ऐसा इसलिए कि इससे काम पर जाने के लिए तैयार होते हुए आपका मुख शुभ दिशा की ओर होगा।
- खराब घड़ी, रेडियो, टी.वी. आदि को घर में न रखें, उनसे नकारात्मक ऊर्जा का प्रवाह होता है या तो उन्हें ठीक करा लें या फेंक दें।
- दो विशाल भवनों के मध्य स्थित छोटा भवन उत्तम नहीं होता।
- भवन की भूमि का कोना किसी भी दिशा में कटा या घटा न हो।
- भवन के अन्दर का द्वार मुख्य द्वार से बड़ा न हो।
- रसोई घर के सामने मुख्य दीवार नहीं होनी चाहिए।
- पूजा स्थल उत्तर-पूर्व में होना चाहिए।
- सीढ़ियों के नीचे पूजा कक्ष नहीं बनाएँ।
- रसोईघर तथा शौचालय एक-दूसरे के साथ-साथ नहीं होने चाहिए।
- घर के सामने तुलसी लगाएँ।
- कार्यालय में कैक्टस नहीं रखें।
- दरवाजे का प्रयोग करते समय कर्कश आवाज नहीं निकलनी चाहिए।
- आलमारी या तिजोरी आदि की पीठ दक्षिण में रखें तो उसका मुख उत्तर दिशा में हो जाएगा। अन्न आदि के भंडारण हेतु भी उत्तर दिशा श्रेष्ठ है।

सन्दर्भ ग्रन्थ

- 'द प्रीवेन्सन ऑफ फूड एक्ट एंड रूल्स' केन्द्रीय तथा प्रदेशीय संशोधन सहित (श्री सतदेव द्वारा सुविस्तृत व्याख्या सहित), अनिल सचदेवा, यूनीक लॉ पब्लिशर्र्स, 2006, जोधपुर।
- खाद्य अपमिश्रण निवारण अधिनियम-1954 एवं खाद्य अपमिश्रण निवारण नियम सुरेन्द्र प्रकाश त्यागी, विनोद पब्किेश (दिल्ली)।
- खाद्य अपमिश्रण निवारण कानून, डॉ.वसंती लाल, बाबेल यूनिक ट्रेडर्स, जयपुर।
- इंडस्ट्रीयल टॉकसीकोलॉजी रिसर्च सेंटर, भारत सरकार, लखनऊ।
- दी फूड सेफ्टी एंड स्टैन्डर्ड्स एक्ट, 2006, अनिल सचदेवा, डीलाइट लॉ पब्लिशर्स, जोधपुर।
- मानसरोवर—भाग-3, मुंशी प्रेमचंद, संस्करण 1999, पुस्तक संसार, सेवापथ, चौड़ा रास्ता, जयपुर।
- फेमिना, मार्च 2006।